高等院校“十三五”规划教材
“互联网+”融媒体系列教材

U0954892

管理会计学习指导书

滕萍萍 赵若辰／主编
宿 怡 魏 来／副主编

立信会计出版社
LIXIN ACCOUNTING PUBLISHING HOUSE

图书在版编目(CIP)数据

管理会计学习指导书 / 滕萍萍,赵若辰主编. —上海:立信会计出版社,2021.8

ISBN 978-7-5429-6897-5

Ⅰ. ①管… Ⅱ. ①滕… ②赵… Ⅲ. ①管理会计—高等学校—教学参考资料 Ⅳ. ①F234.3

中国版本图书馆 CIP 数据核字(2021)第 147950 号

策划编辑　郭　光
责任编辑　郭　光
封面设计　南房间

管理会计学习指导书

GUANLI KUAIJI XUEXI ZHIDAOSHU

出版发行	立信会计出版社		
地　　址	上海市中山西路 2230 号	邮政编码	200235
电　　话	(021)64411389	传　　真	(021)64411325
网　　址	www.lixinaph.com	电子邮箱	lixinaph2019@126.com
网上书店	http://lixin.jd.com		http://lxkjcbs.tmall.com
经　　销	各地新华书店		

印　　刷	上海天地海设计印刷有限公司	
开　　本	787 毫米×1092 毫米	1/16
印　　张	14	
字　　数	315 千字	
版　　次	2021 年 8 月第 1 版	
印　　次	2021 年 8 月第 1 次	
印　　数	1—2100	
书　　号	ISBN 978-7-5429-6897-5/F	
定　　价	42.00 元	

前　言

管理会计课程是高等学校会计学、财务管理等专业的核心课程之一。随着我国经济进入新常态，在“互联网+”“智能+”及“财务转型”成为新风口的背景下，为了帮助学生理解和把握管理会计的内涵，更好地提高管理会计理论与方法的有效性与可操作性，我们在《管理会计》教材的基础上，编写了这本《管理会计学习指导书》。

作为《管理会计》教材的配套用书，本书立足于高校应用型人才培养目标，具有以下几个特点：

1. 结构严谨，内容新颖。本书按照《管理会计》教材的章节对应编写了十三章内容，每章节分为内容概要、练习题、参考答案三个部分，在结构上安排严谨；在行文上力图做到简洁明快和通俗易懂；在内容上以财政部颁布的《关于全面推进管理会计体系建设的指导意见》《管理会计基本指引》和《管理会计应用指引》为依据，突出前沿性和实用性。

2. 理论联系实际，重在应用。练习题部分基本上分为单项选择题、多项选择题、判断题、计算分析题、思考题、案例题等题型，在设计上注重运用管理会计基本理论和基本方法解决实际问题，以必需、够用为度，突出应用性与实践性。

3. 难易适度，便于自学。教材内容深入浅出、循序渐进，每章练习题都配有参考答案，并给出了详细的重难点解析，力求通俗易懂，简明扼要，益于学生学习；内容概要部分采用总结、对比的方式构建管理会计知识体系，便于学生形成系统的知识架构，更益于学生理解管理会计基本理论与基本方法，突出实用性。

本书由滕萍萍、赵若辰、宿怡、魏来、孔祥敏、李满林编写，在编写过程中，参考和借鉴了大量相关教材成果，得到了立信会计出版社郭光老师的大力支持，在此表示诚挚谢意！

由于编者水平有限，教材内容难免存在偏颇之处，恳请广大读者提出改进意见，以便我们进一步修订与完善。

编　者

2021年6月

目　录

第一章　管理会计概论 …… 1

第一部分　内容概要 …… 1

第二部分　练习题 …… 5

第三部分　参考答案 …… 9

第二章　变动成本法 …… 15

第一部分　内容概要 …… 15

第二部分　练习题 …… 19

第三部分　参考答案 …… 28

第三章　本量利分析 …… 37

第一部分　内容概要 …… 37

第二部分　练习题 …… 42

第三部分　参考答案 …… 51

第四章　经营预测 …… 59

第一部分　内容概要 …… 59

第二部分　练习题 …… 64

第三部分　参考答案 …… 71

第五章　短期经营决策 …… 77

第一部分　内容概要 …… 77

第二部分　练习题 …… 82

第三部分　参考答案 …… 93

第六章　存货决策 …… 107

第一部分　内容概要 …… 107

第二部分　练习题 …… 111

第三部分　参考答案 …… 116

第七章　长期投资决策 …… 122
第一部分　内容概要 …… 122
第二部分　练习题 …… 127
第三部分　参考答案 …… 132

第八章　标准成本法 …… 138
第一部分　内容概要 …… 138
第二部分　练习题 …… 142
第三部分　参考答案 …… 149

第九章　作业成本法 …… 154
第一部分　内容概要 …… 154
第二部分　练习题 …… 156
第三部分　参考答案 …… 163

第十章　预算管理 …… 169
第一部分　内容概要 …… 169
第二部分　练习题 …… 172
第三部分　参考答案 …… 179

第十一章　责任会计 …… 186
第一部分　内容概要 …… 186
第二部分　练习题 …… 189
第三部分　参考答案 …… 193

第十二章　业绩评价与管理层激励 …… 198
第一部分　内容概要 …… 198
第二部分　练习题 …… 201
第三部分　参考答案 …… 204

第十三章　战略管理会计 …… 210
第一部分　内容概要 …… 210
第二部分　练习题 …… 213
第三部分　参考答案 …… 216

第一章　管理会计概论

第一部分　内容概要

一、管理会计的定义

(一) 国外会计机构及学者对管理会计的定义

国外会计机构及学者对管理会计的定义包括狭义与广义两个阶段。

1. 狭义管理会计阶段

20 世纪 20 至 70 年代，国外会计学界一直从狭义上定义管理会计，认为管理会计只是为企业内部管理者提供计划与控制所需信息的内部会计。

狭义管理会计的核心内容可总结为：①管理会计以企业为主体展开其管理活动。②管理会计是为企业管理当局的管理目标服务的。③管理会计是一个信息系统。

2. 广义管理会计阶段

进入 20 世纪 70 年代，国外会计学界对管理会计的定义出现了新的变化，管理会计的外延开始扩大，内容更加丰富，出现了广义管理会计概念。

广义管理会计的核心内容可总结为：①管理会计以企业为主体展开其管理活动。②管理会计既为企业管理当局的管理目标服务，同时也为股东、债权人、规章制度制定机构及税务当局等非管理集团服务。③管理会计作为一个信息系统，它所提供的财务信息包括用来解释实际和计划所必需的货币性和非货币性信息。④从内容看，管理会计既包括财务会计，又包括成本会计和财务管理。

(二) 国内会计机构及学者对管理会计的定义

1984 年，李天民教授提到："管理会计主要是通过一系列专门方法利用财务会计提供的资料及其他有关资料进行整理、计算、对比和分析，使企业各级管理人员能据以对日常发生的一切经济活动进行规划与控制，并帮助企业领导做各种决策的一整套信息处理系统。"

2014 年，财政部印发的《关于全面推进管理会计体系建设的指导意见》中指出："管理会计是会计的重要分支，主要服务于单位(包括企业和行政事业单位)内部管理需要，是通过利用相关信息，有机融合财务与业务活动，在单位规划、决策、控制和评价等方面发挥重要作用的管理活动。"

(三) 对管理会计定义的理解

管理会计是以现代管理科学和会计学为基础，以加强企业内部管理、实现最佳经济效益为目的，运用科学的方法，通过对企业经营活动过程进行预测、决策、规划、控制和考核评价，为企业内部管理人员提供有用信息的一种决策支持系统。

二、管理会计的形成与发展

（一）管理会计形成与发展的四个阶段

管理会计形成与发展的阶段如表 1-1 所示。

表 1-1　　管理会计形成与发展的四个阶段

阶段	时间
标准成本会计阶段	20 世纪初到 20 世纪 50 年代
决策战略管理会计阶段	20 世纪 50 年代至 20 世纪 80 年代
战略管理会计阶段	20 世纪 80 年代至 20 世纪末
提升企业组织核心能力的管理会计阶段	21 世纪以后

（二）管理会计在我国的发展

管理会计在我国的发展阶段如表 1-2 所示。

表 1-2　　管理会计在我国发展的三个阶段

阶段	时间
初步研究阶段	20 世纪 70 年代末到 80 年代
提升、创新阶段	20 世纪 80 年代至 21 世纪初
全面发展、推进阶段	21 世纪 10 年代以后

（三）管理会计的基本理论

1. 管理会计的对象

管理会计的对象是指管理会计作为一项经济活动，所要关注的基本内容。目前，对于管理会计的对象，有不同的表述。

现金流动论认为管理会计的对象是现金流动。

资金运动论认为管理会计的对象是企业的资金总运动。

2. 管理会计的内容

管理会计的内容是指与其职能相适应的工作内容，包括预测分析、决策分析、全面预算、成本控制和责任会计等方面。其中，前两项内容合称为预测决策会计；全面预算和成本控制合称为规划控制会计。预测决策会计、规划控制会计和责任会计，三者既相对独立，又相辅相成，共同构成了现代管理会计的基本内容。

预测决策会计是管理会计系统中侧重于发挥预测经济前景和实施经营决策职能的子系统。

规划控制会计是指在决策目标和经营方针已经明确的前提下，为执行既定的决策方案而进行有关规划和控制，以确保预期奋斗目标顺利实现的管理会计子系统。

责任会计是指为适应企业内部经济责任制的要求、对企业内部各责任中心的经济业务进行规划与控制、以实现业绩考核与评价的一种内部会计控制制度。

三、管理会计的指引体系

（一）管理会计基本指引

1. 管理会计基本指引的内容

（1）管理会计基本指引的框架。《基本指引》中形成了涵盖目标、原则、要素等的基本框架，并以要素为主线铺陈章节。第一章为总则，包括《基本指引》的制定依据、适用范围、管理会计目标、原则、要素等内容；第二章至第五章分别对总则中提出的应用环境、管理会计活动、工具方法、信息与报告这四个管理会计要素进行了展开；第六章为附则，包括《基本指引》的解释权限和施行日期等内容。

（2）管理会计的目标是通过运用管理会计工具方法，参与单位规划、决策、控制、评价活动并为之提供有用信息，推动单位实现战略规划。因此，管理会计的最终目标是提高企业的经济效益，主要包括为管理和决策提供信息和参与企业的经营管理。

（3）管理会计的原则包括战略导向原则、融合性原则、适应性原则、成本效益原则。

（4）管理会计要素概括为应用环境、管理会计活动、工具方法、信息与报告四项内容。

（5）管理会计具有预测、决策、规划、控制、评价五项职能。

2. 管理会计基本指引的意义

管理会计基本指引具有以下意义：①有利于加强管理会计指引体系建设。②有利于加强单位管理会计工作。③有利于推动管理会计理论发展。

（二）管理会计应用指引

1. 管理会计应用指引的内容

（1）管理会计应用指引的框架。《管理会计应用指引》包括概括性指引和工具方法指引两部分。

（2）管理会计应用指引的具体内容。应用指引在《基本指引》颁布之后，从 2017 年开始陆续推出，2017 年 10 月，推出第一批设计 8 个类别共 22 项，包括战略管理、预算管理、成本管理、营运管理、投融资管理、绩效管理、企业管理会计报告、管理会计信息系统应用指引；2018 年 8 月，推出第二批 7 项，增加了风险管理应用指引类别；2018 年 12 月，推出第三批 5 项，增加了行政事业单位应用指引类别。其中第一批和第二批的应用指引主要是针对企业单位，在第三批的应用指引里面第一次提出了对行政事业单位的指引。

2. 管理会计应用指引的意义

管理会计应用指引具有以下意义：①是贯彻落实财政部《关于全面推进管理会计体系建设的指导意见》的需要。②是推动我国管理会计理论与实践发展的需要。③是推动我国管理会计走向世界的需要。

3. 管理会计应用指引的特点

管理会计应用指引具有注重指导性、注重应用性、注重开放性、注重操作性等特点。

四、管理会计与财务会计的区别与联系

1. 管理会计与财务会计的区别

管理会计与财务会计的区别如表 1-3 所示。

表 1-3　　管理会计与财务会计的区别

不同点	管理会计	财务会计
主体不同	企业内部各层次的责任单位(整个企业或个别部门)	整个企业
职能不同	解析过去、控制现在、规划未来	反映过去
服务对象	企业内部各级管理阶层"对内报告会计"	企业外界和与企业有利益关系的团体组织或个人"对外报告会计"
约束条件不同	不受会计原则或企业会计准则的完全限制和严格约束	受会计准则、会计制度及其他法规的制约
信息精确程度不同	相对准确	力求精确
计量尺度不同	货币单位或非货币单位	以货币为主要计量单位
计算方法不同	大量运用现代数学方法(微积分、线性规划、概率论等)和计算机技术	简单的算术方法(加、减、乘、除)
报告期不同	不受固定会计期间(如月、季、年)的限制,可以按小时、天、月、年甚至若干年编制报告	按规定的会计期间(如月、季、年)编制报告
报告责任不同	不具有法律责任	具有法律责任
观念取向不同	注重管理过程及其结果对企业内部各方面人员在心理和行为方面的影响	重视定期报告企业的财务状况和经营成果的质量

2. 管理会计与财务会计的联系

管理会计与财务会计的联系如表 1-4 所示。

表 1-4　　管理会计与财务会计的联系

相同点	内容
起源相同	传统会计
目标相同	促进企业提高经济效益,为实现企业管理目标服务
基本信息同源	核算资料都来源于企业的生产经营活动,以财务会计为主体进行信息收集、加工
服务对象交叉	同时为企业内部和外部的经济组织、团体和个人服务,只不过侧重点不同
某些概念相同	如利润、收益、成本等
相互促进,共同发展	适应时代要求而不断完善与发展

五、管理会计教育 1+X 证书

(一) 1+X 证书概述

“1+X”中，“1”是指学历证书，是学习者在学校或者其他教育机构中完成了一定教育阶段学习任务后获得的文凭；“X”指的是职业技能等级证书，是毕业生、社会成员职业技能水平的凭证，反映职业活动和个人职业生涯发展所需要的综合能力。

1. 1+X 证书制度试点范围

(1) 试点职业技能领域。面向现代农业、先进制造业、现代服务业、战略性新兴产业等 20 个技能人才紧缺领域，率先从 10 个左右职业技能领域做起。

(2) 试点院校。试点院校以高等职业学校、中等职业学校(不含技工学校)为主，本科层次职业教育试点学校、应用型本科高校及国家开放大学等积极参与，省级及以上示范(骨干、优质)高等职业学校和“中国特色高水平高职学校和专业建设计划”入选学校要发挥带头作用。

2. 与会计职业相关的 X 证书

会计 1+X 证书指的是学历证书及指定的会计专业类型职业技能等级证书。其中“X”主要包括以下几种：①财务共享服务职业技能等级证书。②财务数字化应用职业技能等级证书。③大数据财务分析职业技能等级证书。④业财一体信息化应用职业技能等级证书。⑤数字化管理会计职业技能等级证书。⑥金税财务应用职业技能等级证书。⑦智能估值数据采集与应用职业技能等级证书。

(二) 数字化管理会计职业技能等级证书

数字化管理会计职业技能等级分为三个等级：初级、中级、高级，三个级别依次递进，高级别涵盖低级别职业技能要求。

第二部分　练　习　题

一、名词解释

1. 管理会计
2. 预测决策会计
3. 规划控制会计
4. 责任会计
5. 1+X 证书

二、单项选择题

1. 下列各项中，与传统的财务会计概念相对立而存在的是(　　)。

A. 现代会计　　B. 企业会计

C. 管理会计　　D. 成本会计

2. 下列说法中，正确的是（　　）。
A. 管理会计是经营管理型会计，财务会计是报账型会计
B. 财务会计是经营管理型会计，管理会计是报账型会计
C. 管理会计是对外报告会计
D. 财务会计是对内报告会计
3. 下列各项中，不属于狭义管理会计内容的是（　　）。
A. 管理会计以企业为主体展开其管理活动
B. 管理会计是为企业管理当局的管理目标服务的
C. 管理会计是一个信息系统
D. 管理会计既包括财务会计，又包括成本会计和财务管理
4. 从管理体现经济效益的角度来看，管理会计的对象是（　　）。
A. 企业生产经营活动
B. 以使用价值管理为基础的价值活动
C. 企业的资金运动
D. 企业的会计信息
5. 下列各项中，关于《管理会计基本指引》说法正确的是（　　）。
A.《基本指引》是财政部于 2017 年 6 月制定并发布的
B.《基本指引》共七章
C.《基本指引》包括概括性指引和工具方法指引两部分
D.《基本指引》中涵盖了目标、原则、要素等内容
6. “1＋X”中的“1”指的是（　　）。
A. 学历证书
B. 财务共享服务职业技能等级证书
C. 大数据财务分析职业技能等级证书
D. 初级会计师证书
7. 下列各项中，不属于高级数字化管理会计职能要求的是（　　）。
A. 资金收入管理　　B. 战略制定　　C. 风险应对策略　　D. 绩效计划制定
8. 下列各项中，属于管理会计与财务会计相同点的是（　　）。
A. 起源相同　　B. 主体相同
C. 计量尺度相同　　D. 职能相同
9. 下列关于管理会计的说法中，正确的是（　　）。
A. 具有统一性和规范性　　B. 必须遵循公认会计准则
C. 基于使用价值进行价值管理　　D. 方法单一
10. 从服务对象上来看，管理会计侧重服务于（　　）。
A. 企业投资人　　B. 企业债权人
C. 企业内部经营管理者　　D. 以上都是

11. 管理会计所需要的资料主要来源于(　　)。

A. 统计　　B. 财务会计

C. 销售部门　　D. 生产部门

12. 管理会计的信息载体主要是(　　)。

A. 利润表　　B. 资产负债表

C. 财务状况变动表　　D. 内部报告

13. 管理会计所提供的信息是为了满足内部管理的特定要求,其中涉及未来的信息不要求具备(　　)。

A. 精确性　　B. 相关性

C. 及时性　　D. 统一性

14. 现代企业会计的两大分支,一为财务会计,另一个为(　　)。

A. 成本会计　　B. 预算会计

C. 管理会计　　D. 财务管理

15. 在充分考虑各种可能的前提下,按照客观规律的要求,通过一定程序对未来实践的方向、目标、原则和方法作出决定的过程符合管理会计的(　　)职能。

A. 预测　　B. 决策　　C. 规划　　D. 控制

三、多项选择题

1. 管理会计形成与发展的阶段包括(　　)。

A. 标准成本会计阶段　　B. 决策战略管理会计阶段

C. 战略管理会计阶段　　D. 提升企业组织核心能力的管理会计阶段

2. 下列各项中,属于管理会计的原则的有(　　)。

A. 战略导向原则　　B. 融合性原则

C. 适应性原则　　D. 成本效益原则

3. 下列各项中,属于管理会计应用指引的特点的有(　　)。

A. 注重指导性　　B. 注重应用性

C. 注重开放性　　D. 注重操作性

4. 在以成本控制为基本特征的管理会计阶段,管理会计的主要内容包括(　　)。

A. 标准成本　　B. 预算控制

C. 决策　　D. 差异分析

5. 下列各项中,属于现代管理会计内容的有(　　)。

A. 预测决策会计　　B. 规划控制会计

C. 责任会计　　D. 考核会计

6. 下列各项中,属于管理会计职能的有(　　)。

A. 预测　　B. 决策

C. 规划　　D. 评价

7. 管理会计的主体包括多个层次，它可以以(　　)作为其工作的主体。

A. 投资中心　　B. 利润中心

C. 成本中心　　D. 企业整体

8. 管理会计与财务会计在(　　)等方面有所区别。

A. 服务对象　　B. 目标

C. 报告责任　　D. 约束条件

9. 管理会计以(　　)为主体，通过计量和估值，对企业的价值转移和价值增值活动进行规划和控制，以实现价值最大化。

A. 企业　　B. 企业内部的责任单位

C. 投资者　　D. 债权人

10. 下列关于管理会计的说法中，正确的有(　　)。

A. 提供的信息相对精确　　B. 可以提供未来信息

C. 以责任单位为主体　　D. 必须严格遵守公认会计准则

四、判断题

1. 在广义管理会计的范围内，管理会计既包括财务会计，又包括成本会计和财务管理。(　　)

2. 管理会计的最终目标是实现价值的最大增值。(　　)

3. 管理会计与财务会计相比，管理会计的职能倾向于对未来的预测、决策，财务会计的职能侧重于核算和监督。(　　)

4. 管理会计既要提供反映企业整体情况的信息，又要提供反映企业内部各责任单位经营活动情况的信息；财务会计以企业为会计主体，提供反映整个企业财务状况、经营成果和资金变动的会计信息。(　　)

5. 管理会计受会计准则、会计制度的制约，同时企业亦可根据管理的实际情况和需要确定其处理方法。(　　)

6. 管理会计提交报告的对象局限于企业内部各管理层次。(　　)

7. 虽然管理会计与财务会计有内外之分，但服务对象并不是绝对和唯一的。(　　)

8. 相对于财务会计而言，目前的管理会计体系更具有系统性和规范性。(　　)

9. 机会成本、边际成本、边际收益是管理会计常用的概念。(　　)

10. 管理会计的主要职能是反映和监督。(　　)

11. 管理会计主要为企业外界服务，因而又可称为“外部会计”。(　　)

12. 管理会计的工作主体分为多个层次，但主要以企业内部责任单位为主体。(　　)

13. 财务会计的作用时效横跨过去、现在和未来，但主要是面向未来。(　　)

14. 管理会计是一种侧重于在现代企业内部经营管理中直接发挥作用的会计，又是企业管理的主要组成部分，因此称为内部经营管理会计。(　　)

15. 会计机构隶属于企业的服务部门，构成现代企业会计两大分支的管理会计和财务会

计应当合并在一起。（　　）

16.《管理会计应用指引》是在《基本指引》颁布之后，从 2017 年开始陆续推出的。（　　）

17.《管理会计基本指引》有力地推动了管理会计理论的发展。（　　）

18. "1＋X"中，"X"是指学历证书，是学习者在学校或者其他教育机构中完成了一定教育阶段学习任务后获得的文凭。（　　）

19. 数字化管理会计职业技能等级分为初级、中级、高级三个等级。（　　）

20. 管理会计是在 20 世纪初进入我国并逐步发展起来的。（　　）

五、简答题

1. 简述管理会计的目标。

2. 简述管理会计与财务会计的联系与区别。

3. 简述管理会计的职能。

第三部分　参考答案

一、名词解释

1. 管理会计

管理会计是以现代管理科学和会计学为基础，以加强企业内部管理、实现最佳经济效益为目的，运用科学的方法，通过对企业经营活动过程进行预测、决策、规划、控制和评价，为企业内部管理人员提供有用信息的一种决策支持系统。

2. 预测决策会计

预测决策会计是管理会计系统中侧重于发挥预测经济前景和实施经营决策职能的子系统，包括成本按性态分析、变动成本法、本量利分析、短期经营决策和长期经营决策等。

3. 规划控制会计

规划控制会计是指在决策目标和经营方针已经明确的前提下，为执行既定的决策方案而进行有关规划和控制，以确保预期奋斗目标顺利实现的管理会计子系统。

4. 责任会计

责任会计是指为适应企业内部经济责任制的要求，对企业内部各责任中心的经济业务进行规划与控制，以实现业绩考核与评价的一种内部会计控制制度。

5. 1＋X 证书

"1"是指学历证书，是学习者在学校或者其他教育机构中完成了一定教育阶段学习任务后获得的文凭；"X"指的是职业技能等级证书，是毕业生、社会成员职业技能水平的凭证，反映职业活动和个人职业生涯发展所需要的综合能力。

二、单项选择题

1. C	2. A	3. D	4. B	5. D	6. A	7. A	8. A	9. C	10. C
11. B	12. D	13. A	14. C	15. B					

重难点解析：

2. 管理会计是经营管理型会计，财务会计是报账型会计；管理会计主要是向企业内部各级管理阶层提供管理会计信息，财务会计主要是向企业外界和与企业有利益关系的团体组织或个人提供财务会计信息，因此选项A正确。

3. 狭义管理会计的核心内容包括：①管理会计以企业为主体展开其管理活动。②管理会计是为企业管理当局的管理目标服务的。③管理会计是一个信息系统。

4. 从管理体现经济效益的角度上看，管理会计的对象是企业生产经营活动中的价值运动。管理会计是以生产经营活动中价值形成和价值增值过程为对象，通过对使用价值的生产和交换过程的优化，提供信息并参与决策，以实现价值最大增值的目的。因此选项B正确。

5.《管理会计基本指引》是财政部于2017年6月制定并发布的，选项A错误。《基本指引》共六章，第一章为总则，第二章至第五章分别对总则中提出的应用环境、管理会计活动、工具方法、信息与报告这四个管理会计要素进行了展开，第六章为附则，选项B错误。《管理会计应用指引》包括概括性指引和工具方法指引两部分，选项C错误。

6. “1＋X”中，“1”是指学历证书，是学习者在学校或者其他教育机构中完成了一定教育阶段学习任务后获得的文凭；“X”指的是职业技能等级证书，是毕业生、社会成员职业技能水平的凭证，反映职业活动和个人职业生涯发展所需要的综合能力。

7. 资金收入管理属于初级数字化管理会计职能的要求，因此选项A正确。

8. 管理会计和财务会计都是从传统会计中发展而来的，选项A正确。管理会计主要以企业内部各层次的责任单位为主体；财务会计往往只以整个企业为工作主体，选项B错误。管理会计中计量单位既可以使用货币单位，又可以选择非货币单位；财务会计是以货币为主要计量单位，选项C错误。管理会计职能侧重于对未来的预测、决策和规划，对现在的控制、考核和评价；财务会计职能侧重于核算和监督，选项D错误。

9. 管理会计虽然需要在一定程度上考虑到会计原则或企业会计准则的要求，利用一些传统的会计观念，但并不受它们的完全限制和严格约束，其处理方法可以根据企业管理的实际情况和需要确定，具有很大的灵活性，因此选项ABD错误。

10. 管理会计主要是为企业内部各级管理阶层提供管理会计信息，而企业的投资者和债权人都属于企业外部信息需求者，因此选项C正确。

11. 管理会计是根据需要从某些侧面对财务会计资料进一步的加工，把财务会计信息和其他的统计信息、市场调查信息等相结合。

12. 管理会计主要是向企业内部各级管理阶层提供管理会计信息，主要为强化单位内部经营管理、提高经济效益服务，属于“对内报告会计”。

13. 管理会计所提供的信息往往是为满足内部管理的特定要求而有选择的、部分的管理信息。它们既包括定量资料，也包括定性资料，提供的信息中涉及未来的信息不要求过于精确，只要求满足及时性和相关性，要求相对准确。

15. 决策是在充分考虑各种可能的前提下，按照客观规律的要求，通过一定程序对未来实践的方向、目标、原则和方法作出决定的过程。

三、多项选择题

1. ABCD	2. ABCD	3. ABCD	4. ABD	5. ABC
6. ABCD	7. ABCD	8. ACD	9. AB	10. ABC

重难点解析：

4. 20 世纪初到 20 世纪 50 年代，标准成本会计阶段，管理会计开始引入“标准成本”“预算控制”和“差异分析”等与泰罗科学管理直接相联系的技术方法，这些技术方法成为管理会计方法体系的重要组成部分。

5. 管理会计的内容是指与其职能相适应的工作内容，包括预测分析、决策分析、全面预算、成本控制和责任会计等方面。其中，前两项内容合称为预测决策会计；全面预算和成本控制合称为规划控制会计。预测决策会计、规划控制会计和责任会计，三者既相对独立，又相辅相成，共同构成了现代管理会计的基本内容。

6. 管理会计具有预测、决策、规划、控制、评价五项职能。

8. 管理会计和财务会计都以企业经营活动及其价值表现为对象，服从现代企业会计的总体要求，共同为实现企业管理目标服务。因此选项 B 错误。

9. 管理会计主要以企业内部各层次的责任单位为主体，它既可以以整个企业(如投资中心、利润中心)为主体，又可以将企业内部的局部区域或个别部门甚至某一管理环节(如成本中心、费用中心)作为其工作的主体，更为突出以人为中心的行为管理，同时兼顾企业主体。

10. 管理会计虽然需要在一定程度上考虑到会计原则或企业会计准则的要求，利用一些传统的会计观念，但并不受它们的完全限制和严格约束，其处理方法可以根据企业管理的实际情况和需要确定，具有很大的灵活性。因此选项 D 错误。

四、判断题

1. √	2. √	3. √	4. √	5. ×	6. ×	7. √	8. ×	9. √	10. ×
11. ×	12. √	13. ×	14. √	15. ×	16. √	17. √	18. ×	19. √	20. ×

重难点解析：

1. 1982 年，英国成本与管理会计师协会修订后的管理会计定义，将管理会计的范围进一步扩大到除审计以外的会计的各个组成部分。

5. 管理会计虽然需要在一定程度上考虑到会计原则或企业会计准则的要求，利用一些传统的会计观念，但并不受它们的完全限制和严格约束，其处理方法可以根据企业管理的实际情况和需要确定。

6. 管理会计主要是为企业内部各级管理阶层提供管理会计信息，但不是绝对的，也就是说企业内部的各级管理阶层也需要财务会计信息，企业外部有利害关系的团体和个人在进行投资决策或者债券决策的时候，也要了解该企业的管理会计信息。

8. 财务会计进行会计核算必须受会计准则、会计制度及其他法规的制约，其处理方法只能在允许的范围内选用，基本概念的框架结构相对稳定。

10. 管理会计具有预测、决策、规划、控制、评价五项职能。

11. 管理会计主要是向企业内部各级管理阶层提供管理会计信息，即为某一具体的特定的企业管理服务，主要为强化单位内部经营管理、提高经济效益服务，属于“对内报告会计”。

13. 财务会计是反映过去的会计，通过确认、计量、记录和报告等程序来反映和报告过去实际已经发生的经济业务的历史信息。

15. 管理会计与财务会计虽相互联系但又相互区别，两者不能合并。

18. “1＋X”中，“1”是指学历证书，是学习者在学校或者其他教育机构中完成了一定教育阶段学习任务后获得的文凭；“X”指的是职业技能等级证书。

20. 我国是从20世纪70年代末80年代初开始向发达国家学习引进有关管理会计理论的。

五、简答题

1. 管理会计的目标是通过运用管理会计工具方法，参与单位规划、决策、控制、评价活动并为之提供有用信息，推动单位实现战略规划。因此，管理会计的最终目标是提高企业的经济效益，主要包括为管理和决策提供信息和参与企业经营两个方面。

2. 联系：(1) 起源相同。管理会计和财务会计都是从传统会计中发展而来的，两者源于同一母体，都属于现代企业会计。

(2) 目标相同。财务会计与管理会计都是从加强企业管理着眼，进行会计信息的搜集、加工和处理，提供辅助经营决策的资料和依据，促进企业提高经济效益。

(3) 基本信息同源。财务会计和管理会计是现代企业会计的两个分支，同属于会计信息系统，其核算资料都来源于企业的生产经营活动。一个企业通常只有一个基本的信息处理系统，即以财务会计为主体的信息收集、加工系统。

(4) 服务对象交叉。管理会计和财务会计都同时为企业内部和外部的经济组织、团体和个人服务，只不过侧重点不同。在服务对象方面来说，财务会计主要是对外服务，管理会计主要是对内服务，这是矛盾的主要方面，但是管理会计信息有时也对外，财务会计信息有时也对内。

(5) 某些概念相同。在财务会计中使用的某些概念，如利润、收益、成本等与管理会计是基本相同的。

(6) 相互促进，共同发展。在信息时代，无论是财务会计还是管理会计，都面临着如何适应时代要求而不断完善与发展的问题，且二者在发展方向上存在趋同现象。

区别：(1) 主体不同。管理会计主要以企业内部各层次的责任单位为主体；财务会计往往只以整个企业为工作主体，具有唯一性。

(2) 职能不同。管理会计职能侧重于对未来的预测、决策和规划，对现在的控制、考核和评价；财务会计职能侧重于核算和监督。

(3) 服务对象不同。管理会计主要是向企业内部各级管理阶层提供管理会计信息；财务会计主要是向企业外界和与企业有利益关系的团体组织或个人提供财务会计信息。

(4) 约束条件不同。管理会计不受会计原则或企业会计准则的完全限制和严格约束；财务会计进行会计核算必须受会计准则、会计制度及其他法规的制约。

(5) 信息精确程度不同。管理会计所提供的信息中涉及未来的信息不要求过于精确，只要求满足及时性和相关性，要求相对准确；财务会计对精确度和真实性的要求较高，力求精确，数字必须平衡。

(6) 计量尺度不同。管理会计中计量单位既可以使用货币单位，又可以选择非货币单位；财务会计是以货币为主要计量单位。

(7) 计算方法不同。管理会计可选择灵活多样的方法对不同的问题进行分析处理，在信息处理过程中大量运用现代数学方法(微积分、线性规划、概率论等)和计算机技术；财务会计的方法比较稳定，核算时往往只需运用简单的算术方法(加、减、乘、除)。

(8) 报告期不同。管理会计报告的编制不受固定会计期间(如月、季、年)的限制，可以按小时、天、月、年甚至若干年编制报告；财务会计对外公开提供信息时，其载体是具有固定格式和固定报告日期的财务报表，应按规定的会计期间(如月、季、年)编制报告。

(9) 报告责任不同。管理会计的报告重点为企业各部门、各地区、产品的财务成本资料等，不具有法律责任；财务会计的报告重点为整个企业的财务成本资料正式报告，是具有法律责任的。

(10) 观念取向不同。管理会计注重管理过程及其结果对企业内部各方面人员在心理和行为方面的影响；财务会计重视定期报告企业的财务状况和经营成果的质量，往往不大重视管理过程及其结果对企业职工心理和行为的影响。

3. 管理会计具有预测、决策、规划、控制、评价五项职能。

(1) 预测经济前景。预测是指采用科学的方法预计推测客观事物未来发展必然性或可能性的行为。

(2) 参与经济决策。决策是在充分考虑各种可能的前提下，按照客观规律的要求，通过一定程序对未来实践的方向、目标、原则和方法作出决定的过程。

(3) 规划经营目标。管理会计“规划经营目标”的职能，是通过编制各种计划和预算实现的。它要求在最终决策方案的基础上，将事先确定的有关经济目标分解落实到各有关预算中去，从而合理有效地组织协调企业供、产、销及人、财、物之间的关系，并为控制和责任考核创造条件。

(4) 控制经济过程。管理会计发挥“控制经济过程”的职能，是将对经济过程的事前控制同事中控制有机地结合起来，通过事前确定科学可行的各种标准，根据执行过程中的实际与计划发生的偏差进行原因分析，并及时采取措施进行调整，改进工作，确保经济活动的正常进行的过程。

(5) 考核评价经营业绩。管理会计履行“考核评价经营业绩”的职能，是通过建立责任会计制度来实现的，即在各部门各单位及每个人均明确各自责任的前提下，逐级考核责任指标的执行情况，找出成绩和不足，从而为奖惩制度的实施和未来工作改进措施的形成提供必要的依据。

第二章　变动成本法

第一部分　内容概要

一、成本的概念及其分类

成本是企业为生产商品和提供劳务等所耗费物化劳动或劳动中必要劳动的价值的货币表现，是商品价值的重要组成部分。从管理会计角度来看，成本是指企业在生产经营过程中对象化的，以货币表现的，为达到一定目的而应当或可能发生的各种经济资源的价值牺牲或代价。

(一) 常见的成本分类方法

常见的成本分类方法如表 2-1 所示。

表 2-1　　常见的成本分类方法

分类依据	成本类型
按形成时间	历史成本和未来成本
按发生可否加以控制	可控成本与不可控成本
按发生与产品生产的关系	直接成本和间接成本
按与决策的关系	相关成本和非相关成本
按照经济用途分类	生产成本(制造成本)和非生产成本(期间费用)

(二) 按成本性态分类

成本性态又称成本习性，是指成本总额与业务总量之间的依存关系。成本按其性态分类可分为固定成本、变动成本和混合成本三大类。

固定成本和变动成本的含义、特点、分类及相关范围如表 2-2 所示。

表 2-2　　固定成本和变动成本的含义、特点、分类及相关范围

<table>
<tr><th>成本类型</th><th>含义</th><th>特点</th><th>分类</th><th>相关范围</th></tr>
<tr><td rowspan="2">固定成本</td><td rowspan="2">固定成本又称固定费用，是指成本总额在一定期间和一定业务量范围内，不受业务量增减变动影响而能保持不变的成本</td><td>总额的不变性</td><td>酌量性
(可改变)</td><td>时间范围：某一特定期间内</td></tr>
<tr><td>单位额的反比例</td><td>约束性
(不可改变)</td><td>空间范围：某一特定业务量水平内</td></tr>
<tr><td rowspan="2">变动成本</td><td rowspan="2">变动成本是指在一定期间和一定业务量范围内，其总额随着业务量的变动而呈正比例变动的成本</td><td>总额的正比例</td><td>酌量性
(可改变)</td><td rowspan="2">当产量增长到某一定范围时</td></tr>
<tr><td>单位额的不变性</td><td>约束性
(不可改变)</td></tr>
</table>

混合成本的分类、含义及举例如表 2-3 所示。

表 2-3　　混合成本的分类、含义及举例

混合成本的分类		含义	举例
标准式混合成本		标准式混合成本又称为半变动成本，是一种既包含变动成本又包括固定成本内容的混合成本	电费、水费、电话费及其他服务费等
阶梯式混合成本		阶梯式混合成本也称半固定成本，指在某一时期内只有当业务量超过一定范围时才会变动的成本	化验员、检验员的工资
低坡式混合成本		低坡式混合成本又称延期变动成本，是指在一定产量范围内总额保持稳定，超过特定产量则开始随产量比例增长的成本	计时工资制
曲线式混合成本	递增型	递增型混合成本随业务量的增加，成本也不断增长，但成本增长的速度比业务量增长的速度快	违约金、罚金和累进计件工资
	递减型	随业务量的增加，成本也在增长，但成本增长的速度比业务量增长的速度慢	锅炉的预热处理

二、混合成本分解

常见的混合成本的分解方法包括历史资料分析法、账户分析法、工程分析法、合同确认法四种，具体如表 2-4 所示。

表 2-4　　混合成本分解方法

方法		含义	特点
历史资料分析法	高低点法	高低点法是以过去某一会计期间的总成本和业务量资料为依据，从中选取业务量最高点和业务量最低点，将总成本进行分解，得出成本性态的模型	① 高低点的选择针对业务量，而非成本 ② 先求 b 值再求 a 值
	散布图法	散布图法是指将若干期业务量和成本的历史数据标注在坐标系中，通过目测画一条尽可能接近所有坐标点的直线，并据此来推算固定成本和单位变动成本的一种成本性态分析方法	① 先求 a 值再求 b 值 ② 准确程度比高低点法高
	一元直线回归法	回归直线法又称最小二乘法或最小平方法，是根据一系列历史成本资料，用数学上的最小平方法的原理，计算能代表平均成本水平的直线截距和斜率，以其作为固定成本和单位变动成本的一种成本性态分析方法	计算结果精确，但相对而言计算过程比较繁琐
账户分析法		账户分析法是根据各个成本、费用账户（包括明细账户）的内容，直接判断其与业务量的关系，从而确定其成本性态的一种成本分解方法	① 应用比较广泛，但结果带有片面性和局限性 ② 只限于成本性态比较典型的成本项目
工程分析法		工程分析法又称技术测定法，是指根据工业工程的研究方法来研究影响生产过程中各种材料和人工成本消耗量的因素，并据此来划分固定成本和变动成本的方法	① 应用比较复杂 ② 只适用于投入量与产出量关系比较稳定的新企业及其主要成本的测算
合同确认法		合同确认法是根据企业订立的经济合同或协议中关于支付费用的规定，来确认并估算哪些项目属于变动成本，哪些项目属于固定成本的方法	需配合账户分析法使用

三、变动成本法与完全成本法

(一) 变动成本法与完全成本法的概念

完全成本法是指在组织常规的成本计算过程中,以成本按其经济用途分类为前提条件,将全部生产成本作为产品成本的构成内容,只将非生产成本作为期间成本,并按传统式损益确定程序计量损益的一种成本计算模式。

变动成本法也称直接成本法、边际成本法,是变动成本计算的简称,是指在组织常规的成本计算过程中,以成本性态分析为前提条件,只将变动生产成本作为产品成本的构成内容,而将固定生产成本和非生产成本作为期间成本,并按贡献式损益确定程序计算损益的一种成本计算模式。

(二) 变动成本法与完全成本法的区别

变动成本法与完全成本法的区别如表 2-5 所示。

表 2-5　变动成本法与完全成本法的区别

项目		完全成本法	变动成本法
理论依据不同		成本补偿的一致性	固定制造费用与特定会计期间相联系,并随时间的推移而消逝
应用前提不同		以成本按经济用途分类为前提	以成本性态分析为前提
产品成本、期间成本构成不同	产品成本	直接材料 直接人工 变动制造费用 固定制造费用	直接材料 直接人工 变动制造费用
	期间成本	销售费用 管理费用 财务费用	固定制造费用 销售费用 管理费用 财务费用
存货成本构成不同		同产品成本	同产品成本
销货成本的计算公式不完全相同		销货成本=期初存货成本+本期产品生产成本-期末存货成本	销货成本=单位产品成本×本期销售量
各期损益不同	公式不同	销售收入-销货成本=销售毛利 销售毛利-期间费用=税前利润	销售收入-变动成本=边际贡献 边际贡献-固定成本=税前利润
	利润表格式不同	传统的职能式(如表 2-6 所示)	贡献式(如表 2-6 所示)

【特别提示】 销货成本的计算公式:①销货成本=期初存货成本+本期产品生产成本-期末存货成本在变动成本法和完全成本法下均适用。②销货成本=单位产品成本×本期销售量在变动成本法下一定适用,在完全成本法下不一定适用,当期初存货量不为零时,即使在前后期成本水平不变,即各期固定成本总额和单位变动生产成本均不变的情况下,除非产量也不变,否则不能直接套用该公式。

表 2-6 完全成本法与变动成本法利润表

完全成本法（职能式利润表）	变动成本法（贡献式利润表）
销售收入	销售收入
减：销售成本	减：变动成本
期初存货成本	销货成本
加：当期产品成本	变动销售费用
可供销售的产品成本	变动管理费用
减：期末存货成本	变动财务费用
销售成本合计	边际贡献
销售毛利	减：固定成本
减：期间成本	固定制造费用
销售费用	固定销售费用
管理费用	固定管理费用
财务费用	固定财务费用
税前利润	税前利润

完全成本法和变动成本法对各期损益计算的影响，依照产量和销售量间的关系，可以归纳为以下三种情况，如表 2-7 所示。

表 2-7 完全成本法和变动成本法对各期损益计算的影响规律

情况	规律	原因
产量等于销量	损益完全相同	固定制造费用不管是作为期间费用还是作为产品成本的一部分，对损益结果来说没有影响，重要的是它已全额列为收入的减项而计入了损益
产量大于销量	变动成本法计算的损益小于完全成本法计算的损益	固定制造费用在变动成本法下被全部计入了当期损益，而在完全成本法下，存货所负担的固定制造费用被计入了存货成本中
产量小于销量	变动成本法计算的损益大于完全成本法计算的损益	在完全成本法下销售成本中不仅包括当期产品所负担的固定制造费用，还包括期初存货中包含的固定制造费用

（三）完全成本法与变动成本法的评价

完全成本法与变动成本法的优点及缺点如表 2-8 所示。

表 2-8 完全成本法与变动成本法的评价

成本计算制度	优点	缺点
完全成本法	① 符合传统的成本概念 ② 重视生产，有刺激生产的作用 ③ 更符合配比原则中的“因果配比”	① 不利于成本管理 ② 不利于企业的短期决策

（续表）

成本计算制度	优点	缺点
变动成本法	① 揭示了成本、业务量、利润之间的内在关系，有利于促进企业重视销售工作 ② 可以提供有用的成本信息，便于进行科学的成本分析和成本控制 ③ 提供的成本和损益资料，便于企业进行短期经营决策 ④ 可以简化成本核算工作	① 不符合传统的成本观念的要求 ② 不能适应长期决策的需要 ③ 对所得税产生一定的影响

第二部分 练习题

一、名词解释

1. 生产成本
2. 固定成本
3. 变动成本
4. 混合成本
5. 高低点法
6. 完全成本法
7. 变动成本法
8. 酌量性固定成本
9. 约束性固定成本
10. 酌量性变动成本
11. 约束性变动成本
12. 历史资料分析法

二、单项选择题

1. 下列费用中，属于酌量性固定成本的是（　　）。

A. 房屋及设备租金　　B. 技术开发费

C. 行政管理人员的薪酬　　D. 不动产税

2. 下列费用中，属于约束性固定成本的是（　　）。

A. 照明费　　B. 广告费

C. 职工教育培训费　　D. 业务招待费

3. 标准式混合成本又可称为（　　）。

A. 半固定成本　　B. 半变动成本

C. 延伸变动成本　　D. 曲线式成本

4. 企业生产产品过程中锅炉需要进行预热处理，因预热而产生的成本属于固定成本，预热结束达到一定温度后，生产过程中对产品进行加热处理的单位成本会随着对产品热处理量的增加而逐步下降。上述这种成本属于(　　)。

A. 半固定成本　　B. 半变动成本

C. 延伸变动成本　　D. 曲线式成本

5. 根据各个成本、费用账户(包括明细账户)的内容,直接判断其与业务量的关系,从而确定其成本性态的一种成本分解方法称为(　　)。

A. 账户分析法　　B. 历史资料法

C. 工程分析法　　D. 回归分析法

6. 管理费用一般被视为(　　)。

A. 变动成本　　B. 固定成本

C. 混合成本　　D. 制造成本

7. 管理会计将成本区分为固定成本、变动成本和混合成本三大类,这种分类的标志是(　　)。

A. 成本的可辨认性　　B. 成本的可盘存性

C. 成本的性态　　D. 成本的时态

8. 在完全成本法下,固定制造费用作为(　　)处理。

A. 直接成本　　B. 期间成本

C. 产品成本　　D. 责任成本

9. 下列各项中,属于完全成本法的中间指标的是(　　)。

A. 边际贡献　　B. 单位边际贡献

C. 销售毛利　　D. 销售成本

10. 下列各项中,属于变动成本法的产品成本的是(　　)。

A. 固定生产成本　　B. 变动生产成本

C. 固定非生产成本　　D. 变动非生产成本

11. 下列各项中,属于完全成本法的期间成本的是(　　)。

A. 直接材料　　B. 直接人工

C. 制造费用　　D. 非生产成本

12. 单位消耗相对稳定的外购零部件成本属于(　　)。

A. 约束性固定成本　　B. 酌量性固定成本

C. 酌量性变动成本　　D. 约束性变动成本

13. 当产量等于销量时,按完全成本法计算的税前利润(　　)按变动成本法计算的税前利润。

A. 等于　　B. 大于

C. 小于　　D. 以上皆有可能

14. 当产量大于销量时,按完全成本法计算的税前利润(　　)按变动成本法计算的税前利润。

A. 等于　　B. 大于　　C. 小于　　D. 以上皆有可能

15. 按变动成本法确定的产品成本(　　)完全成本法确定的产品成本。

A. 必然大于　　B. 必然小于

C. 必然等于　　D. 不一定等于

16. 在变动成本法下,固定生产成本作为期间成本(　　)转化为存货成本或销货成本。

A. 可能　　B. 不可能

C. 一定　　D. 上述皆不正确

17. 当业务量变动时,在相关范围内,单位变动成本将(　　)。

A. 呈正比例变动　　B. 呈反比例变动

C. 固定不变　　D. 降低

18. 当业务量变动时,在相关范围内,固定成本将(　　)。

A. 呈正比例变动　　B. 呈反比例变动

C. 固定不变　　D. 降低

19. 造成"某期按变动成本法与完全成本法确定的税前利润不相等"的根本原因是(　　)。

A. 两种方法对固定制造费用的处理方式不同

B. 两种方法计入当期利润表的固定成本的水平不同

C. 两种方法下计算销售收入的方法不同

D. 两种方法将营业费用计入当期利润表的方式不同

20. 下列各项中,属于变动成本法下利润表的中间指标的是(　　)。

A. 边际贡献　　B. 生产边际贡献

C. 销售毛利　　D. 销售成本

21. 高低点法第一步需要(　　)。

A. 确定高低点坐标　　B. 确定 b 值

C. 计算 a 值　　D. 确定成本性态模型

22. 某企业一年中产量最高月份的产量为 50 件,混合成本为 800 元,产量最低月份的产量为 35 件,混合成本为 500 元,则混合成本中的单位变动成本为(　　)元。

A. 50　　B. 35　　C. 20　　D. 15

23. 某产品本期按变动成本法计算的销货成本为 50 000 元,期初无存货,本期产销量相等,本期发生的固定生产成本 15 000 元,非生产成本 13 000 元,则按完全成本法计算的销货成本为(　　)元。

A. 35 000　　B. 65 000　　C. 78 000　　D. 37 000

24. 某产品本期按完全成本法计算的单位产品成本为 14 元,本期产量为 500 件,销售量为 400 件,固定生产成本为 2 000 元,则本期按变动成本法计算的单位产品成本为(　　)元。

A. 14　　B. 10　　C. 9　　D. 18

25. 某产品年初存货为 200 件,本年产量为 400 件,销售量为 500 件。上年单位产品成本为 10 元,本年单位变动生产成本为 8 元(与上年相同),则按变动成本法计算的销货成本为(　　)元。

A. 5 000　　B. 4 000　　C. 3 200　　D. 2 000

26. 本期产量为1 000件，销售量为800件，本期发生的固定制造费用为5 000元，单位变动生产成本为10元，则完全成本法下期末存货吸收的固定制造费用为(　　)元。

A. 20 000　　B. 4 000　　C. 5 000　　D. 1 000

27. 某企业只生产一种产品，本月生产并销售产品100件，单位产品售价1 000元，发生的变动生产成本30 000元，变动管理费用和变动销售费用2 080元，固定制造费用10 000元，固定销售及管理费用40 000元，按变动成本法计算，该企业实现的总利润为(　　)元。

A. 17 920　　B. 70 000　　C. 67 920　　D. 18 000

28. 下列公式中，正确的是(　　)。

A. 销售收入－变动成本＝边际贡献

B. 销售收入－直接材料－直接人工－制造费用＝边际贡献

C. 销售收入－变动生产成本＝边际贡献

D. 销售收入－变动非生产成本＝边际贡献

29. 某公司本年销售收入总额为1 200万元，变动成本法下产品成本总额为400万元，固定制造费用为250万元，非生产成本为100万元，则该公司的销售毛利为(　　)万元。

A. 450　　B. 550

C. 350　　D. 800

30. 采用变动成本法计算产品成本时，必须按业务量分解为变动性和固定性的费用是(　　)。

A. 制造费用　　B. 管理费用

C. 销售费用　　D. 以上均包括

三、多项选择题

1. 下列方法中，属于历史资料分析法的有(　　)。

A. 高低点法　　B. 散布图法

C. 一元直线回归法　　D. 成本无差别点法

2. 下列各项中，属于固定成本的特征的有(　　)。

A. 固定成本总额的不变性　　B. 单位固定成本呈反比例变动性

C. 固定成本总额呈正比例变动性　　D. 单位固定成本的不变性

3. 下列各项中，属于变动成本的特征的有(　　)。

A. 变动成本总额的不变性　　B. 单位变动成本的不变性

C. 变动成本总额呈反比例变动性　　D. 变动成本总额呈正比例变动性

4. 下列成本项目中，属于固定成本的有(　　)。

A. 保险费　　B. 按直线法计提的折旧费用

C. 广告费　　D. 计件制下生产工人的工资

5. 采用高低点法分解混合成本时，应选择(　　)作为最低点和最高点的坐标。

A. (50，100)　　B. (60，120)

C. (50，120)　　D. (70，130)

6. 下列成本项目中，属于变动成本的有(　　)。

A. 原材料　　B. 按产量法计提的折旧费用

C. 燃料及动力费　　D. 计件制下生产工人的工资

7. 下列各项中，属于变动成本的理论依据的有(　　)。

A. 产品成本只包括生产成本　　B. 固定生产成本作为期间成本处理

C. 制造费用应作为期间成本处理　　D. 产品成本只应包括变动生产成本

8. 下列各项中，属于酌量性固定成本的有(　　)。

A. 广告费　　B. 按直线法计提的固定资产折旧

C. 研究开发费　　D. 管理人员奖金

9. 混合成本根据发生的具体情况，通常可以分为(　　)。

A. 半变动成本　　B. 半固定成本

C. 延伸变动成本　　D. 曲线式成本

10. 下列各项中，属于变动成本法的优点的有(　　)。

A. 揭示了成本、业务量、利润之间的内在关系

B. 便于进行科学的成本分析和成本控制

C. 便于企业进行短期经营决策

D. 简化成本核算工作

11. 下列各项中，属于完全成本法的优点的有(　　)。

A. 产品成本符合传统的成本概念

B. 具有刺激生产的作用

C. 符合配比原则中的"因果配比"

D. 有利于成本管理

12. 下列成本项目中，属于约束性固定成本的有(　　)。

A. 按直线法计提的折旧费　　B. 融资性租赁费

C. 管理人员工资　　D. 广告费

13. 下列成本项目中，属于酌量性固定成本的有(　　)。

A. 职工培训费　　B. 管理人员工资

C. 广告费　　D. 新产品开发费

14. 由明显的固定和变动两部分成本组成的混合成本包括(　　)。

A. 半固定成本　　B. 半变动成本

C. 延期变动成本　　D. 曲线式成本

15. 混合成本与业务量之间的关系比较复杂，其中几种混合成本中可以近似用直线方程 $y=a+bx$ 来描述的有(　　)。

A. 半固定成本　　B. 半变动成本

C. 延期变动成本　　D. 曲线式成本

16. 进行成本性态分析时，需要满足的假定条件有（　　）。

A. 假定时间和业务量因素总是在不改变成本性态的范围内变动

B. 假定总成本只是一种业务量的函数

C. 假定固定成本和变动成本总是处在相关范围之内

D. 假定总成本可以近似地用线性方程 $y=a+bx$ 来描述

17. 完全成本法和变动成本法下产品成本中共同的成本有（　　）。

A. 直接材料　　B. 直接人工

C. 销售费用　　D. 变动制造费用

18. 完全成本法下的税前利润与变动成本法下的税前利润之间的关系包括（　　）。

A. 可能大于　　B. 可能小于

C. 可能等于　　D. 有规律可循

19. 变动成本法使用的贡献式利润表与完全成本法下使用的传统式利润表包含的共同指标有（　　）。

A. 销售收入　　B. 变动成本

C. 边际贡献　　D. 税前利润

20. 下列各项中，属于混合成本分解的方法的有（　　）。

A. 历史资料分析法　　B. 账户分析法

C. 工程分析法　　D. 合同确认法

四、判断题

1. 间接人工是指企业生产单位中不直接参与产品生产的或其他不能归入直接人工的那些人工成本，如修理工人的工资。（　　）

2. 若从单位业务量所负担固定成本多寡的角度来考察，固定成本则是一个变量。（　　）

3. 由于酌量性固定成本的大小完全取决于管理当局的决定，它并不能形成顾客所认为的价值，因此，在进行成本控制时应尽量压缩其总量。（　　）

4. 酌量性固定成本与经营能力成本均与企业的业务量水平无直接关系。（　　）

5. 约束性固定成本作为经营能力成本这一属性决定了该项成本的预算期通常比较长，约束性固定成本预算应着眼于经济、合理地利用企业的生产经营能力。（　　）

6. 回归直线可以使各观测点的数据与直线相应各点的误差的平方和实现最小化。（　　）

7. 用边际贡献减去固定制造费用就是利润。（　　）

8. 客观上，变动成本法有刺激销售的作用。也就是说，在一定意义上，变动成本法强调了固定制造费用对企业利润的影响。（　　）

9. 完全成本法下对固定成本的补偿由当期销售的产品承担，期末未销售的产品与当期已销售的产品承担着不同的份额。（　）

10. 成本性态是指成本总额与特定业务量之间的依存关系。（　）

11. 固定成本是指成本总额在一定时期和一定业务量范围内，不受业务量增减变动影响而能保持不变的成本。（　）

12. 变动成本是指在一定时期和一定业务量范围内，其总额随着业务量的变动而呈正比例变动的成本。（　）

13. 不论业务量如何变化，固定成本的总额永远都不会发生变化。（　）

14. 生产工人的工资不论采取何种工资形式，都属于变动成本。（　）

15. 散布图法是根据目测画一条直线，又称目测画线法，它的计算结果不如高低点法精确。（　）

16. 固定成本和变动成本都存在其相关范围，因此成本性态具有相对性、暂时性和可转换性的特点。（　）

17. 制造费用在两种成本计算法下都属于产品成本的内容。（　）

18. 两种成本计算法编制的利润表所提供的中间指标不同，变动成本法所提供的中间指标是销售毛利，完全成本法提供的中间指标是边际贡献。（　）

19. 在各年的产销量相同时，按变动成本法计算的各年的税前利润相等。（　）

20. 单位变动成本性态模型在以业务量为横轴、单位成本为纵轴的直角坐标系中，反映为一条与纵轴平行的直线。（　）

21. 在成本水平波动频繁的企业，运用高低点法进行成本性态分析具有实际意义。（　）

22. 固定成本的总额无法变动，只能通过提高产品产量来降低单位成本。（　）

23. 约束性成本不依经营管理者决策而发生变动，因此是无关成本，决策时不予考虑。（　）

24. 工程分析法是一种相对独立的分析方法，只能适用于缺乏历史成本数据的情况。（　）

25. 一般合同确认法要配合账户分析法使用。（　）

26. 账户分析法适用于成本性态不太典型的成本项目。（　）

27. 完全成本法下的期间成本，是指一定会计期间内的全部非生产成本，包括所有的管理费用、销售费用和财务费用。（　）

28. 变动成本法下其产品成本随着产品的出售转入销货成本，计入当期损益，产品未出售时，则作为期末存货成本递延到下一个会计期间。（　）

29. 销货成本是指可供销售产品的成本。（　）

30. 贡献式利润确定程序是指在税前利润计算过程中，首先用销售收入补偿本期实现销售产品的变动成本，从而确定边际贡献，然后再用边际贡献补偿固定成本以确定当期税前利润的过程。（　）

五、计算分析题

1. 假定某企业 2020 年 1～12 月机器设备的维修成本有关数据如表 2-9 所示。

表 2-9 **维修成本数据表** 金额单位：元

月份	机器工时(小时)	维修成本
1	1 200	900
2	1 300	910
3	1 150	840
4	1 050	850
5	900	820
6	800	730
7	700	720
8	800	780
9	950	750
10	1 100	890
11	1 250	920
12	1 400	930

要求：

(1) 采用高低点法对该企业的维修成本进行分解并建立维修成本的成本模型。

(2) 预计 2021 年 1 月份机器工时为 1 300 小时，计算预计的维修成本。

2. 假定某企业 2020 年 7～12 月 A 成品产量与制造费用的历史资料如表 2-10 所示。

表 2-10 **制造费用数据表** 金额单位：元

月份	产量(件)	制造费用
7	400	100 000
8	500	110 000
9	600	125 000
10	625	130 000
11	800	150 000
12	750	150 100

要求：

(1) 采用高低点法对该企业的制造费用进行分解并建立制造费用的成本模型。

(2) 采用一元直线回归法对该企业的制造费用进行分解并建立制造费用的成本模型。

3. 假定某企业生产车间只生产一种产品，产量为 3 000 件时的成本数据如表 2-11 所示。

表 2-11　　某车间成本数据　　金额单位：元

账户	总成本
生产成本——直接材料	6 000
——直接人工	7 200
制造费用——燃料、动力	2 400
——修理费	1 200
——间接人工	1 200
——折旧费	4 000
——办公费	1 000
合计	23 000

要求：采用账户分析法对成本进行分解。

4. 假设某粉末冶金车间对精密金属零件采取一次模压成型、电磁炉烧结的方式加工。如果以电费作为成本研究对象，经观察，电费成本开支与电磁炉的预热和烧结两个过程的操作有关。按照最佳的操作方法，电磁炉从开始预热至达到可烧结的温度需耗电 1 500 千瓦时，烧结每千克零件耗电 500 千瓦时。每一工作日加工一班，每班电磁炉预热一次，全月共 22 个工作日。电费价格为 0.7 元/千瓦时。

要求：采用工程分析法对该车间的电费进行分析并建立成本模型。

5. 某企业只生产经营一种产品，投产后第二年有关的产销业务量、销售单价与成本资料如表 2-12 所示。

表 2-12　　相关成本数据表　　金额单位：元

存货及单价		成本项目	变动性	固定性	合计
期初存货量(件)	0	直接材料	24 000		24 000
本期投产完工量(件)	4 000	直接人工	12 000		12 000
本期销售量(件)	3 000	制造费用	4 000	10 000	14 000
期末存货量(件)	1 000	销售费用	600	1 000	1 600
销售单价	20	管理费用	300	2 500	2 800
		财务费用	0	600	600

要求：

(1) 采用完全成本法计算该产品的产品成本、期间成本及税前利润。

(2) 采用变动成本法计算该产品的产品成本、期间成本及税前利润。

6. 某工厂本期生产一种产品，共计 1 250 件，售价 40 元/件。期初存货为零。期末存货为 250 件，本期销售 1 000 件。生产该产品共发生直接材料费 8 000 元，直接人工费3 000元，制造费用 14 000 元，其中，变动制造费用 5 000 元，固定制造费用 9 000 元，变动销售及管理费用 750 元,固定销售及管理费用 4 000 元。

要求:

(1) 采用完全成本法计算该产品的产品成本、期间成本及税前利润。

(2) 采用变动成本法计算该产品的产品成本、期间成本及税前利润。

7. 假设某企业从事单一产品生产,连续 3 年的产量均为 600 件,而 3 年的销售量分别为 600 件、500 件和 700 件,单位产品售价为 150 元,管理费用与销售费用年度总额为20 000元,且全部为固定成本。与产品成本计算有关的数据:单位产品变动成本(包括直接材料、直接人工和变动制造费用)为 80 元,固定制造费用为 12 000 元(完全成本法下每件产品分推 20 元,即 12 000÷600)。

要求:根据上述资料分别采用变动成本法与完全成本法计算税前利润。

8. 假设某企业从事单一产品生产,连续 3 年的销量均为 600 件,而 3 年的产量分别为 600 件,700 件和 500 件,单位产品售价为 150 元,管理费用与销售费用年度总额为20 000元,且全部为固定成本。与产品成本计算有关的数据:单位产品变动成本(包括直接材料、直接人工和变动制造费用)为 80 元,固定制造费用为 12 000 元。

要求:根据上述资料分别采用变动成本法与完全成本法计算税前利润。

第三部分 参考答案

一、名词解释

1. 生产成本

生产成本也称制造成本,是指生产活动的成本,是生产单位为生产产品或提供劳务而发生的各项生产费用,包括各项直接支出和制造费用。

2. 固定成本

固定成本又称固定费用,是指成本总额在一定时期和一定业务量范围内,不受业务量增减变动影响而能保持不变的成本。

3. 变动成本

变动成本是指在一定时期和一定业务量范围内,其总额随着业务量的变动而呈正比例变动的成本。

4. 混合成本

成本性态不明显,其项目也随着业务量的变化而变化,但并不是正比例变动,兼具固定成本和变动成本两种不同性质,介于两者之间,其总额既随业务量变动又不成正比例的那部分成本称为混合成本。

5. 高低点法

高低点法是历史资料分析法中最简便的一种分解方法,是以过去某一会计期间的总成本和业务量资料为依据,从中选取业务量最高点和业务量最低点,将总成本进行分解,得出成本性态的模型。

6. 完全成本法

完全成本法是指在组织常规的成本计算过程中，以成本按其经济用途分类为前提条件，将全部生产成本作为产品成本的构成内容，只将非生产成本作为期间成本，并按传统式损益确定程序计量损益的一种成本计算模式。

7. 变动成本法

变动成本法也称直接成本法、边际成本法，是变动成本计算的简称，是指在组织常规的成本计算过程中，以成本性态分析为前提条件，只将变动生产成本作为产品成本的构成内容，而将固定生产成本和非生产成本作为期间成本，并按贡献式损益确定程序计算损益的一种成本计算模式。

8. 酌量性固定成本

酌量性固定成本是指管理者的决策可以改变其支出数额的固定成本，这类成本的预算数只在预算期内有效，企业领导可以根据具体情况的变化，确定不同预算期的预算数。

9. 约束性固定成本

约束性固定成本是指不受企业管理当局短期决策行为影响的那部分固定成本。

10. 酌量性变动成本

酌量性变动成本是指单位产品受企业管理当局决策影响的那部分变动成本。

11. 约束性变动成本

约束性变动成本也称技术性变动成本，是指在其单位成本受客观因素决定，消耗量由技术因素决定的那部分变动成本，是企业管理当局的决策无法改变其支出数额的，并与业务量有明确的技术或实务关系的变动成本。

12. 历史资料分析法

历史资料分析法是指根据以往若干期的相关成本和业务量历史资料，运用一定数学方法对其进行数据处理，从而确定固定成本和变动成本，以完成成本性态分析任务的一种定量分析方法。

二、单项选择题

1. B	2. A	3. B	4. D	5. A	6. B	7. C	8. C	9. C	10. B
11. D	12. D	13. A	14. B	15. B	16. B	17. C	18. C	19. A	20. A
21. A	22. D	23. B	24. B	25. B	26. D	27. A	28. A	29. B	30. A

重难点解析：

1. 酌量性固定成本是指管理者的决策可以改变其支出数额的固定成本，这类成本的预算数只在预算期内有效，企业领导可以根据具体情况的变化，确定不同预算期的预算数。这类成本的数额不具有约束性，可以斟酌不同的情况加以确定，如新产品开发费、广告费、职工培训费等，因此选项B正确。房屋及设备租金、不动产税、行政管理人员的薪金属于约束性固定成本。

2. 约束性固定成本是指不受企业管理当局短期决策行为影响的那部分固定成本，如厂房及机器设备按直线法计提的折旧费、房屋及设备租金、不动产税、财产保险费、照明费、行政管理人员的薪金等，因此选项 A 正确。广告费、职工教育培训费、业务招待费属于酌量性固定成本。

3. 标准式混合成本又称为半变动成本，是一种既包含变动成本又包括固定成本内容的混合成本。

4. 题中描述的成本属于曲线式混合成本中的递减型混合成本，其随业务量的增加，成本也在增长，但成本增长的速度比业务量增长的速度慢，成本的斜率呈递减趋势。

6. 管理费用账户内各项目发生额的大小在正常产量范围内一般与产量变量没有关系，或没有明显关系，就将管理费用全部视为固定成本。

7. 成本按其性态分类可分为固定成本、变动成本和混合成本三大类，而成本性态又称成本习性，是指成本总额与业务总量之间的依存关系。

8. 在完全成本法下，产品成本包含直接材料、直接人工和为生产产品而耗费的全部制造费用（包括变动制造费用和固定制造费用）。

9. 完全成本法下损益确定程序是指在利润计算过程中，首先用销售收入补偿本期实现销售产品的销货成本，从而确定销售毛利，然后再用销售毛利补偿其期间成本以确定当期税前利润的过程。因此选项 C 正确。

10. 变动成本法则将制造费用中的固定部分视作当期的期间费用，随同销售和管理费用一起全额扣除，而与期末是否结余存货无关，产品成本中只包含直接人工、直接材料和变动制造费用，即变动生产成本。

11. 完全成本法下的期间成本，是指一定会计期间内的全部非生产成本，包括所有的管理费用、销售费用和财务费用。

12. 单位消耗稳定的外购零部件的成本是企业管理当局的决策无法改变其支出数额的，并与业务量有明确关系的变动成本，是利用生产能力进行生产所必然发生的成本，因此属于约束性变动成本，选项 D 正确。

13. 当产量等于销量时，完全成本法下期初存货中释放的固定制造费用和期末存货中吸收的固定制造费用相等，所以按两种方法计算的税前利润相等。

14. 当产量大于销量时，由于完全成本法下期初存货中释放的固定制造费用小于期末存货中吸收的固定制造费用，致使完全成本法下计入当期的产品成本小于变动成本法下计入当期的产品成本，所以变动成本法下的利润小于完全成本法下的利润。

15. 完全成本法下产品成本包含了固定制造费用，而变动成本法下不包含固定制造费用，因此选项 B 正确。

16. 变动成本法中产品成本不包含固定制造费用，因此不会转化为存货成本或销货成本。

17. 单位变动成本具有不变性，即单位变动成本不随业务量的变化而变化。

18. 固定成本总额具有不变性，即成本总额不随业务量的变化而变化。

20. 贡献式利润确定程序是指在税前利润计算过程中，首先用销售收入补偿本期实现销售产品的变动成本，从而确定边际贡献，然后再用边际贡献补偿固定成本以确定当期税前利润的过程。因此选项 A 正确。

21. 高低点法是历史资料分析法中最简便的一种分解方法，第一步是以过去某一会计期间的总成本和业务量资料为依据，从中选取业务量最高点和业务量最低点，然后计算 b 值和 a 值，最后得出成本性态的模型。

22. 在一定期间及一定业务量范围内，由于固定成本不随业务量的变化而变化，因此增加的 15 件产品所增加的混合成本均为变动成本，因此单位变动成本为(800－500)÷(50－30)＝15(元)。

23. 完全成本法下销货成本包括直接材料、直接人工、变动制造费用及固定制造费用，因此按完全成本法计算的销货成本＝50 000＋15 000＝65 000(元)。

24. 完全成本法下产品的总成本＝14×500＝7 000(元)，变动成本法下产品的总成本＝7 000－2 000＝5 000(元)，因此，变动成本法下单位产品的成本＝5 000÷500＝10(元)。

25. 按变动成本法计算的销货成本＝500×8＝4 000(元)。

26. 每件产品吸收的固定制造费用＝5 000÷1 000＝5(元)，期末存货量＝1 000－800＝200(件)，因此，期末存货吸收的固定制造费用＝200×5＝1 000(元)。

27. 税前利润＝销售收入－变动生产成本－变动销售管理费用－固定成本＝100×1 000－30 000－2 080－10 000－40 000＝17 920(元)。

29. 销售毛利＝销售收入－已销产品成本，完全成本法下产品的成本＝400＋250＝650(万元)，因此销售毛利＝1 200－650＝550(万元)。

三、多项选择题

1. ABC	2. AB	3. BD	4. ABC	5. AD	6. ABCD	7. BD	8. ACD	9. ABCD	10. ABCD
11. ABC	12. ABC	13. ACD	14. BC	15. ABCD	16. ABCD	17. ABD	18. ABCD	19. AD	20. ABCD

重难点解析：

1. 历史资料分析法主要包括高低点法、散布图法和一元直线回归法三种具体方法。

2. 固定成本总额具有不变性，即成本总额不随业务量的变化而变化；单位固定成本具有反比例变动性，即单位固定成本随业务量的变动成反比例变动，所以选项 AB 正确。

3. 变动成本总额具有正比例变动性，即变动成本总额随业务量的变动成正比例变动；单位变动成本具有不变性，即单位变动成本不随业务量的变化而变化，所以选项 BD 正确。

4. 计件制下生产工人的工资会随业务量的变化而变化，因此属于变动成本，选项 D 错误。

5. 选择最高点与最低点时，以业务量为标准选取。

7. 变动成本法下产品成本只包括变动性生产成本，变动制造费用计入产品成本，而固定制造费用计入期间成本，因此选项 AC 错误。

8. 按直线法计提的固定资产折旧属于约束性固定成本。

11. 完全成本法不利于成本管理。由于完全成本法将固定制造费用计入产品成本,给成本管理带来了问题:一是固定制造费用的分配增加了成本的计算工作量,影响成本计算的及时性和准确性;二是产品成本中变动成本和固定成本的划分,使成本控制工作变得复杂。

12. 广告费属于酌量性固定成本。

13. 管理人员的工资属于约束性固定成本。

17. 完全成本法下产品成本包括直接材料、直接人工、变动制造费用和固定制造费用;变动成本法下产品成本包括直接材料、直接人工、变动制造费用。因此选项ABD正确。

19. 变动成本和边际贡献是贡献式利润表中的指标。

20. 常见的混合成本的分解方法包括历史资料分析法、账户分析法、工程分析法、合同确认法四种。

四、判断题

1. √	2. √	3. ×	4. √	5. √	6. √	7. ×	8. √	9. ×	10. √
11. √	12. √	13. ×	14. ×	15. ×	16. √	17. ×	18. ×	19. √	20. ×
21. ×	22. ×	23. √	24. ×	25. √	26. ×	27. √	28. √	29. ×	30. √

重难点解析:

3. 酌量性固定成本的发生可以增强企业的竞争能力,扩大产品销路,其支出额的大小由企业当局根据生产经营方针确定,企业要降低酌量性固定成本,就要在预算时精打细算,合理确定这部分成本的数额。

7. 边际贡献减去固定成本得到利润,固定成本包括固定制造费用、固定管理费用、固定销售费用和固定财务费用。

9. 完全成本法下固定制造费用由生产的产品承担,因此期末未销售的产品与当期已销售的产品承担着相同的份额。

13. 固定成本的定义中有"在一定期间和一定业务量范围为"这样一个定语,这就是说固定成本的固定性是有条件的,这里所说的一定范围叫做相关范围,表现为一定的时间范围和一定的空间范围。

14. 不是所有条件下生产工人的工资都属于变动成本。例如,计时制工资不随业务量的变化而变化,因此不属于变动成本,而属于固定成本。

15. 散布图法是将全部成本数据均作为描述混合成本性态的依据,因而较高低点法还是要准确一些。

17. 固定制造费用在变动成本法下计入期间成本,在完全成本法下计入产品成本。

18. 变动成本法下编制利润表的中间指标为边际贡献,完全成本法下编制利润表的中间指标为销售毛利。

20. 单位变动成本在成本曲线上表现为一条平行于横轴的直线。

21. 高低点法适用于生产条件较为稳定、成本水平波动不大以及有关历史资料比较完备的老企业。

22. 固定成本在“固定性”强弱上的差别，按其是否受企业管理当局短期决策行为的影响，可以进一步细分为酌量性固定成本和约束性固定成本。而酌量性固定成本是管理者的决策可以改变其支出数额的。

24. 工程分析法要求以建设前期的设计资料为依据，故适用于投入量与产出量关系比较稳定的新企业及其主要成本的测算，对于已发生较大技术变革或生产能力有重大变动的老企业不太适用。

26. 账户分析法通常用于特定期间总成本的分解，对成本性态的确认通常只限于成本性态比较典型的成本项目；对于成本性态不那么典型的成本项目，则应该选择其他的成本分解方法。

29. 销货成本是指已销产品的产品成本。

五、计算分析题

1. 解：

(1) 最高点坐标为(1 400, 930)，最低点坐标为(700, 720)

$$b=\frac{930-720}{1\,400-700}=0.3$$

$$a=930-0.3\times 1\,400=510$$

或 $$a=720-0.3\times 700=510$$

将 a 值和 b 值代入 $y=a+bx$ 中，得到维修成本的成本模型 $y=510+0.3x$

(2) 当机器工时为 1 300 小时时，预计维修成本 $=510+0.3\times 1\,300=900$(元)

2. 解：

(1) 最高点坐标为(800, 150 000)，最低点坐标为(400, 100 000)

$$b=\frac{150\,000-100\,000}{800-400}=125$$

$$a=100\,000-125\times 400=50\,000$$

或 $$a=150\,000-125\times 800=50\,000$$

将 a 值和 b 值代入 $y=a+bx$ 中，得到制造费用的成本模型 $y=50\,000+125x$

(2) $\sum x=3\,675$、$\sum y=765\,100$、$\sum xy=483\,825\,000$、$\sum x^2=2\,363\,125$、$\sum y^2=99\,655\,010\,000$

$$r=\frac{6\times 483\,825\,000-3\,675\times 765\,100}{\sqrt{[6\times 2\,363\,125-3\,675^2][6\times 99\,655\,010\,000-765\,100^2]}}\approx 0.99\rightarrow 1$$

x 与 y 高度正相关。

$$b=\frac{6\times 483\,825\,000-3\,675\times 765\,100}{6\times 2\,363\,125-3\,675^2}\approx 135.5$$

$$a=\frac{765\,100-135.5\times 3\,675}{6}=44\,523.77$$

将 a 值和 b 值代入 $y=a+bx$ 中，得到成本性态模型 $y=44\,523.77+135.5x$。

3. 解：

根据账户分析法，有关成本的分解过程如表 2-13 所示。

表 2-13　　成本分解表　　金额单位：元

账户	总成本	固定成本	变动成本
生产成本——直接材料	6 000		6 000
——直接人工	7 200		7 200
制造费用——燃料、动力	2 400		2 400
——修理费	1 200		1 200
——间接人工	1 200		1 200
——折旧费	4 000	4 000	
——办公费	1 000	1 000	
合计	23 000	5 000	18 000

该车间的总成本被分解为固定成本和变动成本两部分，其中：固定成本 $a=5\,000$

该车间产量为 3 000 件时，单位变动成本 $b=18\,000\div 3\,000=6$

该车间的总成本的数学模型为 $y=5\,000+6x$

4. 解：设每月电费总成本为 y，烧结零件的重量为 x，每月固定成本为 a，单位变动成本为 b，则：

每月固定成本 $=22\times 1\,500\times 0.7=23\,100$(元)

单位变动成本 $=0.7\times 500=350$(元)

因此，该电费总成本模型 $y=23\,100+350x$。

5. 解：

(1) 产品成本 $=24\,000+12\,000+14\,000=50\,000$(元)

期间成本 $=1\,600+2\,800+600=5\,000$(元)

$$\text{税前利润}=3\,000\times 20-\left(0+50\,000-\frac{50\,000}{4\,000}\times 1\,000\right)-5\,000=17\,500(\text{元})$$

(2) 产品成本 $=24\,000+12\,000+4\,000=40\,000$(元)

期间成本 $=10\,000+1\,600+2\,800+600=15\,000$(元)

$$\text{税前利润}=3\,000\times 20-\left(\frac{40\,000}{4\,000}\times 3\,000+600+300\right)$$

$$-(10\,000+1\,000+2\,500+600)=15\,000(\text{元})$$

6. 解：

(1) 产品成本 $=8\ 000+3\ 000+14\ 000=25\ 000$(元)

期间成本 $=750+4\ 000=4\ 750$(元)

税前利润 $=1\ 000\times 40-\left(0+25\ 000-\dfrac{25\ 000}{1\ 250}\times 250\right)-4\ 750=15\ 250$(元)

(2) 产品成本 $=8\ 000+3\ 000+5\ 000=16\ 000$(元)

期间成本 $=9\ 000+4\ 750=13\ 750$(元)

税前利润 $=1\ 000\times 40-\left(\dfrac{16\ 000}{1\ 250}\times 1\ 000+750\right)-(9\ 000+4\ 000)=13\ 450$(元)

7. 解：

变动成本法与完全成本法税前利润计算表如表 2-14 所示。

表 2-14　　税前利润计算表　　金额单位：元

损益计算	第一年	第二年	第三年	合计
变动成本法				
销售收入	90 000	75 000	105 000	270 000
销售成本	48 000	40 000	56 000	144 000
边际贡献	42 000	35 000	49 000	126 000
固定成本	32 000	32 000	32 000	96 000
固定制造费用	12 000	12 000	12 000	36 000
管理费用和销售费用	20 000	20 000	20 000	60 000
税前利润	10 000	3 000	17 000	30 000
完全成本法				
销售收入	90 000	75 000	105 000	270 000
销售成本				
期初存货成本	0	0	10 000	10 000
当期产品成本	60 000	60 000	60 000	180 000
可供销售产品成本	60 000	60 000	70 000	190 000
期末存货成本	0	10 000	0	10 000
销售成本	60 000	50 000	70 000	180 000
销售毛利	30 000	25 000	35 000	90 000
管理费用和销售费用	20 000	20 000	20 000	60 000
税前利润	10 000	5 000	15 000	30 000

8. 解：

变动成本法与完全成本法税前利润计算表如表 2-15 所示。

表 2-15　　　　税前利润计算表　　　　金额单位：元

损益计算	第一年	第二年	第三年	合计
变动成本法				
销售收入	90 000	90 000	90 000	270 000
销售成本	48 000	48 000	48 000	144 000
边际贡献	42 000	42 000	42 000	126 000
固定成本	32 000	32 000	32 000	96 000
固定制造费用	12 000	12 000	12 000	36 000
管理费用和销售费用	20 000	20 000	20 000	60 000
税前利润	10 000	10 000	10 000	30 000
完全成本法				
销售收入	90 000	90 000	90 000	270 000
销售成本				
期初存货成本	0	0	9 714	9 714
当期产品成本	60 000	68 000	52 000	180 000
可供销售产品成本	60 000	68 000	61 714	189 714
期末存货成本	0	9 714	0	9 714
销售成本	60 000	58 286	61 714	180 000
销售毛利	30 000	31 714	28 286	90 000
管理费用和销售费用	20 000	20 000	20 000	60 000
税前利润	10 000	11 714	8 286	30 000

第三章　本量利分析

第一部分　内容概要

一、本量利分析概述

(一) 本量利分析的概念

本量利分析(Cost Volume Profit Analysis，CVP分析)是成本-业务量-利润关系分析的简称，是指在变动成本计算模式的基础上，以数字化的会计模型与图式来揭示固定成本、变动成本、销售量、单价、销售额、利润等变量之间的内在规律性联系，为会计预测、决策和规划提供必要的财务信息的一种定量分析方法。

(二) 本量利分析的基本假设

在本量利分析中，成本、业务量和利润之间的数量关系是建立在一系列假设基础上的，基本假设主要包括成本性态假设、相关范围假设、模型线性假设、产销平衡假设、品种结构不变假设。

(三) 本量利分析的基本模型

$$
\begin{aligned}
\text{税前利润} &= \text{销售收入}-\text{总成本}\\
&= \text{销售收入}-\text{变动成本}-\text{固定成本}\\
&= \text{单价}\times\text{销售量}-\text{单位变动成本}\times\text{销售量}-\text{固定成本}\\
&= (\text{单价}-\text{单位变动成本})\times\text{销售量}-\text{固定成本}
\end{aligned}
$$

(四) 边际贡献及相关指标

边际贡献及相关指标的含义及计算公式如表3-1所示。

表3-1　边际贡献及相关指标

相关指标	含义	计算公式
边际贡献	也称贡献毛益、贡献边际、边际利润或创利额，它是指销售收入减去变动成本以后的金额	边际贡献总额＝销售收入总额－变动成本总额
单位边际贡献	指单价减去单位变动成本以后的差额，即每增加一个单位产品的销售能给企业提供的贡献	单位边际贡献＝销售单价－单位变动成本 ＝边际贡献总额/销售量
边际贡献率	也称贡献毛益率、边际利润率或创利率，是指边际贡献在销售收入中所占的百分比	边际贡献率＝边际贡献总额/销售收入×100% ＝单位边际贡献/单价×100%
变动成本率	指变动成本占销售收入的百分比，或指单位变动成本占单价的百分比	变动成本率＝变动成本总额/销售收入×100% ＝单位变动成本/单价×100%

【特别提示】 边际贡献率与变动成本率之间存在以下关系式：

$$边际贡献率+变动成本率=1$$

二、单一品种的保本分析

(一) 保本分析的概念

保本点又称盈亏临界点、盈亏分歧点、两平点等，具体是指收入和成本刚好相抵(利润为0)时的销售量或销售额。保本点有两种表现形式：一种是用实物量表示的保本销售量，即销售多少数量的产品才能保本；一种是用价值量表示的保本销售额，即销售多少金额的产品才能保本。

(二) 保本点的确定

保本点计算公式为：

$$保本点销售量=\frac{固定成本}{单价-单位变动成本}$$

$$保本点销售额=保本销售量\times 单价=\frac{固定成本}{边际贡献率}$$

(三) 企业经营安全程度的评价指标

1. 企业经营安全程度的评价指标含义及计算公式

衡量企业经营安全性的指标有两种：安全边际指标和保本点作业率指标，具体指标含义及计算公式如表 3-2 所示。

表 3-2　　经营安全程度评价指标

相关指标	含义	计算公式
安全边际指标	正常销售量或者现有销售量超过保本点销售量的差额。安全边际有绝对数和相对数两种表现方式，其中绝对数指标包括实物量指标安全边际量和价值量指标安全边际额，相对数指标为安全边际率	安全边际量＝实际(预计)销售量－保本点销售量 安全边际额＝实际(预计)销售额－保本销售额 ＝单价×安全边际量 安全边际率＝安全边际量/实际(预计)销售量×100% ＝安全边际额/实际(预计)销售额×100%
保本点作业率	保本点作业率指标是安全边际率的反指标，是指保本点销售量(额)占实际或预计的销售量(额)的百分比，又称为危险率	保本点作业率＝保本点销售量/实际(预计)销售量×100% ＝保本点销售额/实际(预计)销售额×100%

【特别提示】 安全边际率与保本点作业率之间存在以下关系式：

$$安全边际率+保本点作业率=1$$

2. 利润与销售利润率的转化公式

实际上，超过保本点的安全边际提供的边际贡献就是利润。因此，利用安全边际和安全边际率的概念，利润与销售利润率的基本等式可以转化为：

$$利润=安全边际量\times单位边际贡献=安全边际额\times边际贡献率$$

将上式左右两端均除以销售额，则有：

$$销售利润率=利润/销售额=安全边际率\times边际贡献率$$

因此，安全边际率和边际贡献率是决定企业销售利润率的重要指标。

（四）本量利关系图

本量利关系图通常有传统式、贡献毛益式、利量式三种。

1. 传统式

传统式本量利关系图是将固定成本置于变动成本之下，从而清楚地表明固定成本不随业务量变动的特征。

2. 贡献式

贡献式本量利关系图是将固定成本置于变动成本之上，以便形象地反映边际贡献的形成过程和构成，即产品的销售收入减去变动成本以后就是边际贡献，边际贡献再减去固定成本便是利润。

3. 利量式

利量式的特点是将纵轴上的销售收入与成本因素略去，使坐标图上仅仅反映利润与销售数量之间的依存关系。

（五）相关因素变动对保本点的影响

从保本点的计算过程可知，影响保本点的因素主要有：销售单价、单位变动成本、固定成本。各因素对保本点的影响方向如表 3-3 所示。

表 3-3　各因素对保本点的影响方向

影响因素	保本点	利润
单价	反向	同向
单位变动成本	同向	反向
固定成本	同向	反向

三、盈利条件下的本量利分析

（一）保利点及其计算

$$保利销售量=\frac{固定成本+目标利润}{单价-单位变动成本}=\frac{固定成本+目标利润}{单位边际贡献}$$

$$保利销售额=单价\times保利销售量=\frac{固定成本+目标利润}{边际贡献率}$$

（二）保净利点及其计算

$$保净利量=\frac{固定成本+\dfrac{税后目标利润}{1-所得税率}}{单位边际贡献}$$

$$保净利额=保净利量\times单价=\frac{固定成本+\frac{税后目标利润}{1-所得税率}}{边际贡献率}$$

(三) 相关因素变动对保利点的影响

销售单价、单位变动成本、固定成本对保利点影响的方向与前述有关因素对保本点的影响分析完全相同。当然,目标利润肯定会影响保利点,目标利润与保利点呈同向关系。

四、多品种的本量利分析

多种产品的本量利分析方法有多种形式,本节主要讲解综合边际贡献率法和联合单位法。

(一) 综合边际贡献率法

综合边际贡献率法是根据各种产品相关资料计算出企业综合的边际贡献率(或平均边际贡献率),然后去除企业固定成本总额,得到企业保本点的销售额,再根据各种产品的销售额比重将企业保本点的销售额分解为各种产品保本点的销售额,然后推算出各种产品保本点的销售量。计算过程如表 3-4 所示。

表 3-4　　综合边际贡献率法计算过程

计算步骤	计算公式
(1) 计算各种产品的边际贡献率	各种产品边际贡献率=边际贡献总额/销售收入×100% =单位边际贡献/单价×100%
(2) 计算各种产品的销售额比重	产品销售额比重=某种产品销售额/全部产品总销售额×100%
(3) 计算企业综合边际贡献率	加权平均法: 综合边际贡献率 = $\sum$(各产品的边际贡献率×各产品的销售额比重)
	边际贡献总额法: $综合边际贡献率=\frac{全部产品边际贡献总额}{全部产品销售收入总额}\times100\%$
(4) 计算综合保本销售额	$综合保本销售额=\frac{固定成本}{综合边际贡献率}$
(5) 计算各种产品的保本销售额和销售量	各种产品的保本销售额=综合保本销售额×各产品销售额比重 各种产品的保本销售量=各种产品保本销售额÷各种产品的单价

(二) 联合单位法

联合单位法是指在事先掌握多品种之间客观存在的相对稳定的产销实物量比例的基础上,确定每一联合单位的单价和单位变动成本,进行多品种条件下本量利分析的一种方法。计算步骤如表 3-5 所示。

表 3-5　　联合单位法计算过程

计算步骤	计算公式
第一步	计算各产品的销量比
第二步	联合单价 $=\sum$ 各种产品的单价 × 该产品的销量比 联合单位变动成本 $=\sum$ 各种产品的单位变动成本 × 该产品的销量比
第三步	联合保本销售量 $=\dfrac{固定成本}{联合单价-联合单位变动成本}$
第四步	某种产品的保本销售量=联合保本销售量×该种产品销量比 某种产品保本额=某种产品保本销售量×单价

五、敏感性分析

(一) 有关因素临界值的确定

由本量利关系的基本模型 $P=(SP-VC)\times V-FC$，可以推导出当 P 为零时有关因素最大、最小值的相关公式：

$$销售量的最小允许值=\frac{固定成本}{单价-单位变动成本}$$

$$单价的最小允许值=\frac{固定成本}{销售量}+单位变动成本$$

$$单位变动成本的最大允许值=单价-\frac{固定成本}{销售量}$$

$$固定成本的最大允许值=(单价-单位变动成本)\times 销售量$$

(二) 利润对有关因素变动的敏感程度

敏感系数的通用公式为：

$$敏感系数=\frac{利润变动百分比}{因素值变动百分比}$$

整理后可得出，利润对各项因素的敏感系数公式如下：

$$单价的敏感系数=\frac{销售量\times 单价}{利润原值}$$

$$销售量敏感系数=\frac{销售量\times(单价-单位变动成本)}{利润原值}$$

$$固定成本敏感系数=-\frac{固定成本}{利润原值}$$

$$单位变动成本敏感系数=-\frac{销售量\times 单位变动成本}{利润原值}$$

式中，敏感系数若为正值，表明它与利润为同向增减关系；敏感系数若为负值，表明它与利润为反向增减关系。

各因素敏感系数的排列有如下规律：

（1）单价的敏感系数总是最高。

（2）单价的敏感系数与单位变动成本的敏感系数绝对值之差等于销售量的敏感系数。

（3）销售量的敏感系数与固定成本的敏感系数绝对值之差等于1。

第二部分　练　习　题

一、名词解释

1. 本量利分析
2. 边际贡献
3. 边际贡献率
4. 变动成本率
5. 保本点
6. 安全边际
7. 保本点作业率
8. 保利点
9. 加权平均边际贡献率法
10. 联合单位法

二、单项选择题

1. 按照本量利分析的假设，收入函数和成本函数的自变量相同，为(　　)。

A. 单位变动成本　　B. 销售单价

C. 固定成本　　D. 产销量

2. 某产品边际贡献率为30%，单位变动成本70元，则该产品单价为(　　)元。

A. 50.4　　B. 100　　C. 60　　D. 72

3. 边际贡献率和变动成本率之间的关系是(　　)。

A. 变动成本率越高，则边际贡献率也高

B. 变动成本率与边际贡献率之和等于1

C. 边际贡献率和变动成本率两者没有关系

D. 变动成本率是边际贡献率的倒数

4. 已知企业只生产一种产品，单价5元，单位变动成本3元，固定成本总额600元，则保本销售量是(　　)件。

A. 200　　B. 300　　C. 120　　D. 400

5. 某企业只生产一种产品，该产品的边际贡献率为65%，本期销售额为200 000元，税前利润为100 000元，则该产品的固定成本为(　　)元。

A. 30 000　　B. 70 000　　C. 100 000　　D. 130 000

6. 当企业的边际贡献总额等于利润时，该企业的固定成本总额（　　）。

A. 等于零　　B. 不为零　　C. 大于零　　D. 小于零

7. 某公司生产的产品，单价为 2 元，边际贡献率为 40%，保本量为 20 万件，其固定成本为（　　）万元。

A. 16　　B. 50　　C. 80　　D. 100

8. 某产品单价 20 元，固定成本 50 000 元，边际贡献率 40%，则保本量为（　　）件。

A. 100 000　　B. 2 000　　C. 6 250　　D. 5 000

9. 某企业保本作业率 60%，安全边际量为 500 件，则该企业实际销售量为（　　）件。

A. 800　　B. 833　　C. 1 250　　D. 1 500

10. 已知产品销售单价为 24 元，保本销售量为 150 件，销售额可达 4 800 元，则安全边际率为（　　）。

A. 33.33%　　B. 25%　　C. 50%　　D. 20%

11. 如果某企业经营安全程度的评价结论为"值得注意"，据此可以断定，该企业安全边际率的数值（　　）。

A. 在 10%以下　　B. 在 10%至 20%之间

C. 在 20%至 30%之间　　D. 在 30%至 40%之间

12. 某企业只生产一种产品，单价为 56 元，单位变动成本为 36 元，固定成本总额为 4 000元。如果企业要确保安全边际率达到 50%，则销售量应达到（　　）件。

A. 143　　B. 222　　C. 400　　D. 500

13. 已知某企业的销售收入为 10 000 元，固定成本为 2 200 元，保本作业率为 40%，在此情况下，该企业可实现利润（　　）元。

A. 1 800　　B. 2 300　　C. 3 300　　D. 3 800

14. 某产品销售收入 900 元，保本额 600 元，变动成本率 60%，则该产品的利润为（　　）元。

A. 120　　B. 240　　C. 180　　D. 195

15. 当单价为 100 元，边际贡献率为 32%，安全边际量为 1 000 件时，企业可以实现利润（　　）元。

A. 2 800　　B. 100 000　　C. 60 000　　D. 32 000

16. 某产品保本点为 1 000 台，实际销售 1 600 台，每台单位边际贡献为 10 元，则实际获利额为（　　）元。

A. 16 000　　B. 10 000　　C. 25 000　　D. 6 000

17. 某企业的变动成本率为 50%，安全边际率为 35%，则其销售利润率为（　　）。

A. 12%　　B. 18%　　C. 28%　　D. 17.5%

18. 在利量式本量利关系图中，若横轴表示销售量，则利润线的斜率表示（　　）。

A. 边际贡献率　　B. 变动成本率

C. 单位边际贡献　　D. 单位变动成本

19. 在贡献式本量利关系图中，总成本线与变动成本线之间的距离所代表的是(　　)。

A. 边际贡献　　B. 固定成本

C. 利润区　　D. 亏损区

20. 从保本图上得知，对单一产品分析，(　　)。

A. 单位变动成本越大，总成本线斜率越大，保本点越高

B. 单位变动成本越大，总成本线斜率越小，保本点越高

C. 单位变动成本越小，总成本线斜率越小，保本点越高

D. 单位变动成本越小，总成本线斜率越大，保本点越低

21. 下列选项中，不受现有销售量变动影响的是(　　)。

A. 利润　　B. 安全边际率

C. 安全边际量　　D. 保本量

22. 根据本量利分析原理，下列措施中，只能提高安全边际而不会降低保本点的是(　　)。

A. 提高单价　　B. 增加销量

C. 降低单位变动成本　　D. 降低固定成本

23. 假定下列各项中的因素变动均处于相关范围内，则能够导致保本点升高的是(　　)。

A. 单价提高　　B. 单位变动成本升高

C. 实际销量增多　　D. 安全边际量增大

24. 已知某企业本年目标利润为 2 000 万元，产品单价为 600 元，变动成本率为 30%，固定成本总额为 600 万元，则企业的保利量为(　　)件。

A. 61 905　　B. 14 286　　C. 50 000　　D. 54 000

25. 某企业只生产一种产品，月计划销售 600 件，单位变动成本为 6 元，月固定成本为 1 000 元，欲实现利润 1 640 元，则单价应为(　　)元。

A. 16.40　　B. 14.60　　C. 10.60　　D. 10.40

26. 已知企业某产品的单价为 2 000 元，目标销售量为 3 500 件，固定成本总额为 100 000 元，目标利润为 600 000 元，则企业应将单位变动成本的水平控制在(　　)元。

A. 1 500　　B. 1 667　　C. 1 000　　D. 1 800

27. 当单位变动成本单独变动时，则(　　)。

A. 会使保本点同方向变动　　B. 会使安全边际同方向变动

C. 会使利润同方向变动　　D. 会使保利点反方向变动

28. 当单价上涨，而其他因素不变时，会引起(　　)。

A. 保本点和保利点降低，安全边际降低，利润减少

B. 保本点和保利点上升，安全边际上升，利润增加

C. 保本点和保利点上升，安全边际降低，利润减少

D. 保本点和保利点降低，安全边际上升，利润增加

29. 假设某企业生产甲、乙、丙三种产品，各产品的边际贡献率分别为 10%、15%和 30%，销售比重分别为 30%、30%和 40%，则该企业综合边际贡献率为(　　)。

A. 55%　　B. 19.5%　　C. 15%　　D. 30%

30. 已知 A 企业为生产和销售单一产品企业。A 企业计划年度销售量为 1 000 件，销售单价为 50 元，单位变动成本 30 元，固定成本总额 25 000 元，则销售量、单价、单位变动成本、固定成本各因素的敏感程度由高到低的排序是(　　)。

A. 单价>销售量>单位变动成本>固定成本

B. 单价>单位变动成本>销售量>固定成本

C. 单价>单位变动成本>固定成本>销售量

D. 单价>销售量>固定成本>单位变动成本

三、多项选择题

1. 下列各项中，属于本量利分析的基本假设的有(　　)。

A. 相关范围假设　　B. 模型线性假设

C. 产销平衡假设　　D. 品种结构不变假设

2. 下列公式中，正确的有(　　)。

A. 单位边际贡献=单价-单位变动成本

B. 边际贡献总额=销售收入总额-变动成本总额

C. 边际贡献率=单位边际贡献÷单价

D. 边际贡献率=边际贡献总额÷销售收入总额

3. 边际贡献除了以总额的形式表现外，其表现形式还包括(　　)。

A. 单位边际贡献　　B. 税前利润

C. 营业收入　　D. 边际贡献率

4. 下列各式中，其计算结果等于边际贡献率的有(　　)。

A. 单位边际贡献/单价　　B. 1-变动成本率

C. 边际贡献/销售收入　　D. 固定成本/保本量

5. 下列各项中，属于影响保本点的因素的有(　　)。

A. 单价　　B. 单位变动成本

C. 固定成本　　D. 目标净利润

6. 下列各项中，可据以判定企业是否处于保本状态的有(　　)。

A. 安全边际率为零　　B. 边际贡献等于固定成本

C. 收支相等　　D. 保本作业率为零

7. 下列条件中，能使保本点提高的有(　　)。

A. 单价降低　　B. 单位变动成本降低

C. 销售量提高　　D. 固定成本提高

8. 下列各项中，属于安全边际指标表现形式的有(　　)。

A. 安全边际量　　B. 安全边际率
C. 安全边际额　　D. 边际贡献率
9. 安全边际率等于(　　)。
A. 安全边际量÷实际销售量　　B. 安全边际额÷实际销售额
C. 1－保本作业率　　D. 1－边际贡献率
10. 下列有关指标的描述中，说法正确的有(　　)。
A. 安全边际率与保本作业率之和为1
B. 安全边际额是现有销售额超过保本额的部分
C. 安全边际率越大，企业发生亏损的可能性越大
D. 安全边际量占现有销售量的百分比等于安全边际率
11. 下列措施中，可以提高销售利润率的有(　　)。
A. 提高安全边际率　　B. 提高边际贡献率
C. 降低变动成本率　　D. 降低保本作业率
12. 下列关于利润的计算方法中，正确的有(　　)。
A. 安全边际额×边际贡献率　　B. 安全边际额×单位边际贡献
C. 安全边际量×单位边际贡献　　D. 安全边际量×边际贡献率
13. 从本量利关系图得知(　　)。
A. 保本点左边，成本大于收入，是亏损区
B. 销售量一定的情况下，保本点越高，盈利区越小
C. 实际销售量超过保本点销售量的部分就是安全边际
D. 在其他因素不变的情况下，保本点越低，盈利面积越小
14. 下列各项中，叙述正确的有(　　)。
A. 盈亏临界点不变，销售量越大，盈利越多
B. 销售量不变，盈亏临界点越低，盈利越多
C. 固定成本越多，盈亏临界点越低
D. 单位变动成本越高，盈亏临界点越高
15. 在其他因素不变的情况下，产品单价上升会带来的结果有(　　)。
A. 单位边际贡献上升　　B. 变动成本率上升
C. 安全边际率上升　　D. 保本作业率下降
16. 下列指标中，假定其他因素不变，会随着单价变动而反方向变动的因素有(　　)
A. 保本点　　B. 保利点
C. 变动成本率　　D. 安全边际率
17. 下列各项中，能够同时影响保本点、保利点及保净利点的因素有(　　)。
A. 所得税税率　　B. 边际贡献率
C. 固定成本总额　　D. 目标利润
18. 某产品单价为8元，固定成本总额为2 000元，单位变动成本为5元，计划产销量

600件，要实现400元的利润，可分别采取的措施有（　　）。

A. 减少固定成本600元　　B. 提高单价1元

C. 提高产销量200件　　D. 降低单位变动成本1元

19. 下列各项中，可用于多品种条件下本量利分析的有（　　）。

A. 分算法　　B. 主要品种法

C. 联合单位法　　D. 综合边际贡献率法

20. 下列关于敏感系数的说法中，正确的有（　　）。

A. 敏感系数＝目标值变动百分比÷因素变动百分比

B. 各因素敏感系数的分母均为变化前的税前利润

C. 敏感系数绝对值越大，说明利润对该因素的变化越敏感

D. 敏感系数为负值，表明因素的变动方向和目标值的变动方向相反

四、判断题

1. 在进行本量利分析时，不需要任何假设条件。（　　）
2. 成本按性态划分的基本假设同时也是本量利分析的基本假设。（　　）
3. 边际贡献首先用于补偿固定成本，之后若有余额，才能为企业提供利润。（　　）
4. 保本是指企业的边际贡献与固定成本相等。（　　）
5. 目标利润单独变动时，只会影响保利点，却不改变保本点。（　　）
6. 安全边际率乘以边际贡献率可得销售利润率。（　　）
7. 保本点作业率是正指标，越大说明企业的经营越安全。（　　）
8. 安全边际率与保本作业率之间的关系是互补的，即“安全边际利润率×保本作业率＝1”。（　　）
9. 在一定时期内，如果企业的保本作业率为零，可以断定该企业处于保本状态。（　　）
10. 保本点不变，业务量越大，则能实现的利润也越多。（　　）
11. 单一品种情况下，盈亏临界点的销售量随着边际贡献率的上升而上升。（　　）
12. 销售单价对盈亏平衡点没有影响。（　　）
13. 单价、单位变动成本及固定成本总额变动均会引起保本点、保利点同方向变动。（　　）
14. 销售量的敏感系数与固定成本的敏感系数绝对值之差等于1。（　　）
15. 本量利分析图的横轴表示销售收入和成本，纵轴表示销售量。（　　）
16. 在贡献式本量利关系图中，销售收入线与固定成本线之间的距离是边际贡献。（　　）
17. 传统式本量利关系图能反映成本与销售量(额)的关系，但无法反映边际贡献与其他因素的关系，而利量式本量利关系图则不能显示销售量(额)变动对成本的影响。（　　）
18. 在传统式盈亏临界图中，总成本既定的情况下，销售价格越高，盈亏临界点越高；反之，盈亏临界点越低。（　　）

19. 贡献式本量利关系图的特点是将变动成本单独列示，突出了边际贡献。（　　）

20. 在盈利条件下的本量利分析中，研究任何一个因素时，其他因素必为已知或固定不变的。（　　）

21. 多品种本量利分析的方法主要有综合边际贡献率法和联合单位法。（　　）

22. 在利用综合边际贡献率法进行多品种本量利分析时，各产品的销售额比重必然成为影响多品种本量利关系的因素。（　　）

23. 某一因素的敏感系数为负号，表明该因素的变动与利润的变动为反向关系；如为正号，表明是同向关系。（　　）

24. 单价的敏感程度肯定大于销售量的敏感程度。（　　）

25. 从单价的敏感系数特征来看，涨价是企业提高盈利最直接、最有效的手段。（　　）

五、计算分析题

1. 某企业只生产和销售一种产品，该产品单位售价 80 元，单位变动成本 50 元，固定成本总额 60 000 元，预计正常销售量 4 000 件。

要求：

（1）计算保本点销售量及保本点销售额。

（2）计算安全边际量、安全边际额、安全边际率及保本点作业率。

（3）计算企业可能实现的利润。

2. 某企业只生产一种 A 产品，单价为 51 元，2020 年产销量为 2 000 件，成本资料如表 3-6 所示。

表 3-6　　产品成本资料　　金额单位：元

成本项目	金额
直接材料	20 000
直接人工	10 000
制造费用	30 000
其中：变动制造费用	8 000
固定制造费用	22 000
销售及管理费用（全部为固定费用）	26 000

要求：

（1）计算 2020 年的保本销售量和保本销售额。

（2）计算 2020 年的安全边际量和安全边际率，并判断该企业的经营安全程度。

（3）假定 2021 年增加广告费 12 800 元，计算保本点销售量。

3. 某公司 2020 年的简明利润表如表 3-7 所示。

表 3-7　　简明利润表　　金额单位：元

项　　目	金　额
销售收入	160 000
减：销售成本	120 000(其中变动成本占 60%)
销售毛利	40 000
减：期间费用	50 000(其中固定成本占 50%)
税前利润	−10 000

经分析，公司亏损的原因是对产品的广告宣传不够，2021 年如果能增加广告费 4 000 元，可使销量大幅度增加，就能扭亏为盈。

要求：

(1) 计算该公司 2021 年的保本销售额。

(2) 如果该公司 2021 年计划实现利润 14 000 元，则其销售额应为多少？

4. 某公司只销售一种产品，2020 年单位变动成本为 12 元/件，变动成本总额为 60 000元，共获税前利润 18 000 元，若该公司计划于 2021 年维持销售单价不变，变动成本率仍维持 40%。

要求：

(1) 预测 2021 年的保本销售量。

(2) 若 2021 年的计划销售量比 2020 年提高 8%，则可获得多少税前利润？

5. 某公司 2021 年预计销售某种产品 50 000 件，若该产品变动成本率为 50%，安全边际率为 20%，单位边际贡献为 15 元。

要求：

(1) 预测 2021 年该公司的保本销售额。

(2) 2021 年该公司可获得多少税前利润？

(3) 计算销售利润率。

6. 甲产品单位售价为 30 元，单位变动成本为 21 元，固定成本为 450 元。

要求：

(1) 计算保本量。

(2) 若要实现目标利润 180 元，销售量应达到多少？

(3) 若每单位产品变动成本增加 2 元，固定成本减少 170 元，计算此时的保本量。

(4) 根据以上资料，若销售量为 200 件，计算单价应调整到多少才能实现利润 350 元。假定单位变动成本和固定成本不变。

7. 某公司的固定成本总额为 19 800 元，生产的 A、B、C 三种产品的有关资料如表3-8所示。

表 3-8　产品的相关资料　金额单位：元

品种	销售量(件)	单价	单位变动成本
A	60	2 000	1 600
B	30	500	300
C	65	1 000	700

要求：

(1) 用综合边际贡献率法计算综合保本额。

(2) 计算各产品的保本额和保本量。

(3) 计算该公司的利润。

8. 某公司每月固定成本 18 500 元，生产三种产品，资料如表 3-9 所示。

表 3-9　产品资料表　金额单位：元

产品	单价	单位变动成本	销售额所占比重
甲	100	60	50%
乙	50	30	30%
丙	80	60	20%

要求：

(1) 计算综合边际贡献率和综合保本点销售额。

(2) 计算各产品的保本点销售额和销售量。

(3) 计算销售额为 100 000 元时的利润。

9. 某公司在计划期拟生产和销售 A、B、C 三种产品，其固定成本总额为 300 000 元，A、B、C 三种产品的产销量、销售单价、单位变动成本、固定成本有关资料如表 3-10 所示。

表 3-10　产品的相关资料　金额单位：元

品种	销售量	单价	单位变动成本
A	100 000 件	10	8.5
B	25 000 台	20	16
C	10 000 套	50	25

要求：用联合单位法计算联合保本销售量及各产品的保本销售量。

10. 甲企业只生产和销售一种产品，有关数据如下：销售产品 4 000 件，产品单价 80 元，单位变动成本 50 元，固定成本总额 50 000 元，实现利润 70 000 元，计划年度目标利润 100 000 元。

要求：

(1) 计算实现目标利润的销售量。

(2) 分别计算销售量、单价、单位变动成本及固定成本的敏感系数。

第三部分 参考答案

一、名词解释

1. 本量利分析

本量利分析(CVP分析)是成本—业务量—利润关系分析的简称,是指在变动成本计算模式的基础上,以数学化的会计模型与图式来揭示固定成本、变动成本、销售量、单价、销售额、利润等变量之间的内在规律性联系,为会计预测、决策和规划提供必要的财务信息的一种定量分析方法。

2. 边际贡献

边际贡献也称贡献毛益、贡献边际、边际利润或创利额,它是指销售收入减去变动成本以后的金额。

3. 边际贡献率

边际贡献率也称贡献毛益率、边际利润率或创利率,是指边际贡献在销售收入中所占的百分比。

4. 变动成本率

变动成本率是指变动成本占销售收入的百分比,或指单位变动成本占单价的百分比。

5. 保本点

保本点又称盈亏临界点、盈亏分歧点、两平点等,具体是指收入和成本刚好相抵(利润为0)时的销售量或销售额。

6. 安全边际

安全边际是指正常销售量或者现有销售量超过保本点销售量的差额。

7. 保本点作业率

保本点作业率指标是安全边际率的反指标,是指保本点销售量(额)占实际或预计的销售量(额)的百分比,又称危险率。

8. 保利点

保利点是指在单价和成本水平既定的情况下,为确保实现确定的目标利润而应达到的目标销售量和目标销售额,从而以销定产,确定目标生产量、生产成本以及资金需要量等。

9. 加权平均边际贡献率法

加权平均边际贡献率法是指在各种产品边际贡献率的基础上,以各种产品的销售收入比重作为权数,先确定企业加权平均的综合边际贡献率,然后分析多品种条件下本量利关系的一种定量分析方法。

10. 联合单位法

联合单位法是指在事先掌握多品种之间客观存在的相对稳定的产销实物量比例的基础上,确定每一联合单位的单价和单位变动成本,进行多品种条件下本量利分析的一种方法。

二、单项选择题

1. D	2. B	3. B	4. B	5. A	6. A	7. A	8. C	9. C	10. B
11. B	12. C	13. C	14. A	15. D	16. D	17. D	18. C	19. B	20. A
21. D	22. B	23. B	24. A	25. D	26. D	27. A	28. D	29. B	30. C

重难点解析：

1. 按照本量利分析的假设，收入函数和成本函数的自变量相同，为产销量。

2. 该产品单价＝70÷(1－30%)＝100(元)。

3. 边际贡献率和变动成本率之间的关系：变动成本率＋边际贡献率＝1，变动成本率越高，则边际贡献率应越低，故选项B正确。

4. 保本销售量＝600÷(5－3)＝300(件)。

5. 税前利润100 000＝200 000×65%－固定成本，固定成本＝30 000(元)。

6. 利润＝边际贡献－固定成本，当企业的边际贡献总额等于利润时，该企业的固定成本总额等于零。

7. 利用保本量的公式：保本量＝固定成本÷单位边际贡献，因此固定成本＝20×2×40%＝16(万元)，故选项A正确。

8. 保本量＝固定成本÷单位边际贡献＝50 000÷(20×40%)＝6 250(件)。

9. 保本作业率60%，则安全边际率＝40%，安全边际量为500件，则实际销售量＝500÷40%＝1 250(件)。

10. 实际销售量＝4 800÷24＝200(件)

安全边际率＝(200－150)÷200＝25%

11. 如果某企业经营安全程度的评价结论为“值得注意”，据此可以断定，该企业安全边际率的数值在10%至20%之间。

12. 保本量＝4 000÷(56－36)＝200(件)

安全边际率＝(实际销售量－200)÷实际销售量＝50%，实际销售量＝400(件)

13. 保本额＝销售收入×保本作业率＝10 000×40%＝4 000(元)

边际贡献率＝2 200÷4 000＝55%

利润＝安全边际额×边际贡献率＝(10 000－4 000)×55%＝3 300(元)

14. 利润＝安全边际额×边际贡献率＝(900－600)×(1－60%)＝120(元)

15. 利润＝安全边际额×边际贡献率＝100×1 000×32%＝32 000(元)

16. 利润＝安全边际量×单位边际贡献＝(1600－1 000)×10＝6 000(元)

17. 销售利润率＝安全边际率×边际贡献率＝35%×(1－50%)＝17.5%

18. 在利量式本量利关系图中，以横轴表示销售量，则利润线的斜率表示单位边际贡献，故选项C正确。

19. 在贡献式本量利关系图中，总成本线与变动成本线之间的距离所代表的是固定成本,故选项B正确。

20. 从保本图上得知,对单一产品分析,单位变动成本越大,总成本线斜率越大,保本点越高,故选项A正确。

21. 下列选项中,选项ABC均受现有销售量变动影响,只有保本量不受现有销售量变动影响,影响保本量的因素有固定成本、单价、单位变动成本。

22. 提高单价、降低单位变动成本、降低固定成本都能通过降低保本点来提高安全边际,只有增加销量可以提高安全边际而且不降低保本点。

24. 保利量$=\dfrac{(600+2\ 000)\times 10\ 000}{600\times(1-30\%)}=61\ 905$(件)

25. 保利单价$=(1\ 640+1\ 000)\div 600+6=10.40$(元)

26. 保利单位变动成本$=2\ 000-(600\ 000+100\ 000)\div 3\ 500=1\ 800$(元)

27. 当单位变动成本单独变动时,则会使保本点同方向变动,选项A正确;会使安全边际反方向变动,故选项B错误;会使利润反方向变动,故选项C错误;会使保利点同方向变动,故选项D错误。

28. 当单价上涨,而其他因素不变时,会引起保本点和保利点降低,安全边际上升,利润增加,故选项D正确。

29. 综合边际贡献率$=10\%\times 30\%+15\%\times 30\%+30\%\times 40\%=19.5\%$

30. 因为各因素敏感系数的分母相等,故比较各因素的敏感程度,无需计算敏感系数,只需要比较各因素敏感系数的分子绝对值即可。单价敏感系数的分子(50 000)>单位变动成本敏感系数的分子绝对值(30 000)>固定成本敏感系数的分子绝对值(25 000)>销售量敏感系数的分子(20 000)。

三、多项选择题

1. ABCD	2. ABCD	3. AD	4. ABC	5. ABC	6. ABC	7. AD	8. ABC	9. ABC	10. ABD
11. ABCD	12. AC	13. ABC	14. ABD	15. ACD	16. ABC	17. BC	18. ABCD	19. CD	20. ABCD

重难点解析:

3. 边际贡献除了以总额的形式表现外,其表现形式还包括单位边际贡献和边际贡献率,故选项AD正确。

4. 边际贡献率的公式可以通过定义用边际贡献/销售收入、单位边际贡献/单价求得,也可以通过与变动成本率的关系,即1−变动成本率求得,还可以通过保本额的计算公式转换,即固定成本/保本额求得,故选项D错误。

5. 影响保本点的因素有单价、单位变动成本、固定成本三个,故选项ABC正确。

6. 企业处于保本状态时,即收支相抵,利润为0,边际贡献等于固定成本,安全边际率为零,保本作业率为1,故选项ABC正确。

7. 单价、单位变动成本、固定成本三个因素影响保本点,单价与保本点呈反向关系,单位变动成本和固定成本与保本点呈同向关系，故能使保本点提高的有单价降低、固定成本提高、单位变动成本提高。因此选项AD正确。

9. 安全边际率可以通过定义式，等于安全边际量÷实际销售量或安全边际额÷实际销售额，也可以通过其与保本作业率的关系，等于1－保本作业率。故选项D错误，1－边际贡献率＝变动成本率。

10. 安全边际率越大，企业发生亏损的可能性越小，因此选项C错误，其余三项正确。

11. 销售利润率＝安全边际率×边际贡献率＝(1－保本作业率)×(1－变动成本率)，故可以通过提高安全边际率、提高边际贡献率、降低变动成本率、降低保本作业率来提高销售利润率。故选项ABCD均正确。

12. 利润＝安全边际量×单位边际贡献＝安全边际额×边际贡献率。

13. 从本量利关系图得知，保本点左边，成本大于收入，是亏损区；在其他因素不变的情况下，保本点越高，盈利区越小，反之，保本点越低，盈利面积越大，故选项D错误。实际销售量超过保本点销售量的部分就是安全边际。

14. 固定成本越多，盈亏临界点越高，故选项C错误。

15. 在其他因素不变的情况下，产品单价上升会带来单位边际贡献上升，保本量下降，保本量下降则安全边际率上升，从而保本作业率下降，因此选项ACD正确。变动成本率应下降，选项B错误。

16. 下列指标中，假定其他因素不变，与单价变动呈反方向的因素有保本点、保利点、变动成本率，选项D安全边际率与单价呈同向关系。

17. 下列各项中，能够同时影响保本点、保利点及保净利点的因素为边际贡献率、固定成本总额，单价、单位变动成本。所得税税率只影响保净利点，目标利润影响保利点和保净利点。因此选项BC正确。

18. 此题考查保利单价、保利单位变动成本、保利销量、保利固定成本的计算。

四、判断题

1. ×	2. √	3. √	4. √	5. √	6. √	7. ×	8. ×	9. ×	10. √
11. ×	12. ×	13. ×	14. √	15. ×	16. ×	17. √	18. ×	19. √	20. √
21. √	22. √	23. √	24. √	25. √					

重难点解析：

1. 在进行本量利分析时，有五个假设，分别为：成本性态假设、相关范围假设、模型线性假设、产销平衡假设、品种结构不变假设。

7. 保本点作业率是反指标，越小说明企业的经营越安全。

8. 安全边际率与保本作业率之间的关系是互补的，即“安全边际利润率＋保本作业率＝1”。

9. 在一定时期内，如果企业的安全边际率为零，保本作业率为1，可以断定该企业处于保本状态。

11. 单一品种情况下，盈亏临界点的销售额随着边际贡献率的上升而下降，在其他因素不变的情况下，盈亏临界点的销售量也将下降。

12. 销售单价与盈亏平衡点呈反向关系。

13. 单价会引起保本点、保利点反方向变动，单位变动成本及固定成本总额变动会引起保本点、保利点同方向变动。

15. 本量利分析图的横轴表示销售量，纵轴表示销售收入和成本。

16. 在贡献式本量利关系图中，销售收入线与变动成本线之间的距离是边际贡献。

18. 在传统式盈亏临界图中，总成本既定的情况下，销售价格越高，盈亏临界点越低；反之，盈亏临界点越高。

五、计算分析题

1. 解：

(1) 保本点销售量＝60 000÷(80－50)＝2 000(件)

保本点销售额＝2 000×80＝160 000(元)

(2) 安全边际量＝4 000－2 000＝2 000(件)

安全边际额＝2 000×80＝160 000(元)

安全边际率＝2 000÷4 000×100%＝50%

保本点作业率＝1－50%＝50%

(3) 利润＝(80－50)×4 000－60 000＝60 000(元)

或利润＝2 000×(80－50)＝60 000(元)

2. 解：

(1) 单位变动成本$=\frac{20\ 000+10\ 000+8\ 000}{2\ 000}=19$(元)

2020 年保本销售量$=\frac{22\ 000+26\ 000}{51-19}=1\ 500$(件)

2020 年保本销售额＝51×1 500＝76 500(元)

(2) 2020 年安全边际量＝2 000－1 500＝500(件)

2020 年安全边际率$=\frac{500}{2\ 000}\times 100\%=25\%$

安全边际率为 25%，表明该企业经营安全程度处于“较安全”区域。

(3) 2021 年保本点销售量$=\frac{22\ 000+26\ 000+12\ 800}{51-19}=1\ 900$(件)

3. 解：

(1) 2020 年变动成本＝120 000×60%＋50 000×50%＝97 000(元)

2020 年固定成本＝120 000×40%＋50 000×50%＝73 000(元)

$$2020\text{年边际贡献率}=\frac{160\ 000-97\ 000}{160\ 000}\times 100\%=39.375\%$$

$$2021\text{年保本额}=\frac{73\ 000+4\ 000}{39.375\%}=195\ 555.56(\text{元})$$

$$(2)\ 2021\text{年保利额}=\frac{73\ 000+4\ 000+14\ 000}{39.375\%}=231\ 111.11(\text{元})$$

4. 解：

(1) 单价＝12÷40％＝30(元)

销售量＝60 000÷12＝5 000(件)

固定成本＝5 000×30－60 000－18 000＝72 000(元)

$$2020\text{年保本销售量}=\frac{72\ 000}{30-12}=4\ 000(\text{件})$$

(2) 2021年的计划销售量比2020年提高8％，则：

税前利润＝(30－12)×5 000×(1＋8％)－72 000＝25 200(元)

5. 解：

(1) 单位变动成本÷单价＝50％

单价－单位变动成本＝15

上述两个公式联立方程组解得：单价＝30(元)，单位变动成本＝15(元)

安全边际率＝20％，则保本作业率＝80％

保本量＝50 000×80％＝40 000(件)

保本额＝30×40 000＝1 200 000(元)

(2) 税前利润＝(50 000－40 000)×(30－15)＝150 000(元)

(3) 销售利润率＝安全边际率×边际贡献率＝20％×(1－50％)＝10％

6. 解：

$$(1)\ \text{保本量}=\frac{450}{30-21}=50(\text{件})$$

$$(2)\ \text{保利销售量}=\frac{450+180}{30-21}=70(\text{件})$$

$$(3)\ \text{保本量}=\frac{450-170}{30-(21+2)}=40(\text{件})$$

(4) 设单价为 SP，则：

$$350=200\times SP-200\times 21-450$$
$$SP=25(\text{元})$$

7. 解：

$$(1)\ \text{综合边际贡献率}=\frac{(2\ 000-1\ 600)\times 60+(500-300)\times 30+(1\ 000-700)\times 65}{2\ 000\times 60+500\times 30+1\ 000\times 65}\times 100\%=24.75\%$$

综合保本额＝19 800÷24.75％＝80 000(元)

(2) A产品的保本额＝80 000×$\frac{2\ 000\times 60}{200\ 000}$＝48 000(元)

A产品的保本量＝48 000÷2 000＝24(件)

B产品的保本额＝80 000×$\frac{500\times 30}{200\ 000}$＝6 000(元)

B产品的保本量＝6 000÷500＝12(件)

C产品的保本额＝80 000×$\frac{1\ 000\times 65}{200\ 000}$＝26 000(元)

C产品的保本量＝26 000÷1 000＝26(件)

(3) 利润＝(2 000－1 600)×60＋(500－300)×30＋(1 000－700)×65－19 800＝29 700(元)

8. 解：

(1) 三种产品的边际贡献率：

甲产品的边际贡献率＝[(100－60)÷100]×100％＝40％

乙产品的边际贡献率＝[(50－30)÷50]×100％＝40％

丙产品的边际贡献率＝[(80－60)÷80]×100％＝25％

综合边际贡献率＝50％×40％＋30％×40％＋20％×25％＝37％

综合保本点销售额＝18 500÷37％＝50 000(元)

(2) 各产品的保本点销售额：

甲产品：50 000×50％＝25 000(元)

乙产品：50 000×30％＝15 000(元)

丙产品：50 000×25％＝10 000(元)

各产品的保本点销售量：

甲产品：25 000÷100＝250(件)

乙产品：15 000÷50＝300(件)

丙产品：10 000÷80＝125(件)

(3) 销售额为100 000元时，各产品的销售额：

甲产品：100 000×50％＝50 000(元)

乙产品：100 000×30％＝30 000(元)

丙产品：100 000×20％＝20 000(元)

各产品的销售量：

甲产品：50 000÷100＝500(件)

乙产品：30 000÷50＝600(件)

丙产品：20 000÷80＝250(件)

利润＝100 000－(500×60＋600×30＋250×60)－18 500＝18 500(元)

9. 解：

(1) 确定各产品销量比：

A∶B∶C＝100 000∶25 000∶10 000＝10∶2.5∶1

(2) 计算联合单价和联合单位变动成本：

联合单价＝10×10＋20×2.5＋50×1＝200(元)

联合单位变动成本＝8.5×10＋16×2.5＋25×1＝150(元)

(3) 计算联合保本销售量和各产品的保本销售量：

联合保本量＝300 000÷(200－150)＝6 000(联合单位)

A 产品的保本量＝6 000×10＝60 000(件)

B 产品的保本量＝6 000×2.5＝15 000(台)

C 产品的保本量＝6 000×1＝6 000(套)

10. 解：

(1) 实现目标利润的销售量$=\frac{100\ 000+50\ 000}{80-50}=5\ 000$(件)

(2) 销售量敏感系数$=\frac{(80-50)\times 4\ 000}{70\ 000}=1.71$

单价敏感系数$=\frac{80\times 4\ 000}{70\ 000}=4.57$

单位变动成本敏感系数$=-\frac{50\times 4\ 000}{70\ 000}=-2.86$

固定成本敏感系数$=-\frac{50\ 000}{70\ 000}=-0.71$

第四章　经 营 预 测

第一部分　内 容 概 要

一、经营预测概述

（一）经营预测的定义

经营预测是指企业根据现有的经济条件和掌握的历史资料，对生产经营活动的未来发展趋势和状况进行的预计和预算。

（二）经营预测的特征

经营预测包括以下四个特征：①依据的客观性；②时间的相对性；③结论的可检验性；④方法的灵活性。

（三）经营预测的步骤

经营预测通常包括以下七个步骤：①确定经营预测目标；②搜集整理资料；③选择经营预测方法；④分析判断；⑤检查验证；⑥修正预测值；⑦报告预测结论。

（四）经营预测的方法

1. 定量分析法

定量分析法是指运用数学方法对有关的数据资料进行加工处理，据以建立能够反映有关变量之间规律性联系的各类预测模型的方法。它又可分为趋势预测分析法和因果预测分析法。

2. 定性分析法

定性分析法又称非数量分析法，是指由熟悉情况和业务的专家根据个人的经验进行分析判断，提出初步预测意见，然后再通过一定形式进行综合分析，是预测未来状况和发展趋势主要依据的方法。

二、销售预测

销售预测对于其他预测起着决定性的引导作用，是制定企业经营决策的重要依据。只有做好销售预测，才能相互衔接地开展其他各项经营预测。

（一）定性销售预测

定性销售预测又称定性分析法，主要依靠预测人员丰富的实践经验和知识以及主观的分析判断能力，在考虑政治经济形势、市场变化、经济政策、消费倾向等各项因素对经营影响的前提下，对事物的性质和发展趋势进行预测和推测。

1. 判断分析法

判断分析法是指销售人员根据直觉判断进行预估，然后由销售经理加以综合，从而做出企业总体销售预测的一种方法。

2. 调查分析法

调查分析法是指利用统计的方法，对市场进行抽样调查，结合研究产品的寿命周期，来推断企业产品的销售趋势的方法。调查分析法通过对有代表性顾客的消费意向的调查，了解市场需求的变化趋势，进行销售预测。

(二) 定量销售预测

定量销售预测也称数量分析法，主要应用数学方法对与销售有关的各种信息进行科学的加工处理，建立相应的数学模型，充分揭示各有关变量之间的规律性联系并做出相应的预测结论。

1. 趋势预测分析法

(1) 算术平均法。采用算术平均法进行销售预测，是把若干历史时期的销售量或销售额作为观察值，求出其简单平均数，并将平均数作为下期销售的预测值。算术平均法的计算公式为：

$$\text{计划期预测销售量(额)}=\frac{\text{各期销售量(额)之和}}{\text{期数}}$$

(2) 加权平均法。采用加权平均法进行销售预测，同样是将若干历史时期的销售量或销售额作为观察值，将各个观察值与各自权数的乘积加总，然后除以权数之和，求出加权平均数，并将加权平均数作为销售量的预测值。加权平均法的计算公式为：

$$Y=\sum_{i=1}^{n} W_i X_i$$

(3) 指数平滑法。指数平滑法是加权平均法的一种变化，计算的是指数平滑平均数。其计算公式如下：

$$S_t=aX_{t-1}+(1-a)S_{t-1}$$

式中，S_t 为 t 期的销售预测值；S_{t-1} 为 t 期上一期的销售预测值；X_{t-1} 为 t 期上一期的销售实际值；a 为满足 $0<a<1$ 条件的常数，亦称指数平滑系数。

2. 因果预测分析法

因果预测分析法最常用的方法是回归分析法，它假定预测期销售量同影响因素呈线性关系。为简化分析，先假定影响因素只有一个，则回归直线可以写成：

$$y=a+bx$$

回归分析法在统计上按照最小二乘法进行回归分析，估计出常数项 a 与系数 b 的取值：

$$b=\frac{n\sum xy-\sum x\sum y}{n\sum x^2-(\sum x)^2}$$

$$a=\frac{\sum y-b\sum x}{n}$$

求出 a 与 b 的值后，结合自变量 x 的预计销售量或销售额，代入公式 $y=a+bx$，即可求得预测对象 y 的预计销售量或销售额。

3. 季节预测分析法

季节性变动对产品销售的影响，可用加法模型预测：

$$Y_t = T_t + S_t$$

式中，Y 为销售量；T 为趋势值；S 为季节加量或季节指数；t 为时间。

也可以使用乘法模型来预测：

$$Y_t = T_t S_t$$

式中，T 为一种趋势，是决定 Y 大小的基本因子；S 是考虑季节性影响调整的因子。

三、成本预测

成本预测是指根据企业未来发展目标和有关资料，对企业未来一定时期内的成本水平及其发展趋势所进行的科学预计和推测。具体包括产品成本水平及趋势的预测、各种因素变化对成本影响的预测、成本降低幅度的预测、质量成本的预测以及使用成本的预测等。

（一）目标成本预测分析的方法

1. 倒挤法

倒挤法又称倒扣法，即在产品价格、销售量、目标利润既定的基础上，倒算出目标成本的一种方法。其计算公式为：

目标成本＝预计单位产品售价×预计产品销售量－预计产品销售税金及附加－产品目标销售利润

2. 基数法

基数法是根据本企业上年实际平均单位成本和实现企业经营目标要求的成本降低任务测算目标成本的一种方法。其计算公式为：

单位产品目标成本＝上年实际平均单位成本×(1－计划期预计成本降低率)

目标成本＝单位产品目标成本×预计销售量

3. 因素变动预测法

因素变动预测法是基数法的一个特例，是在各种影响企业目标成本的因素的基础上进行的预测。其计算公式为：

目标成本＝(上年实际单位成本－各因素变动导致的成本降低额)×预计产品销售量

预测的产品成本降低率为：

$$\text{成本降低率}=\frac{\text{各因素变动导致的成本降低额}}{\text{上年实际单位成本}}\times 100\%$$

（二）期中成本预测分析的方法

期中成本预测是指企业为了适应成本管理和决策的要求，定期根据生产经营活动中运用原始记录提供的材料领用、工时统计、产品产量、产品质量、有关费用支出等各项数据，对一定期间成本计划完成情况进行的一种成本预测。

（三）成本趋势预测分析的方法

成本趋势预测是指利用企业的历史成本资料，运用一定的技术方法，对成本变化趋势进行的预测。常用的方法有高低点法、加权平均法、直线回归分析法等。

1. 高低点法

高低点法是将成本费用发展趋势用 $y=a+bx$ 方程式来表示，选用一定时期历史资料中的最高业务量与最低业务量的总成本之差进行比对，先求出 a、b 的值，然后据以预测计划期成本。其计算公式如下：

$$b=\frac{y_{高}-y_{低}}{x_{高}-x_{低}}$$

$$a=y_{高}-bx_{高}$$

或

$$a=y_{低}-bx_{低}$$

其中，$x_{高}$、$x_{低}$ 分别代表高、低点业务量；$y_{高}$、$y_{低}$ 分别代表高、低点业务量的总成本。

2. 加权平均法

加权平均法是指根据过去若干期的单位变动成本 b 和固定成本总额 a 的历史资料，按其时间远近给予不同权数，用加权平均数计算计划期的产品成本。其计算公式如下：

$$y=\sum a_i w_i+x\sum b_i w_i$$

其中，$\sum W_i=1$。

$$单位成本预测值=\frac{y}{x}$$

3. 回归分析法

具体计算方法参考上述因果预测分析法。

四、利润预测

利润预测是按照企业经营目标的要求，通过对影响利润变化的成本、产销量等各项因素的综合分析，对未来一定时间内可能达到的利润水平和变化趋势所进行的科学预测。利润预测是规划目标利润的重要前提。

（一）直接预测法

直接预测法是参照利润表的主要构成，直接预测收入和成本项目，并将预测收入抵减预测成本得到预测利润。所以，本章前两节所讲的销售预测和成本预测是直接预测法的重要应用前提。预测总利润的公式如下：

预测总利润＝预测营业收入－预测营业成本－预测销售费用－预测管理费用
－预测研发费用－预测财务费用＋预测其他收益＋预测投资收益
＋可预测的其他利润构成

营业利润是由产品销售利润和其他业务利润组成的，这两部分预测利润的公式分别为：

预测产品销售利润＝预计产品销售收入－预计产品销售成本
＝预计产品销售量×（预计产品销售价格－预计产品销售成本）

预测其他业务利润＝预计其他业务收入－预计其他业务成本

预测企业的投资收益是根据预计企业对外投资收入减去预计投资损失后得到的预计投资净收益。

最后，将所求出的各项预测数额加总，便可计算出预测期间的预测总利润。

（二）因素分析法

因素分析法的基本原理与本量利分析中的敏感性分析是一致的。因素分析法是在本期已实现利润水平基础上，预测影响产品利润的各因素变化，进而预测企业下期产品利润。影响产品利润的主要因素有销售数量、销售价格、销售成本以及品种结构等。预测企业下期产品利润时，可以先计算本期成本利润率：

$$本期成本利润率=\frac{本期产品利润}{本期产品销售成本}\times 100\%$$

计算出本期成本利润率后，可以预测下期各相关因素变动对产品利润的影响。

1. 预测销售数量变动对利润的影响

$$\begin{matrix}销售数量变动\\影响的利润\end{matrix}=\left(\begin{matrix}预测期\\销售量\end{matrix}-\begin{matrix}本期销\\售量\end{matrix}\right)\times\begin{matrix}本期单位\\产品成本\end{matrix}\times\begin{matrix}本期成\\本利润率\end{matrix}$$

2. 预测销售价格变动对利润的影响

$$销售价格变动影响的利润=预测期销售量\times变动前销售价格\times价格变动率$$

3. 预测销售成本降低对利润的影响

$$因销售成本降低而增加的利润=预测期销售量\times变动前销售价格\times单位销售成本率降低$$

4. 预测品种结构变动对利润的影响

$$全部产品平均利润率=\sum(各种产品本期销售利润率\times该产品本期销售额比重)$$

预测期产品品种结构变动对利润的影响可按下列公式计算：

$$\begin{matrix}因产品品种结构变动\\而增减的利润\end{matrix}=\begin{matrix}预测期全部\\产品销售收入\end{matrix}\times\left(\begin{matrix}预测期平均\\销售利润率\end{matrix}-\begin{matrix}本期平均\\销售利润率\end{matrix}\right)$$

五、资金需要量预测

资金需要量预测是以预测企业生产经营规模的发展和资金利用效果的提高等为依据，

在分析有关历史资料、技术经济条件和发展规划的基础上，运用一定的数学方法，对计划期资金需要量所进行的科学预计和推测。

（一）销售百分比法

销售百分比法是以资金与销售额的比率为基础，预测未来资金需要量的方法。步骤如下：

第一步，确定销售百分比。

第二步，计算预计销售额下的资产和负债。

$$\frac{\text{预计资产}}{\text{（负债）}}=\frac{\text{预计}}{\text{销售额}}\times\frac{\text{资产（负债）}}{\text{项目的销售百分比}}+\frac{\text{不随销售额变动的}}{\text{资产（负债）项目的金额}}$$

第三步，预计留存收益增加额。

留存收益增加额＝预计销售额计×计划销售净利率×（1－股利支付率）

第四步，计算追加资金需要量。

追加资金需要量＝预计资产－预计负债－预计所有者权益

第五步，根据销售增加额确定追加资金需要量。

追加资金需要量＝资产增加－负债自然增加－留存收益增加＝新增销售额×资产项目的销售百分比－新增销售额×负债项目的销售百分比－预计销售额×计划销售净利率×（1－股利支付率）

（二）资金习性预测法

资金习性预测法是指根据资金习性预测企业未来资金需要量的一种方法。资金习性，是指资金的变动与产销量之间的依存关系。按照资金和产销量之间的依存关系，可以把资金区分为不变资金、变动资金和半变动资金。

在预测资金需要量时，以销售额作为自变量，以资金总额作为因变量，根据一定数量的自变量与因变量的对应资料，建立直线回归方程：

$$y=a+bx$$

式中，x 为销售额；y 为资金总额；a 为资金中的固定部分（即不受销售额增减变动影响而能保持不变的部分）；b 为变动资金率（即每增加一元销售额需要增加的资金）。根据已知过去若干年的销售额 x 和资金总额 y 的资料，经过计算，可求出 a，b 的值。根据直线回归方程 $y=a+bx$，就可预测出未来一定时期为完成预计销售额所需要的资金数额。

第二部分　练　习　题

一、名词解释

1. 经营预测
2. 定性销售预测

3. 定量销售预测
4. 趋势预测分析法
5. 因果预测分析法
6. 调查分析法
7. 判断分析法
8. 销售百分比法
9. 资金习性预测法
10. 成本预测
11. 利润预测

二、单项选择题

1. 企业根据现有的经济条件和掌握的历史资料以及客观事物的内在联系，对生产经营活动的未来发展趋势和状况进行的预计和测算的过程，是管理会计的（　　）。

A. 经营决策　　B. 经营预测
C. 生产决策　　D. 生产预测

2. 运用现代数学方法对历史数据进行科学的加工处理，并建立数学经济模型，揭示各有关变量之间的规律性联系的方法属于（　　）。

A. 定性分析法　　B. 定量分析法
C. 本量利分析法　　D. 回归直线法

3. 下列各种销售预测方法中，没有考虑远、近期销量会对未来销售状况产生不同影响的方法是（　　）。

A. 移动平均法　　B. 算术平均法
C. 加权平均法　　D. 平滑指数法

4. 在趋势预测法中，在计算过程中需上期预测数的资料的是（　　）。

A. 简单平均法　　B. 移动平均法
C. 指数平滑法　　D. 回归分析法

5. 下列各种预测方法中，属于趋势预测分析的方法的是（　　）。

A. 判断分析法　　B. 调查分析法
C. 回归分析法　　D. 移动加权平均法

6. 下列各种预测方法中，属于因果预测分析法的是（　　）。

A. 算术平均法　　B. 回归分析法
C. 季节预测分析法　　D. 移动加权平均法

7. 下列各项中，指数平滑法公式正确的是（　　）。

A. $S_t = aX_{t-1} + (1-a)S_{t-1}$　　B. $S_t = aX_{t-1} + (1+a)S_{t-1}$
C. $S_t = aX_{t-1} + (1-a)S_{t+1}$　　D. $S_t = (1-a)X_{t-1} + aS_{t-1}$

8. 下列各项中，属于指数平滑法优点的是（　　）。

A. 可以调节近期观察值的权数

B. 在不同程度上考虑了以往各期的观察值，比较全面

C. 考虑季节性变动的影响

D. 体现历史时期销售量的增减趋势

9. 运用季节预测分析法时，一般来说，所取观察值的季节波动与趋势值成比例关系，应采用的模型是（　　）。

A. $Y_t = T_t S_t$　　B. $Y_t = T_t + S_t$

C. $Y_t = T_t - S_t$　　D. $Y_t = \frac{T_t}{S_t}$

10. 甲企业利用0.3的平滑指数进行销售预测，已知2019年的实际销量为90吨，预计销量比实际销量多10吨；2020年实际销量比预计销量少5吨，则该企业2021年预测销量为（　　）吨。

A. 95.5　　B. 103.6　　C. 93.6　　D. 63.6

11. 下列各项中，属于目标成本预测的方法的是（　　）。

A. 高低点法　　B. 倒挤法

C. 加权平均法　　D. 回归分析法

12. 判断分析法是指销售人员根据（　　）进行估计，然后由销售人员加以综合，从而得出企业总体的销售预测的一种方法。

A. 消费意向　　B. 直觉判断　　C. 数学模型　　D. 市场前景

13. 趋势预测分析法和因果预测分析法属于（　　）。

A. 调查分析法　　B. 判断分析法

C. 定性销售预测　　D. 定量销售预测

14. 运用销售百分比法预测资金需要量时，下列说法中，不正确的是（　　）。

A. 货币资金、应收账款、存货等项目会随销售额的变动而变动，其变动额作为增加的资金需求量

B. 应付账款、其他应付款等项目会随销售额的变动而变动，其变动额作为增加的资金供给量

C. 预期的折旧额扣除用于更新改造的资金后可作为增加的资金供给量

D. 预期的净利润都作为增加的资金供给量

15. 销售百分比法比较适用于（　　）的预测。

A. 长期筹资量　　B. 近期筹资量

C. 目标利润　　D. 目标成本

16. 运用销售百分比法对销售进行预测时，最常用的比率是（　　）。

A. 资金与销售额的比率　　B. 毛利率

C. 存货周转率　　D. 应收账款周转率

17. 资金习性预测法主要是根据资金总额与销售额的关系来进行预测，它借助（　　）方

法，根据历史上若干期企业资金总额与销售额之间的关系，把资金划分为不变资金和变动资金两个部分，然后结合预计的销售额来预测企业资金需要量。

A. 直线回归分析法　　B. 判断分析法

C. 加权平均法　　D. 季节预测分析法

18. 资金习性预测法，以销售额作为自变量，以资金总额作为因变量，根据一定数量的自变量与因变量的对应资料，建立直线回归方程 $y=a+bx$，式中，x 为销售额；y 为资金总额；a 为资金中的固定部分（即不受销售额增减变动影响而能保持不变的部分）；b 为（　　）。

A. 存货周转率　　B. 资金与销售额的比率

C. 变动资金率　　D. 应收账款周转率

19. 下列产品寿命周期的不同阶段中，产品销量急剧下降的现象通常发生在（　　）。

A. 萌芽期　　B. 成长期　　C. 成熟期　　D. 衰退期

20. 调查分析法属于（　　）。

A. 定性分析法　　B. 定量分析法

C. 判断分析法　　D. 趋势预测分析法

三、多项选择题

1. 下列各项中，属于经营预测的特征的有（　　）。

A. 依据的客观性　　B. 时间的相对性

C. 结论的可检验性　　D. 方法的灵活性

2. 经营预测分析的方法一般分为两类，这两大类是（　　）。

A. 定量分析法　　B. 因果预测分析法

C. 判断分析法　　D. 定性分析法

3. 按照经营预测分析的范围分类，可以分为（　　）。

A. 宏观预测分析　　B. 微观预测分析

C. 长期预测　　D. 短期预测

4. 按照经营预测时间的长短，可以将经营预测分为（　　）。

A. 长期预测　　B. 短期预测　　C. 定量预测　　D. 定性预测

5. 下列各项中，属于常用的趋势预测分析法的有（　　）。

A. 算术平均法　　B. 指数平滑法

C. 购买力指数法　　D. 加权平均法

6. 下列各项中，属于调查分析法的内容的有（　　）。

A. 产品所处寿命周期的阶段　　B. 调查消费者的市场需求

C. 调查企业的市场占有率　　D. 调查所处地区的经济发展趋势

7. 因素分析法可以预测下期各相关因素变动对产品利润的影响，这些因素包括（　　）。

A. 预测销售数量变动对利润的影响　　B. 预测销售价格变动对利润的影响

C. 预测销售成本降低对利润的影响　　D. 预测品种结构变动对利润的影响

8. 下列各项中，属于销售百分比法的步骤的有（　　）。

A. 确定销售百分比

B. 计算预计销售额下的资产和负债

C. 预计留存收益增加额

D. 计算追加资金需要量

8. 成本预测是指根据企业未来发展目标和有关资料，对企业未来一定时期内的成本水平及其发展趋势所进行的科学预计和推测，具体包括（　　）。

A. 产品成本水平及趋势的预测

B. 各种因素变化对成本影响的预测

C. 成本降低幅度的预测

D. 质量成本的预测以及使用成本的预测

9. 下列各项中，属于成本趋势预测的方法的有（　　）。

A. 高低点法　　B. 加权平均法

C. 直线回归分析法　　D. 因素变动分析法

10. 下列关于定量分析法与定性分析法的论述中，正确的有（　　）。

A. 定性分析法适用于缺乏完备的历史资料或有关变量间缺乏明显的数量关系等条件下的预测

B. 定性分析法与定量分析法在实际应用中是相互排斥的

C. 定性分析法与定量分析法在实际应用中是相互补充、相辅相成的

D. 定性分析法与定量分析法、是平行的两种预测分析方法，它们没有任何关系

11. 判断分析法通常包括（　　）。

A. 推销人员意见综合判断　　B. 经理人员意见综合判断法

C. 专家判断法　　D. 因果预测分析法

12. 下列各项中，属于影响产品销售利润的主要因素的有（　　）。

A. 产品销售数量　　B. 产品品种结构

C. 产品销售成本　　D. 产品销售价格

13. 资金习性预测法是指根据资金习性预测企业未来资金需要量的一种方法。资金习性，是指资金的变动与产销量之间的依存关系。按照资金和产销量之间的依存关系，可以把资金区分为（　　）。

A. 不变资金　　B. 变动资金

C. 流动资金　　D. 非流动资金

14. 许多行业的产品销售带有季节性变动的特点，一般来说，（　　）。

A. 农产品的季节性变动甚于工业品　　B. 消费品甚于生产资料

C. 非耐用消费品甚于耐用消费品　　D. 旅游业甚于工业

15. 由于经济生活的复杂性，并非所有影响因素都可以通过定量进行分析，下列因素中，

只有定性特征的有（　　）。

A. 市场前景　　B. 政治形势

C. 宏观环境　　D. 购买力指数

四、判断题

1. 因为不同的预测目标所需的资料是不同的，所以确定经营预测目标是预测分析的前提。（　　）

2. 算术平均法、移动平均法、移动加权平均法、指数平滑法和判断分析法都属于定量分析法。（　　）

3. 当各历史时期的销售量或销售额呈现增减趋势时，采用算术平均法进行销售预测就不妥当了，因为算术平均法把每个观察值看成同等重要，不能体现这种增减趋势。（　　）

4. 运用加权平均法做销售预测时，当各历史时期的销售量呈现增减趋势时，为了体现这种增减趋势，有必要将近期观察值的权数规定得小一些，远期观察值的权数规定得大一些，使预测值更接近近期的观察值。（　　）

5. 指数平滑系数 a 的取值越大，则近期实际销售量对预测结果的影响越小；a 的取值越小则近期实际销售量对预测结果的影响越大。（　　）

6. 销售百分比法是比率预测法的一种。（　　）

7. 因果预测分析法最常用的方法是回归分析法。（　　）

8. 调查分析法是结合研究产品的寿命周期，来推断企业产品的销售趋势的方法。（　　）

9. 利润预测可采用因果预测分析法和因素分析法。（　　）

10. 资金习性预测法是在预测资金需要量时，以资金总额作为自变量，以销售额作为因变量，根据一定数量的自变量与因变量的对应资料，建立直线回归方程 $y=a+bx$。（　　）

五、计算分析题

1. 某企业 2021 年上半年实际销售额情况如表 4-1 所示。

表 4-1　　**基础数据表**　　金额单位：元

月份	1	2	3	4	5	6
销售额	11 500	12 000	12 500	12 100	12 800	13 500

要求：

(1) 用算术平均法预测该企业 7 月份的销售额。

(2) 假设 4、5、6 月份的权数依次是 0.3，0.3 和 0.4，用加权平均法预测该企业 7 月份的销售额。

2. 宏轩家具厂通过调查发现，双人床的销售量与结婚人数有很大关系，已知本市近 4 年的资料如表4-2所示。

表4-2　基础数据表

年份	结婚人数(万对)	双人床销售量(千件)
2017	8	50
2018	7	45
2019	10	60
2020	9	54

宏轩家具厂在本市的市场占有率为20%,每年销往外地的双人床是800件。

要求:假定2021年预计结婚人数是11万对,用回归分析法预测2021年宏轩家具厂的双人床销售量。

3. 假设中盛公司近5年某产品的产量与成本数据如表4-3所示,计划年度的预计产量为850台。

表4-3　基础数据表　金额单位:元

年份	产量(件)	单位产品成本
1	500	70
2	600	69
3	400	71
4	700	69
5	800	65

要求:采用回归直线法预测计划年度产品的总成本和单位成本。

4. 甲公司近5年来乙产品的产销量及成本数据如表4-4所示,计划2021年度的预计产量为450台。

表4-4　基础数据表　金额单位:元

项目	2016年	2017年	2018年	2019年	2020年
产量(台)	250	200	300	360	400
总成本	275 000	240 000	315 000	350 000	388 000
其中:固定成本总额	86 000	88 000	90 000	89 000	92 000
单位变动成本	756	760	750	725	740

要求:采用高低点法预测2021年乙产品的总成本和单位成本。

5. 海天公司2020年的销售额为1 000 000元,这已是公司的最大生产能力。假定税后净利润占销售额的4%,即40 000元,已分配利润为税后净利的50%,即20 000元。预计2021年销售额可达1 500 000元,已分配利润仍为税后利润的50%。海天公司2020年12月31日的资产负债表如表4-5所示。

表 4-5　海天公司资产负债表

2020 年 12 月 31 日　金额单位：元

资产		负债和所有者权益	
货币资金	20 000	应付账款	150 000
应收账款	170 000	应付票据	30 000
存货	200 000	长期借款	200 000
固定资产	300 000	实收资本	400 000
无形资产	110 000	未分配利润	20 000
资产总计	800 000	负债和所有者权益总计	800 000

要求：根据所提供的资料，预测海天公司 2021 年的资金需要量。

第三部分　参考答案

一、名词解释

1. 经营预测

管理会计中的预测分析，是指按照一定的原理和程序，运用专门方法进行经营预测的过程。经营预测是指企业根据现有的经济条件和掌握的历史资料，对生产经营活动的未来发展趋势和状况进行的预计和预算。经营预测的内容包括销售预测、利润预测、成本预测、资金需要量预测等。

2. 定性销售预测

定性销售预测又称定性分析法，主要依靠预测人员丰富的实践经验和知识以及主观的分析判断能力，在考虑政治经济形势、市场变化、经济政策、消费倾向等各项因素对经营影响的前提下，对事物的性质和发展趋势进行预测和推测。

3. 定量销售预测

定量销售预测也称数量分析法，主要应用数学方法对与销售有关的各种信息进行科学的加工处理，建立相应的数学模型，充分揭示各有关变量之间的规律性联系并做出相应的预测结论。

4. 趋势预测分析法

趋势预测分析法是指对企业按发生时间先后顺序排列的一系列历史销售数据，应用一定的数学方法进行加工处理，找出销售随时间变化的趋势，由此推断其未来发展趋势。

5. 因果预测分析法

因果预测分析法是指找到与产品销售(因变量)相关的因素(自变量)以及它们之间的函数关系，利用这种函数关系进行产品的销售预测的方法。

6. 调查分析法

调查分析法是指利用统计的方法，对市场进行抽样调查，结合研究产品的寿命周期，来推断企业产品的销售趋势的方法。

7. 判断分析法

判断分析法是指销售人员根据直觉判断进行预估，然后由销售经理加以综合，从而做出企业总体销售预测的一种方法。

8. 销售百分比法

销售百分比法是比率预测法的一种，是根据资金各个项目与销售额之间的依存关系，按照计划期销售额的增长情况来预测需要相应追加多少资金，以资金与销售额的比率为基础，预测未来资金需要量的方法。

9. 资金习性预测法

资金习性预测法是指根据资金习性预测企业未来资金需要量的一种方法。资金习性，是指资金的变动与产销量之间的依存关系。按照资金和产销量之间的依存关系，可以把资金区分为不变资金、变动资金和半变动资金。

10. 成本预测

成本预测是指根据企业未来发展目标和有关资料，对企业未来一定时期内的成本水平及其发展趋势所进行的科学预计和推测。具体包括产品成本水平及趋势的预测、各种因素变化对成本影响的预测、成本降低幅度的预测、质量成本的预测以及使用成本的预测等。

11. 利润预测

利润预测是按照企业经营目标的要求，通过对影响利润变化的成本、产销量等各项因素的综合分析，对未来一定时间内可能达到的利润水平和变化趋势所进行的科学预测。

二、单项选择题

1. B	2. B	3. B	4. C	5. D	6. B	7. A	8. B	9. A	10. A
11. B	12. B	13. D	14. D	15. B	16. A	17. A	18. C	19. D	20. A

重难点解析：

3. 算术平均法的假设前提是过去怎样，将来也会怎样发展，即将来的发展是过去的延续。当各历史时期的销售量或销售额呈现增减趋势时，采用算术平均法进行销售预测就不妥当了，因为算术平均法把每个观察值看成同等重要，不能体现这种增减趋势。

4. 指数平滑法是加权平均法的一种变化，计算的是指数平滑平均数。其计算公式如下：

$$S_t = aX_{t-1} + (1-a)S_{t-1}$$

式中，S_t 为 t 期的销售预测值；S_{t-1} 为 t 期上一期的销售预测值；X_{t-1} 为 t 期上一期的销售实际值；a 为满足 $0 < a < 1$ 条件的常数，亦称指数平滑系数。

5. 选项 A 和选项 B 属于定性销售预测方法；选项 C 属于因果预测分析法。

6. 选项 A 和选项 D 均属于趋势预测分析法。

7. 指数平滑法是加权平均法的一种变化，计算的是指数平滑平均数。其计算公式如下：

$$S_t = aX_{t-1} + (1-a)S_{t-1}$$

式中，S_t 为 t 期的销售预测值；S_{t-1} 为 t 期上一期的销售预测值；X_{t-1} 为 t 期上一期的销售实际值；a 为满足 $0<a<1$ 条件的常数，亦称指数平滑系数。

8. 选项 AD 都属于加权平均法的优点；选项 C 是季节预测分析法的优点。

9. 运用季节预测分析法时，一般来说，所取观察值的季节波动与趋势值成比例关系，则应采用乘法模型 $Y_t = T_t S_t$；如果所取观察值的季节波动与趋势值不成比例关系，则应采用加法模型 $Y_t = T_t + S_t$。

10. 2020 年预测销量为：

$$S_t = aX_{t-1} + (1-a)S_{t-1} = 0.3 \times 90 + 0.7 \times 100 = 97(\text{吨})$$

2021 年预测销量为：

$$S_t = aX_{t-1} + (1-a)S_{t-1} = 0.3 \times 92 + 0.7 \times 97 = 95.5(\text{吨})$$

选项 A 为正确答案。

11. 选项 ACD 均属于成本趋势预测的方法。

13. 选项 A 调查分析法和选项 B 判断分析法属于定性销售预测。

20. 调查分析法属于定性分析法；选项 C 判断分析法也属于定性分析法；选项 D 趋势预测分析法属于定量分析法。

三、多项选择题

1. ABCD	2. AD	3. AB	4. AB	5. ABD	6. ABCD	7. ABCD	8. ABCD	9. ABCD	10. AC
11. ABC	12. ABCD	13. AB	14. ABCD	15. ABC					

重难点解析：

2. 选项 B 属于定量分析法；选项 C 属于定性分析法。

3. 按照经营预测时间长短的分类，可以分为长期预测和短期预测。

4. 按照经营预测分析的方法不同，可以分为定量预测和定性预测。

10. 定性分析法与定量分析法在实际应用中是相互补充、相辅相成的。选项 B 和选项 D 的说法都不正确。

11. 选项 D 因果预测分析法属于定量预测，而判断分析法属于定性预测。

13. 资金习性分析，是将企业的资金最终划分为不变资金和变动资金两个部分，从数量上掌握资金与产销量之间的规律性，从而正确地预测资金的需要量。

四、判断题

1. √	2. ×	3. √	4. ×	5. ×	6. √	7. √	8. √	9. ×	10. ×

重难点解析：

2. 判断分析法属于定性分析法。

4. 当各历史时期的销售量呈现增减趋势时，为了体现增减趋势，有必要将近期观察值的权数规定得大一些，远期观察值的权数规定得小一些，使预测值更接近近期的观察值。

5. 指数平滑系数 a 的取值越大，则近期实际销售量对预测结果的影响越大；a 的取值越小则近期实际销售量对预测结果的影响越小。

9. 利润预测可采用直接预测法和因素分析法。

10. 资金习性预测法是在预测资金需要量时，以销售额作为自变量，以资金总额作为因变量，根据一定数量的自变量与因变量的对应资料，建立直线回归方程 $y=a+bx$。

五、计算分析题

1. 解：

(1) 用算术平均法计算：

$$\text{预测 7 月份的销售额}=\frac{11\,500+12\,000+12\,500+12\,100+12\,800+13\,500}{6}=12\,400(\text{元})$$

(2) 用加权平均法计算：

预测 7 月份的销售额 $=0.3\times 12\,100+0.3\times 12\,800+0.4\times 13\,500=12\,870$(元)

2. 解：计算结果如表 4-6 所示。

表 4-6　　计算表

年份	结婚人数 x	销售量 y	xy	x^2
2017	8	50	400	64
2018	7	45	315	49
2019	10	60	600	100
2020	9	54	486	81
合计	34	209	1 801	294

$$b=\frac{n\sum xy-\sum x\sum y}{n\sum x^2-(\sum x)^2}=\frac{4\times 1\,801-34\times 209}{4\times 294-34^2}=4.9(\text{千件})$$

$$a=\frac{\sum y-b\sum x}{n}=\frac{209-4.9\times 34}{4}=10.6(\text{千件})$$

$$y=a+bx=10.6+4.9x$$

代入公式计算年度产品预计总成本为：

$$y = a + bx = 10.6 + 4.9 \times 11 = 64.5(\text{千件})$$

$$\text{预测销售量} = 64.5 \times 20\% + 0.8 = 13.7(\text{千件})$$

预测该厂 2021 年双人床销售量可达 13.7 千件。

3. 解：计算结果如表 4-7 所示。

表 4-7 **计算表** 金额单位：元

年份 n	产量 x	单位产品成本	总成本 y	xy	x^2
1	500	70	35 000	17 500 000	250 000
2	600	69	41 400	24 840 000	360 000
3	400	71	28 400	11 360 000	160 000
4	700	69	48 300	33 810 000	490 000
5	800	65	52 000	41 600 000	640 000
$n=5$	$\sum x = 3\,000$	—	$\sum y = 205\,100$	$\sum xy = 129\,110\,000$	$\sum x^2 = 1\,900\,000$

将计算的数值代入最小二乘法公式，计算 a 与 b 的值。

计划年度产品预计单位成本为：

$$b = \frac{n\sum xy - \sum x \sum y}{n\sum x^2 - (\sum x)^2} = \frac{5 \times 129\,110\,000 - 3\,000 \times 205\,100}{5 \times 1\,900\,000 - 3\,000^2} = 60.5(\text{元})$$

$$a = \frac{\sum y - b\sum x}{n} = \frac{205\,100 - 181\,500}{5} = 4\,720(\text{元})$$

计划年度产品预计总成本为：

$$y = a + bx = 4\,720 + 60.5 \times 850 = 56\,145(\text{元})$$

计划年度产品预计单位成本为：

$$b = \frac{56\,145}{850} = 66.05(\text{元})$$

4. 解：

$$b = \frac{y_{\text{高}} - y_{\text{低}}}{x_{\text{高}} - x_{\text{低}}} = \frac{388\,000 - 240\,000}{400 - 200} = 740(\text{元})$$

$$a = y_{\text{高}} - bx_{\text{高}} = 388\,000 - 740 \times 400 = 92\,000(\text{元})$$

$$\text{总成本 } y = a + bx = 92\,000 + 740x$$

2021 年预计产量为 450 台时：

总成本 $y=a+bx=92\,000+740\times450=425\,000$(元)

单位成本=425 000÷450=944.44(元)

5. 解：

根据2020年12月31日的资产负债表，分析各项目与当年销售收入总额的依存关系，并编制该年度用销售百分比形式反映的资产负债表，如表4-8所示。

表4-8 资产负债表(按销售百分比形式反映)

2020年12月31日

资产		负债和所有者权益	
货币资金	20 000/1 000 000=2%	应付账款	150 000/1 000 000=15%
应收账款	170 000/1 000 000=17%	应付票据	不变动
存货	200 000/1 000 000=20%	长期借款	不变动
固定资产	300 000/1 000 000=30%	实收资本	不变动
无形资产	不变动	未分配利润	变动
资产总计	69%	合计	15%

未来年度每增加1元的销售量需要增加筹资的百分比为：

百分比=69%−15%=54%

上述计算表明，销售每增加1元，全部资产将增加0.69元，负债将增加0.15元，尚欠0.54元需要通过筹资取得。

预计2021年应筹集的资金=(1 500 000−1 000 000)×54%=270 000(元)

最后，还应估计新增利润，并考虑可从未分配利润中获取部分资金等因素。本题中，2021年销售收入为1 500 000元，按照税后净利占销售额4%计算为60 000元，已分配利润为60 000×50%=30 000元，未分配的30 000元利润可以冲抵部分筹资额。

预计的筹资额=270 000−30 000=240 000(元)

第五章　短期经营决策

第一部分　内容概要

一、决策分析概述

(一) 决策的意义

管理会计中的决策是指企业在生产经营活动中对一些特殊的专门问题,需要决定是否采取某项行动,或者是在两个或两个以上的备选方案中做出选择,以取得最佳的经济效益。

(二) 决策的程序

决策是一个提出问题、分析问题并解决问题的复杂过程,决策的程序包括:①确定决策目标。②提出备选方案。③收集相关的信息资料。④对备选方案进行评价。⑤考虑非计量因素的影响。⑥选择最优方案。⑦实施方案,反馈信息。

(三) 决策的相关概念

决策的相关概念涉及相关收入、无关收入、相关成本和无关成本,具体的分类及内容如表 5-1 所示。

表 5-1　决策的相关概念

相关概念		内容
相关收入		相关收入是指与特定决策方案相联系的、能对决策产生重大影响的、在短期经营决策中必须予以充分考虑的收入
无关收入		如果无论是否存在某个决策方案,均会发生某项收入,那么就可以断定该项收入是上述方案的无关收入
相关成本	差量成本	差量成本一般是指决策时若干备选方案预期成本之间的差额
	机会成本	机会成本是指企业在经营决策选定方案时所要放弃的最大潜在收益
	专属成本	专属成本是指那些能够明确归属于特定决策方案的固定成本或混合成本
	付现成本	付现成本是指由现在或将来的任何决策所能够改变其支出数额的成本
	边际成本	边际成本的实质就是当业务量以一个最小经济单位增加或减少时引起的成本变化量
	可延缓成本	可延缓成本是指在经营决策中对其暂缓开支不会对企业未来的生产经营产生重大不利影响的那部分成本
无关成本	沉没成本	沉没成本是指过去已经发生并无法由现在或将来的任何决策所改变的成本
	联合成本	联合成本是指为多种产品的生产或为多个部门的设置而发生的,应由这些产品或这些部门共同负担的成本
	不可延缓成本	不可延缓成本是指在经营决策中,若对某项成本暂缓开支就会对企业未来的生产经营产生重大不利影响

二、定价决策

（一）影响价格的基本因素

一般来讲，影响价格制定的基本因素包括成本因素、需求因素、商品的市场生命周期因素、竞争因素、科学技术因素、政策法规因素、相关产品的销售量等。除这几方面外，产品的质量、产品的比价、差价与价格体系、消费者的支付能力与心理状态等，也是影响产品价格的重要因素。

（二）以成本为基础的定价决策

以成本为基础的定价决策方法如表 5-2 所示。

表 5-2　　以成本为基础的定价决策方法

定价决策方法		公式
成本加成定价法	完全成本加成法	价格＝单位产品生产成本×（1＋生产成本毛利率） $生产成本毛利率=\frac{预期利润+非生产成本}{生产成本}\times100\%$
	变动成本加成法	价格＝单位变动生产成本×（1＋变动生产成本贡献率） $变动生产成本贡献率=\frac{预期利润+变动非生产成本+固定成本}{变动生产成本}\times100\%$
盈亏平衡定价法		$SP_0=\frac{FC+VC\times V}{V\times(1-T_r)}$，　$SP=\frac{P+FC+VC\times V}{V\times(1-T_r)}$
边际成本定价法		边际利润为零，边际收入等于边际成本，此时利润为极大值，这时的售价就是最优售价

（三）产品寿命周期与定价策略

1. 产品寿命周期及其测定方法

通过计算比较销售增长率的大小，即可粗略判断产品的寿命阶段。销售增长率的计算公式如下：

$$销售增长率=\frac{销售量的增加量}{销售时期的增长数}$$

一般而言，0＜销售增长率＜0.1 时，为投入期或成熟期；当销售增长率≥0.1 时，为成长期；当销售增长率＜0 时，为衰退期。

2. 产品寿命周期的价格策略

产品处于不同的寿命周期，其价格策略不同，具体情况如表 5-3 所示。

表 5-3　　产品寿命周期的价格策略

产品寿命周期	价格策略	特点
投入期	渗透策略	高价投放新产品，并辅以高促销手段
	撇脂策略	低价投放新产品，并辅以高促销手段

（续表）

产品寿命周期	价格策略	特点
成长期	目标价格策略	使该阶段的目标利润率高于整个寿命期里的平均利润率
成熟期	竞争价格策略	视竞争者的情况而异
衰退期	维持价格策略	基本维持原有价格水平
	变动成本价格策略	以单位变动成本作为最低价格

（四）其他定价策略

1. 心理定价策略

心理定价策略主要是零售企业针对顾客消费心理而采取的定价策略。常用的方法主要有尾数定价、声望定价、心理折扣定价。

2. 折扣定价策略

折扣定价策略是指在一定条件下，以降低商品的销售价格来刺激购买者，从而扩大商品销售量的定价策略，主要有数量折扣、现金折扣、季节性折扣。

3. 综合定价策略

综合定价策略是针对相关商品所采取的一种定价策略。主要有为具有互补关系的相关商品定价、为具有配套关系的相关商品定价、销售商品与服务维修的定价。

三、产品功能成本决策

产品功能成本决策是将产品的功能（产品所担负的职能或所起的作用）与成本（为获得产品一定的功能必须支出的费用）对比，寻找降低产品成本途径的管理活动。

功能成本决策大致步骤为：选择分析对象、围绕分析对象收集各种资料、功能评价、试验与提案。

价值系数计算公式为：

$$价值=\frac{功能}{成本}$$

从上式可以看出，功能与价值成正比，功能越高，价值越大，反之则越小；成本与价值成反比，成本越高，价值越小，反之则越大。

四、品种决策

品种决策包括生产何种新产品，亏损产品是否停产或转产，零部件是自制还是外购，是否接受特殊价格追加订货，半成品是否需要进一步加工等。

（一）生产何种新产品的决策——边际贡献分析法

针对不同情况，生产何种新产品的决策思路不同，具体如表 5-4 所示。

表 5-4　　不同情况下生产何种新产品的决策思路

情况	决策思路	指标值计算公式
不存在专属成本	比较边际贡献总额	边际贡献总额＝销售收入－变动成本
存在专属成本	比较剩余边际贡献总额	剩余边际贡献＝边际贡献总额－专属成本
资源受限	比较单位资源边际贡献	$单位资源边际贡献=\frac{单位边际贡献}{单位产品资源消耗定额}$

（二）亏损产品是否停产或转产的决策——边际贡献分析法

针对不同情况，亏损产品是否停产或转产的决策思路不同，具体如表 5-5 所示。

表 5-5　　不同情况下亏损产品是否停产或转产的决策思路

情况	决策思路
停产后剩余生产能力无法转移	如果亏损产品的边际贡献大于零，就不应停产
停产后剩余生产能力可转移—转产	比较转产产品的边际贡献（在存在专属成本时应计算剩余边际贡献）与亏损产品边际贡献的大小，择其大者
停产后剩余生产能力可转移—出租	比较出租净收入与亏损产品边际贡献的大小，择其大者

（三）自制还是外购的决策——增量成本分析法/成本无差别点法

针对不同情况，自制还是外购的决策思路不同，具体如表 5-6 所示。

表 5-6　　不同情况下自制还是外购的决策思路

<table>
<tr><th colspan="2">情况</th><th>决策思路</th></tr>
<tr><td rowspan="2">企业已具备自制能力且零部件的全年需要量为固定常数—增量成本分析法</td><td>自制能力无法转移时</td><td>比较自制零部件的单位变动成本和外购单价的大小，择其低者</td></tr>
<tr><td>自制能力可以转移时</td><td>比较自制方案的变动成本与机会成本之和与外购成本大小，择其低者</td></tr>
<tr><td rowspan="2">企业尚不具备自制能力且零部件的全年需要量不确定—成本无差别点法</td><td>外购零部件不存在打折、促销等情况</td><td>$成本分界点=\frac{自制增加的专属固定成本}{外购单价-自制单位变动成本}$
有一个成本无差别点，决策区域分为两部分：当 x<成本分界点时，选择外购；当 x>成本分界点时，选择自制；当 x＝成本分界点，自制、外购均可</td></tr>
<tr><td>外购零部件存在打折、促销等情况</td><td>有多个成本无差别点，形成多个决策区域</td></tr>
</table>

（四）半成品是否深加工的决策——差量分析法

半成品是否深加工的决策一般采用“差量分析法”，涉及“将半成品深加工为产成品”和“直接出售半成品”两个备选方案。可分为：企业已具备 100%的深加工能力且无法转移；企业已具备 100%的深加工能力且能够转移；企业尚不具备深加工能力；企业已具备部分深加工能力；半成品与产成品的投入产出比不是 1∶1 等五种情况，均可套用差量分析法的决策模板，相关成本中的各项要根据不同情况来确定，具体如表 5-7 所示。

表 5-7 差量分析表

项目	方案		
	深加工	直接出售	差异额
相关收入	产成品单价×产成品销售量	半成品单价×半成品销售量	ΔR
相关成本	以下各项合计	0	ΔC
其中：变动成本	单位加工变动成本×加工量	—	—
专属成本	题目条件(追加专属固定成本)	—	—
机会成本	题目条件(加工能力可转移)	—	—
差量损益			ΔP

如果 $\Delta P>0$，则选择深加工；如果 $\Delta P<0$，则选择直接出售；如果 $\Delta P=0$，则直接出售或深加工均可。

【特别提示】 直接出售的相关成本为0，即不考虑半成品之前的成本。

(五) 是否接受特殊价格追加订货的决策——差量分析法

是否接受特殊价格追加订货的决策一般采用"差量分析法"，且往往涉及"接受追加订货"和"拒绝追加订货"两个备选方案。可分为追加订货量小于剩余生产能力(特别订货不冲击正常任务)和追加订货量大于剩余生产能力(特别订货冲击正常任务)两种情况，均可参考差量分析法的决策模板，相关成本中的各项要根据给定的条件来确定，具体如表 5-8 所示。

表 5-8 差量分析表

项目	方案		
	接受特别订货	拒绝特别订货	差异额
相关收入	特殊价格×追加订货量	0	ΔR
相关成本	以下各项合计	0	ΔC
其中：变动成本	单位变动成本×min(追加订货量，剩余产能)	—	—
机会成本Ⅰ	与剩余生产能力可转移有关	—	—
机会成本Ⅱ	正常价格×冲击正常任务量	—	—
专属成本	与特殊工艺要求有关	—	—
差量损益			ΔP

如果 $\Delta P>0$，则选择接受特别订货；如果 $\Delta P<0$，则拒绝特别订货；如果 $\Delta P=0$，则接受或拒绝均可。

【特别提示】 拒绝特别订货方案的相关收入及相关成本均为0。

五、产品组合优化决策

产品组合优化决策适用于多品种产品生产的企业，方法主要有逐次测算法和线性规划图解法两种。

(一) 逐次测算法

逐次测算法是根据企业有限的各项生产条件和各种产品的情况及各项限制因素等数据资料，分别计算单位限制因素所提供的边际贡献并加以比较，在此基础上经过逐步测试，使各种产品达到最优组合。

(二) 线性规划图解法

线性规划是在满足用线性不等式表示的约束条件的情况下，使线性目标函数最优化的一种数学方法。

第二部分　练　习　题

一、名词解释

1. 机会成本
2. 付现成本
3. 专属成本
4. 沉没成本
5. 成本加成定价法
6. 边际成本定价法
7. 变动成本价格策略
8. 产品功能成本决策
9. 价值系数
10. 边际贡献分析法
11. 差量分析法
12. 成本无差别点

二、单项选择题

1. (　　)是两个可供选择的方案之间预期成本的差异。

A. 机会成本　　B. 差量成本　　C. 边际成本　　D. 变动成本

2. 某企业在5年前购买了一台机器，原价为50 000元，拟报废清理或者修理后出售，假设报废后该机器的残值为3 500元，进行修理则需要花费6 000元，修理后作价16 000元，则在此例中，沉没成本是(　　)元。

A. 50 000　　B. 3 500　　C. 6 000　　D. 16 000

3. (　　)是在经济决策中应由中选的最优方案负担，并按所放弃的次优方案潜在收益计算的资源损失。

A. 沉没成本　　B. 差量成本　　C. 边际成本　　D. 机会成本

4. 如果把不同产量作为不同方案的话，边际成本实际上就是不同方案形成的(　　)。

A. 沉没成本　　B. 差量成本　　C. 边际成本　　D. 机会成本

5. 在短期经营决策中，对企业原有的资产，不应按照其历史成本决策，而应把其(　　)作为相关成本予以考虑。

A. 历史成本　　B. 重置成本　　C. 共同成本　　D. 沉没成本

6. 假设某生产电子器件的企业为满足客户追加订货的需要，增加了一些成本开支，其中(　　)是专属固定成本。

A. 为及时完成该批产品的生产，而要购入一台新设备

B. 为及时完成该批追加订货，需要支付职工加班费

C. 生产该批产品机器设备增加的耗电量

D. 该厂为生产该批产品以及以后的生产建造了一间新的厂房

7. 某企业生产甲产品的单位变动成本为 60 元，固定生产成本摊销到每件商品为 20 元，完全成本法下加成比率为 50%，则使用成本加成法计算甲产品的价格应为(　　)元。

A. 120　　B. 90　　C. 60　　D. 110

8. 产品售价的高低受诸多因素的影响，产品的最优售价是指(　　)。

A. 可以使企业实现销售收入最大化的产品售价

B. 可以使企业边际利润为零的产品售价

C. 可以使企业实现边际利润最大化的产品售价

D. 可以使企业边际成本最低的产品售价

9. 功能成本评价的评分法是按产品或零部件的(　　)打分。

A. 成本系数　　B. 价值评价系数

C. 功能评价系数　　D. 功能重要程度

10. 作为降低成本主要目标的产品的价值系数应(　　)。

A. 大于 1　　B. 等于 1　　C. 小于 1　　D. 接近于 1

11. 在产品功能降低的情况下，成本降低的幅度(　　)功能降低的幅度，将会提高产品的价值。

A. 小于　　B. 大于　　C. 等于　　D. 都不是

12. 功能成本评价中，应将目标成本按照(　　)进行分配。

A. 成本系数　　B. 功能评价系数

C. 价值系数　　D. 产销量

13. 通过比较各备选方案边际贡献的大小来确定最优方案的分析方法，称为(　　)。

A. 差量分析法　　B. 概率分析法

C. 边际贡献分析法　　D. 成本无差别分析法

14. 在不存在专属成本的情况下，通过比较不同备选方案的(　　)来进行择优决策。

A. 边际贡献总额　　B. 剩余边际贡献总额
C. 单位边际贡献　　D. 单位剩余边际贡献

15. 在企业的某项资源受到限制的情况下，通过比较不同备选方案的(　　)来进行择优决策。

A. 边际贡献总额　　B. 剩余边际贡献总额
C. 单位边际贡献　　D. 单位资源边际贡献

16. 剩余边际贡献与边际贡献之差为(　　)。

A. 变动成本　　B. 固定成本　　C. 专属成本　　D. 联合成本

17. 假设某厂有剩余生产能力 1 000 机器小时，有四种产品甲、乙、丙、丁，它们的单位边际贡献分别为 4 元、6 元、8 元和 10 元，生产一件产品所需机器小时各为 4 小时、5 小时、6 小时和 7 小时，则该厂应增产的产品是(　　)。

A. 甲产品　　B. 乙产品　　C. 丙产品　　D. 丁产品

18. 当企业的剩余生产能力无法转移时，应不继续生产某亏损产品的条件之一是(　　)。

A. 该产品的单价等于单位变动成本　　B. 该产品的单价小于单位变动成本
C. 该产品的单位边际贡献大于零　　D. 该产品的变动成本率小于 100%

19. 某企业 2019 年生产某亏损产品的边际贡献总额为 3 000 元，固定成本是 1 000 元，假定 2020 年其他条件不变，但生产该产品的设备可以对外出租，1 年增加收入为(　　)元时，应停产该种产品。

A. 2 001　　B. 3 001　　C. 1 999　　D. 2 900

20. 当出现(　　)时，产品应停产。

A. 利润大于零　　B. 利润小于零
C. 边际贡献大于零　　D. 边际贡献小于零

21. 在零部件自制或外购的决策中，如果零部件的需用量已确定，应当采用的决策方法是(　　)。

A. 边际贡献分析法　　B. 差量分析法
C. 增量成本分析法　　D. 成本无差别点法

22. 某厂生产某种产品需要一种零件，其外购单价最高为 1.2 元，这一价格随着采购数量的不同而变化：每增加 1 000 件，单价降低 0.1 元，若该零件自制能满足生产需要，不需追加固定成本，其单位变动成本保持不变为 1 元/件，该零件的数量在 0～5 000 件变动时，自制与外购方案的成本平衡点将是(　　)件。

A. 不存在　　B. 2 000
C. 2 000～3 000　　D. 2 500

23. 设某厂需要零件甲，其外购单价为 20 元，若自行生产，每件单位变动成本为 12 元，且需要为此每年追加 20 000 元的固定成本，则外购与自制成本相同时的产量为(　　)件。

A. 2 500　　B. 3 000　　C. 2 000　　D. 1 800

24. 在固定成本不变的情况下，下列情况中，应该采取采购策略的是（　　）。

A. 自制单位变动成本小于外购价格

B. 自制单位变动成本等于外购价格

C. 自制单位变动成本大于外购成本

D. 自制单位产品成本大于外购成本

25. 差量分析法适用于（　　）方案的择优选择。

A. 收入型　　B. 成本型　　C. 收益型　　D. 以上都不是

26. 某公司生产一种化工产品 A，进一步加工可以生产高级化工产品 B，A、B 两种产品在市场上的售价为 50 元/千克、120 元/千克，但 B 产品的生产每年需要追加固定成本 20 000 元，单位变动成本为 10 元，若每千克 A 可加工 0.6 千克 B，则以下选择中，该公司应（　　）。

A. 进一步加工生产产品 B

B. 当产品 A 的年销售量超过 1 250 千克，将 A 加工为 B

C. 将 A 出售，不加工

D. 两种方案均可

27. 短期经营决策不涉及新的固定资产投资，一般只涉及一年以内的有关经济活动。下列各项中，不属于短期经营决策的是（　　）。

A. 在生产多种产品的情况下，如何实现产品的最优组合

B. 在自制零件需要投入一定专属固定成本的情况下，对自制和外购方案进行选优

C. 对半成品进一步加工所需的新设备做出是否投资的决策

D. 寻找最佳的产品定价

28. 是否接受追加订货的决策一般采用（　　）进行。

A. 差量分析法　　B. 经济订货量法

C. 线性规划法　　D. 边际分析法

29. 下列公式中，错误的是（　　）。

A. 产品价格＝（单位预测成本＋单位预测利润）÷（1－销售税率）

B. 单位预测利润＝该产品预测利润总额÷该产品预测销售量

C. 产品价格＝单位预测成本÷（1－销售税率）

D. 销售利润率＝该产品预测利润总额÷该产品预测销售收入

30. 当企业的生产能力尚有剩余且无法转为他用时，只要买方出价高于（　　），企业就可以接受特殊价格订货。

A. 单位固定成本　　B. 单位产品成本

C. 单位变动成本　　D. 正常售价

三、多项选择题

1. 下列各项中，属于决策相关成本的有（　　）。

A. 增量成本　　B. 机会成本　　C. 专属成本　　D. 沉没成本

2. 下列各种成本中，属于决策无关成本的有(　　)。

A. 重置成本　　B. 沉没成本

C. 联合成本　　D. 不可延缓成本

3. 下列各种方法中，属于产品定价决策方法的有(　　)。

A. 成本加成定价法　　B. 线性规划法

C. 边际成本定价法　　D. 盈亏平衡定价法

4. 综合定价策略是针对相关商品所采取的一种定价策略，包括(　　)。

A. 为互补商品的定价　　B. 为配套商品的定价

C. 销售商品与服务维修的定价　　D. 换代商品的定价

5. 心理定价策略常用的方法主要有(　　)。

A. 尾数定价　　B. 整数定价　　C. 声望定价　　D. 习惯性定价

6. 下列各项中，属于影响价格制定的基本因素有(　　)。

A. 成本因素　　B. 竞争因素

C. 需求因素　　D. 商品的市场生命周期因素

7. 从产品寿命周期图可知，产品寿命周期可以分为(　　)。

A. 投入期　　B. 成长期　　C. 成熟期　　D. 衰退期

8. 功能成本评价决策过程中，应选择(　　)作为分析对策。

A. 结构复杂、零部件多的产品　　B. 投产期长的老产品

C. 畅销产品　　D. 零部件消耗量大的产品

9. 产品功能成本决策分为(　　)几个步骤。

A. 选择分析对象　　B. 围绕分析对象收集各种资料

C. 功能评价　　D. 试验与提案

10. 在相关范围内，产品增加或减少一个单位的差量成本与(　　)一致。

A. 机会成本　　B. 固定成本

C. 边际成本　　D. 变动成本

11. 在零部件外购或自制的决策分析时(　　)。

A. 自制增量成本只包括变动成本

B. 自制增量成本包括变动成本和专属固定成本

C. 外购增量成本包括买价、运杂费、保险费等

D. 自制与外购的非相关成本不予考虑

12. 下列各项中，属于进行短期经营决策常用方法的有(　　)。

A. 边际贡献分析法　　B. 差量分析法

C. 增量成本分析法　　D. 成本无差别点法

13. 下列各项中，属于品种决策的有(　　)。

A. 生产何种新产品决策　　B. 半成品是否深加工的决策

C. 亏损产品是否停产决策　　D. 自制还是外购的决策

14. 下列关于产品定价策略的说法中，正确的有(　　)。

A. 企业往往根据产品所处生命周期阶段不同，制定不同的定价策略

B. 当产品处于投入期时，产品定价策略包括撇脂策略和渗透策略两种

C. 当产品处于成长期时，无论采取什么策略，都应当通过提高价格来获取更高的利润

D. 当产品处于衰退期时，企业往往采取降价的策略，以达到迅速回收资金的目的

15. 下列各项中，属于短期经营决策的有(　　)。

A. 定价的决策　　B. 深加工的决策

C. 自制还是外购的决策　　D. 亏损产品的决策

16. 在半成品进一步深加工决策中，差量成本的构成项目有(　　)。

A. 原有半成品自制成本　　B. 新增专属固定成本

C. 原有生产能力对外出租收入　　D. 继续深加工的变动成本

17. 在是否低价追加订货的决策中，如果发生了追加订货冲击正常任务的现象，就意味着(　　)。

A. 会因此带来机会成本

B. 追加订货量大于正常订货量

C. 追加订货量大于剩余生产能力

D. 变动成本的计算应以剩余生产能力为限

18. 在进行亏损产品生产决策中，下列说法中，正确的有(　　)。

A. 在剩余生产能力无法转移时，只要亏损产品的边际贡献为正数，就应该继续生产

B. 剩余生产能力可以转移时，只要亏损产品的边际贡献大于转产产品的边际贡献，就应该继续生产

C. 如果亏损产品停产后，生产亏损产品的设备可以出租，只要租金大于亏损产品的边际贡献，就应该把亏损产品停产而把设备出租

D. 在具备增产亏损产品能力时，且能力无法转移又不增加专属成本的情况下，如果亏损产品的边际贡献为正数，就应该增产

19. 关于撇脂策略和渗透策略，下列说法中，正确的有(　　)。

A. 撇脂策略是指新产品以较低的价格投入市场，从而迅速占领市场

B. 渗透策略是指在新产品刚刚投入市场时制定较高的价格，然后逐步降低价格

C. 撇脂策略适用于市场上没有类似替代物，在短期内居垄断地位并容易开辟市场的新产品

D. 渗透策略目的在于尽快打开销路，夺取更大的市场份额

20. 下列各项关于经营决策的等式中，正确的有(　　)。

A. 单位资源边际贡献＝单位边际贡献÷该单位产品资源的消耗量

B. 差量损益＝差量收入－差量变动成本

C. 成本无差别点的业务量＝两方案相关总成本之差÷两方案单位变动成本之差

D. 单价＝单位产品成本×(1＋成本加成率)

四、判断题

1. 在短期经营决策中，所有的固定成本或折旧费都属于沉没成本。（　）

2. 机会成本是指应由中选的最优方案负担的，按所放弃的所有方案最低收益之和计算的那部分资源损失。（　）

3. 尾数定价法适用于耐用消费品等中高档商品，而整数定价法则适用于中低档日用消费品。（　）

4. 根据成本基数的不同，成本加成定价法可以分为完全成本加成定价法和变动成本加成定价法。（　）

5. 一般而言，当产品的边际利润等于零，即边际收入等于边际成本时，企业利润达到最大值，此时的价格即为最优价格。（　）

6. 产品成长期应该是企业获利最多的时期，因此这个时期的目标利润率应高于整个寿命周期里的平均利润率。（　）

7. 在产品投入期采用渗透策略，可以迅速收回投资，保证获得初期高额利润。（　）

8. 产品功能与成本之间的关系，可以用公式表示为：价值＝功能÷成本。（　）

9. 进行功能成本分析时，可以从畅销产品中选取，不仅可降低成本，而且能使产品处于更有利的竞争地位。（　）

10. 产品功能成本决策的目的在于以最低的成本实现产品适当的、必要的功能，以提高企业的经济效益。（　）

11. 成本是构成产品价格的基本因素，也是价格的最低经济界限。（　）

12. 决策中，我们只需要根据单位边际贡献额的大小即可进行最优决策。（　）

13. 在企业某种资源(如原材料、人工工时等)受到限制的情况下，不通过计算、比较各备选方案的单位资源边际贡献额进行择优决策。（　）

14. 在生产决策中，单位限制资源边际贡献是个反指标，哪个方案中计算出的该指标小，则哪个方案为优。（　）

15. 当决策中涉及追加的专属成本时，就无法直接用边际贡献总额来分析。（　）

16. 即使新产品投入生产会发生不同的专属成本，在进行新产品开发决策时，也没有必要从边际贡献中进一步减去专属成本等相关成本来进行评价。（　）

17. 边际贡献的大小，反映了备选方案对企业目标利润所做贡献的大小。（　）

18. 对于依据传统的完全成本法来计算的“亏损产品”，当其边际贡献总额大于零时，企业不应当停产。（　）

19. 只要亏损产品能够提供边际贡献，就一定要继续生产；凡是不能提供边际贡献的亏损产品，都应予以停产。（　）

20. 对于那些应当停止生产的亏损产品来说，不存在是否应当增产的问题。（　）

21. 当企业不具备自制零部件的能力时，企业为获得该自制能力所发生的专属成本不属于相关成本。（　）

22. 由于外购零件而使得剩余生产能力出租获取的租金收入，应作为自制方案的机会成本考虑。（　）

23. 在"是否接受低价追加订货的决策"中，如果追加订货量大于剩余生产能力，必然会出现与冲击正常生产任务相联系的机会成本。（　）

24. 按照管理会计的理论，即使追加订货的价格低于正常订货的单位完全生产成本，也不能轻易作出拒绝接受该项订货的决定。（　）

25. 差量损益既是差量收入与差量成本之间的数量差异，又是两个备选方案的预期收益之间的数量差异。（　）

26. 差量分析法严格要求区分两个备选方案中哪个是比较方案，哪个是被比较方案。（　）

27. 差量分析法仅适用于两个方案之间的比较。（　）

28. 在是否接受特别订货的决策中，接受特别订货需要追加的固定成本为无关成本。（　）

29. 一般采用边际贡献法进行半成品是否深加工的决策。（　）

30. 产品组合优化决策就是确定各种产品生产多少的决策。（　）

五、计算分析题

1. 某企业只生产和销售甲产品，甲产品产量为 800 件时的有关成本费用资料如下：直接人工 30 000 元，直接材料 35 000 元，变动制造费用 7 000 元，固定制造费用 8 000 元，销售及管理费用 8 000 元。已知该公司计划实现 32 000 元的目标利润。

要求：

(1) 采用完全成本加成法确定产品的价格。

(2) 采用变动成本加成法确定产品的价格。

2. 某企业有一台闲置生产线，按最初的投资额计算的每年的约束性固定成本为 38 000元，现有甲、乙两种产品可供选择，其相关资料如表 5-9 所示。

表 5-9　　**各产品相关资料表**　　金额单位：元

项目	甲产品	乙产品
产销量(件)	7 000	5 000
单价	20	28
单位变动成本	13	20

要求：

(1) 企业应优先开发哪种产品？

(2) 假设开发甲产品、乙产品需追加专属成本，分别为 16 000 元、18 000 元，则企业应优先开发哪种产品？

3. 某企业现有设备生产能力是 30 000 个机器工时，其利用率为 80%，现准备利用剩余生产能力开发新产品 A、B 或 C，三种产品的资料如表 5-10 所示。

表 5-10 **各产品相关资料表** 金额单位：元

项目	A 产品	B 产品	C 产品
单位产品定额工时（小时）	2	4	5
单位销售价格	15	25	35
单位变动成本	5	15	20

要求：

（1）计算三种产品的单位资源边际贡献。

（2）企业应优先开发哪种产品？

（3）假设生产 C 产品时，需追加设备 2 000 元，则应开发哪种产品？

4. 已知某企业生产和销售甲、乙、丙三种产品，其相关资料如表 5-11 所示。

表 5-11 **各产品相关资料表** 金额单位：元

项目	甲产品	乙产品	丙产品
销售量（件）	1 200	1 500	1 800
单位销售价格	800	600	400
单位变动成本	500	480	330
单位边际贡献	300	120	70
边际贡献总额	360 000	180 000	126 000
固定成本	175 000	135 000	150 000
利润	185 000	45 000	−24 000

要求：

（1）亏损产品丙是否应停产（假定全部固定成本均不可延缓），如果停产，企业的总利润有什么变化？

（2）如果停产丙产品，多余的生产能力可用于扩大甲产品的生产，预计能够增加甲产品的销售量 600 件（假设该 600 件可按原有价格全部出售），同时将发生可延缓成本 30 000 元，假定甲产品的边际贡献保持不变，问该方案是否可行？

5. 某企业组织多品种经营，2020 年甲产品的产销量为 1 000 件，单位变动成本为 80 元，发生亏损 10 000 元，其全部成本为 110 000 元。假定 2021 年市场销路、成本水平均不变。

要求：

（1）假定与该亏损产品有关的生产能力无法转移。做出 2021 年是否继续生产甲产品的决策，并说明理由。

（2）假定与该亏损产品有关的生产能力可对外出租，租金收入为 24 000 元。做出 2021 年是否继续生产该产品的决策，并说明理由。

6. 某企业是一家越野自行车制造商，每年需要自行车外胎 10 000 个，市场上采购成本为每个 58 元，企业自己的车间有能力制造这种外胎，每个外胎的直接材料费 32 元，直接人工费 12 元，变动制造费用 7 元，固定制造费用 10 元，合计 61 元。

要求：根据以下情况，分别做出该自行车外胎应该自制还是外购的决策。

（1）企业现在具备足够的剩余生产能力，且剩余生产能力无法转移。

（2）企业现在具备足够的剩余生产能力，但剩余生产能力可以转移，用于加工自行车内胎，每年可以节省内胎采购成本 20 000 元。

（3）企业目前只具备生产 5 000 件的生产能力，且无法转移，若自制 10 000 件，则需租入设备一台，月租金 4 000 元，这样使外胎的生产能力达到 10 000 件。

（4）条件同（3），企业可以利用剩余生产能力自制 5 000 件外胎，其余外购的方式。

7. 某企业每年需要用甲零件 1 000 件，以前一直外购，购买价格每件 9 元。现该企业有无法移作他用的多余生产能力可以用来生产甲零件，但将增加专属固定成本 2 400 元，自制单位变动成本 6 元。

要求：做出自制还是外购甲零件的决策，并说明理由。

8. 某企业生产甲产品所需要的 A 零件可以自制，也可以外购。若自制，单位变动成本为 5 元，另外，需专用设备一台，价值为 2 800 元；若外购，购买量不足 1 000 件时，购买单价为 9 元；购买量超过 1 000 件时，购买单价为 7 元。

要求：运用成本无差别点分析法做出 A 零件是自制还是外购的决策。

9. 某企业生产的甲半成品，年产量 10 000 件，单位变动成本为 14 元，单位固定成本为 6 元，单位售价为 30 元。若将其进一步深加工为乙产品再出售，预计单位售价可增加到 42 元，但需要追加直接材料费 6 元，直接人工费 2 元。

要求：根据以下情况，分别做出甲半成品是应该直接出售还是应该深加工后再出售的决策。

（1）企业现已具备深加工 10 000 件甲半成品的能力，不需追加专属成本，且深加工能力无法转移。

（2）企业深加工需租用一台专用设备，年租金为 50 000 元。

（3）企业只具备深加工 8 000 件甲半成品的能力，该能力可用于对外承揽加工业务，预计一年可获得边际贡献 35 000 元。

10. 某企业每年生产 A 半成品 5 000 件，A 半成品单位变动成本 4 元，固定成本 1 000 元，销售单价 9 元。如果把 A 半成品进一步深加工为 A 产成品，销售单价可提高到 14 元，但需追加单位变动成本 2 元，追加固定成本 16 000 元；若不进一步加工，可将投资固定成本的资金购买债券，每年可获债券利息 2 400 元。

要求：做出 A 半成品直接出售还是深加工的决策。

11. 某企业常年组织生产 A 产品，每件单位变动成本为 80 元，市场售价为 100 元/件，A

产品经过深加工可加工成市场售价为200元/件的B产品，每完成一件B产品另需要追加变动性的加工成本80元，同时每年需要追加专属固定成本40 000元，每件的A产品可以加工成0.9件的B产品，企业已具备将全部甲半成品深加工为乙产成品的能力，且不能转移。

要求：做出企业是否将全部A产品深加工成B产品的决策。

12. 某企业本年度甲产品的最大生产能力为12 000件，正常销售单价为60元，单位甲产品的直接材料费为30元，直接人工为12元，变动制造费用为3元，固定制造费用为5元，共计50元。根据正常订货需求，本年度的预算销售量为10 000件。现有一个客户要求以每件48元的价格追加订货。

要求：根据以下情况，做出企业是否接受低价追加订货的决策，并说明理由。

(1) 假设剩余生产能力无法转移，追加订货量2 000件，不追加专属成本。

(2) 假设剩余生产能力无法转移，追加订货量2 000件，若接受追加订货，需购置一台专用加工设备，该设备的价款为5 000元。

(3) 同(1)，假设剩余生产能力可以转移，若用于对外出租，可获得租金收入6 500元。

(4) 假设剩余生产能力无法转移，追加订货量2 100件，同时需追加专属成本5 000元。

13. 某企业原来生产甲产品，年生产能力10 000件，每年有35%的剩余生产能力，甲产品正常销售单价68元，单位产品的直接材料费为20元，直接人工费为16元，变动制造费用为8元，固定制造费用12元。

要求：根据以下情况，分别做出是否应接受特殊价格追加订货的决策。

(1) 现有用户提出订货3 000件，每件定价46元，剩余生产能力无法转移，追加订货不需追加专属成本。

(2) 现有用户提出订货3 000件，每件定价46元，剩余生产能力无法转移，追加订货需购置一台专用设备，增加固定成本2 000元。

(3) 现有用户提出订货4 000件，每件定价46元，剩余生产能力无法转移。

(4) 现有用户提出订货5 000件，每件定价56元，剩余生产能力无法转移，追加订货需追加专属成本3 800元，若不接受追加订货可将设备出租，租金为1 300元。

14. 某企业拟生产A、B两种产品，该工厂生产能力为360工时，库存材料可供使用的总数量为240千克，另外，A产品在市场上的销售无限制，B产品在市场上每月最多只能销售30件，A、B两种产品有关数据如表5-12所示。

表5-12　　A、B两种产品的相关资料　　金额单位：元

产品	单位生产时间(工时)	单位材料消耗量(千克)	单位边际贡献
A产品	6	6	90
B产品	9	3	80

要求：如何安排A、B两种产品的生产，才能获得最大边际贡献？可实现的最大边际贡献额为多少？

第三部分 参考答案

一、名词解释

1. 机会成本

企业在进行经营决策时，必须从多个备选方案中选择一个最优方案，而放弃其余方案的最大潜在收益就称为已选中方案的机会成本。由此可见，机会成本是指企业在经营决策选定方案时所要放弃的最大潜在收益。

2. 付现成本

付现成本是指由现在或将来的任何决策所能够改变其支出数额的成本。

3. 专属成本

专属成本是指能够明确归属于特定决策方案的固定成本或混合成本，它往往是为了弥补产能不足的缺陷，增加有关装置、设备、工具等长期资产而发生的。

4. 沉没成本

沉没成本是指过去已经发生并无法由现在或将来的任何决策所改变的成本。

5. 成本加成定价法

成本加成定价法是指在成本基数的基础上加上一个成本加成率，得出预计的售价。成本基数，可以是完全成本，也可以是变动成本。成本加成率，由于基数的不同而存在一定的差异。

6. 边际成本定价法

边际成本定价法是指通过分析不同特定价格与销售量组合条件下的产品边际收入、边际成本和边际利润之间的关系，做出相应定价决策的一种定量分析方法。

7. 变动成本价格策略

变动成本价格策略是以单位变动成本作为最低价格，防止产品销售量减少，从而以该产品提供的边际贡献（销售收入超过变动成本的部分）来弥补一部分固定成本，为整个企业盈利增加做出贡献。

8. 产品功能成本决策

产品功能成本决策是将产品的功能（产品所担负的职能或所起的作用）与成本（为获得产品一定的功能必须支出的费用）对比，寻找降低产品成本途径的管理活动。

9. 价值系数

价值系数，也就是功能成本比，即功能评价系数与成本系数的比值。

10. 边际贡献分析法

边际贡献分析法是在成本性态分类的基础上，通过比较各备选方案边际贡献的大小来确定最优方案的分析方法。

11. 差量分析法

差量分析法是指在决策过程中只分析计算不同方案间的差量部分，通过差量部分的对比，得出最优方案的一种决策方法。

12. 成本无差别点

成本无差别点，是指在该业务量水平上，两个不同方案的总成本相等，但当高于或低于该业务量水平时，不同方案则具有不同的业务量优势区域。

二、单项选择题

1. B	2. A	3. D	4. B	5. B	6. A	7. A	8. B	9. D	10. C
11. B	12. B	13. C	14. A	15. D	16. C	17. D	18. B	19. B	20. D
21. C	22. C	23. A	24. C	25. C	26. B	27. C	28. A	29. C	30. C

重难点解析：

1. 两个可供选择的方案之间预期成本的差异称为差量成本。

2. 某企业在5年前购买了一台机器，原价为50 000元，属于沉没成本，决策时不予考虑。

3. 机会成本是在经济决策中应由中选的最优方案负担，并按所放弃的次优方案潜在收益计算的资源损失。

4. 差量成本是指两个可供选择的方案之间预期成本的差异，如果把不同产量作为不同方案的话，边际成本实际上就是不同方案形成的差量成本，故选项B正确。

5. 在短期经营决策中，对企业原有的资产，不应按照其历史成本决策，因为历史成本属于沉没成本，而应把其重置成本作为相关成本予以考虑。

6. 专属成本是指那些能够明确归属于特定决策方案的固定成本或混合成本，它往往是为了弥补产能不足的缺陷，增加有关装置、设备、工具等长期资产而发生的。假设某生产电子器件的企业为满足客户追加订货的需要，增加了一些成本开支，其中为及时完成该批产品的生产，而要购入一台新设备是专属固定成本，故选项A正确；选项BC属于追加的变动成本；选项D不符合专属成本的定义。

7. 成本加成法计算甲产品的价格＝(60＋20)×(1＋50％)＝120(元)。

8. 产品售价的高低受诸多因素的影响，产品的最优售价是指可以使企业边际利润为零的产品售价。故选项B正确，而选项ACD均不是最优售价。

9. 功能成本评价的评分法是按产品或零部件的功能重要程度打分，通过确定不同方案的价值系数来选择最优方案。

10. 应选择价值系数低、降低成本潜力大的作为重点分析对象，故作为降低成本主要目标的产品的价值系数应小于1，价值系数小于1意味着功能小于成本，故是降低成本的重点分析对象。

11. 在产品功能降低的情况下，成本降低的幅度大于功能降低的幅度，价值系数大于1，将会提高产品的价值。

12. 功能成本评价中，应将目标成本按照功能评价系数进行分配。

13. 边际贡献分析法是在成本性态分类的基础上，通过比较各备选方案边际贡献的大小来确定最优方案的分析方法。

14. 在不存在专属成本的情况下，通过比较不同备选方案的边际贡献总额来进行择优决策，故选项 A 正确。

15. 在企业的某项资源受到限制的情况下，通过比较不同备选方案的单位资源边际贡献来进行择优决策，故选项 D 正确。

16. 剩余边际贡献＝边际贡献总额－专属成本，故剩余边际贡献与边际贡献之差为专属成本，故选项 C 正确。

17. 此题需比较各种产品的单位资源边际贡献来做出决策。

$$\text{甲产品单位资源边际贡献}=4/4=1$$
$$\text{乙产品单位资源边际贡献}=6/5=1.2$$
$$\text{丙产品单位资源边际贡献}=8/6=1.33$$
$$\text{丁产品单位资源边际贡献}=\frac{10}{7}=1.43$$

丁产品的单位资源边际贡献最大，故该厂应增产的产品是丁产品。

18. 此题考查亏损产品是否停产的问题，当企业的剩余生产能力无法转移时，边际贡献大于 0 不应停产，故当单价小于单位变动成本时，单位边际贡献小于 0，应不继续生产。

19. 此题考查亏损产品是否转产的问题，当租金净收入大于亏损产品的边际贡献总额时，企业应该停产亏损产品转为出租。故此题中出租收入应大于 3 000 元时，应停产，选项 B 正确，而选项 ACD 均小于 3 000 元。

20. 当边际贡献小于零时，产品应停产，故选项 D 正确。

21. 在零部件自制或外购的决策中，如果零部件的需用量已确定，应当采用的决策方法是增量成本分析法，如果零部件的需用量不确定，应采用成本无差别点法。

22. 自制的增量成本线为：$y_1=x$

$$\text{外购的增量成本线为：}y_2=\begin{cases}1.2x & 0\leqslant x<1\,000\\ 1.1x & 1\,000\leqslant x<2\,000\\ 1x & 2\,000\leqslant x<3\,000\\ \vdots\end{cases}$$

故自制与外购方案的成本平衡点将是 2 000～3 000 这一区域，因为从图形上看，在这一区间两条成本线重合，因此选项 C 正确。

23. 自制的增量成本线为：$y_1=12x+20\,000$

外购的增量成本线为：$y_2=20x$

成本无差别点为 2 500 件，故选项 A 正确。

24. 在固定成本不变的情况下，当自制单位变动成本大于外购成本时，应该采取采购的策略,故选项C正确。

25. 差量分析法适用于收益型方案的择优选择。

26. 半成品是否深加工的决策采用差量分析法进行决策,设A产品x千克,B产品$0.6x$千克,则差量分析表如表5-13所示。

表5-13　　差量分析表

项目	方案		
	深加工	直接出售	差异额
相关收入	$120\times0.6x$	$50x$	$22x$
相关成本	$6x+20\,000$	0	$6x+20\,000$
其中:变动成本	$10\times0.6x$	0	—
专属成本	20 000	0	—
差量损益			$16x-20\,000$

当$16x-20\,000>0$时,即$x>1\,250$(千克),将A加工为B。

27. 选项C属于长期投资决策。

28. 是否接受追加订货的决策一般采用差量分析法进行,故选项A正确。

29. 选项C公式错误,选项A正确。

30. 当企业的生产能力尚有剩余且无法转为他用时,只要买方出价高于单位变动成本,企业就可以接受特殊价格订货,故选项C正确。

三、多项选择题

1. ABC	2. BCD	3. ACD	4. ABC	5. ABCD	6. ABCD	7. ABCD	8. ABCD	9. ABCD	10. CD
11. BCD	12. ABCD	13. ABCD	14. ABCD	15. ABCD	16. BCD	17. ACD	18. ABCD	19. CD	20. AD

重难点解析:

1. 增量成本、机会成本、专属成本均属于决策相关成本,而选项D的沉没成本属于决策无关成本。

2. 沉没成本、联合成本、不可延缓成本都属于决策无关成本,而选项A的重置成本属于决策相关成本。

3. 产品定价决策方法主要有成本加成定价法、盈亏平衡定价法、边际成本定价法等,选项B线性规划法属于产品组合优化决策的方法。

4. 综合定价策略是针对相关商品所采取的一种定价策略,包括为互补商品的定价、为配套商品的定价及销售商品与服务维修的定价等,故选项ABC正确。

5. 心理定价策略常用的方法主要有尾数定价、整数定价、声望定价、心里折扣定价、习惯性定价等,故选项ABCD正确。

9. 产品功能成本决策步骤为：选择分析对象、围绕分析对象收集各种资料、功能评价、试验与提案，故选项 ABCD 正确。

10. 在相关范围内，产品增加或减少一个单位的差量成本与边际成本一致，同时增加或减少一个单位的差量成本也与一个单位变化的变动成本一致。

11. 在零部件外购或自制的决策分析时，采用增量成本分析法，自制增量成本不仅包括变动成本，如果存在专属固定成本，还包括专属成本；外购增量成本包括买价、运杂费、保险费等，自制与外购的非相关成本不予考虑。故选项 BCD 正确。

12. 选项 ABCD 均属于进行短期经营决策常用的方法。

13. 品种决策包括生产何种新产品决策、亏损产品是否停产决策、自制还是外购的决策、半成品是否深加工的决策、是否接受低价追加特别订货的决策等。故选项 ABCD 正确。

14. 关于产品定价策略，企业往往根据产品所处生命周期阶段不同，制定不同的定价策略，当产品处于投入期时，产品定价策略包括撇脂策略和渗透策略两种，当产品处于成长期时，无论采取什么策略，都应当通过提高价格来获取更高的利润，当产品处于衰退期时，企业往往采取降价的策略，以达到迅速回收资金的目的。故选项 ABCD 正确。

15. 短期经营决策的主要包括定价的决策、品种决策、产品组合优化决策等，选项 BCD 属于品种决策，故选项 ABCD 正确。

16. 在半成品进一步深加工决策中，采用差量分析法，差量成本的构成项目有继续深加工的变动成本、新增专属固定成本以及原有生产能力对外出租的租金收入形成的机会成本，因此选项 BCD 正确，选项 A 属于决策无关成本，不予考虑。

17. 在是否低价追加订货的决策中，如果发生了追加订货冲击正常任务的现象，就意味着追加订货量大于剩余生产能力，这种情况下，只得用一部分正常订货来弥补生产能力的不足，从而导致这部分产品不能按正常单价出售。这种情况下所发生的不能按正常价格出售的正常订货收入，应当作为接受追加订货的机会成本。另外，变动成本的计算应以剩余生产能力为限。因此选项 ACD 正确，选项 B 错误，不涉及追加订货量与正常订货量的比较。

18. 在进行亏损产品生产决策中，在剩余生产能力无法转移时，只要亏损产品的边际贡献为正数，就应该继续生产，选项 A 正确；当剩余生产能力可以转移时，只要亏损产品的边际贡献大于转产产品的边际贡献，就应该继续生产，选项 B 正确；如果亏损产品停产后，生产亏损产品的设备可以出租，只要租金大于亏损产品的边际贡献，就应该把亏损产品停产而把设备出租，选项 C 正确；在具备增产亏损产品能力时，且能力无法转移又不增加专属成本的情况下，如果亏损产品的边际贡献为正数，就应该增产，这样可将亏损产品扭亏为盈。选项 D 正确。

19. 撇脂策略是指在投入期以高价投放新产品，并辅以高促销手段，从而保证获得初期高额利润，以后随产品销路的扩大逐渐降价。只适用于市场上没有类似替代物，在短期内居垄断地位并容易开辟市场的新产品。因此，选项 A 错误，选项 C 正确；渗透策略是指在投入期以低价投放新产品，并辅以高促销手段，其目的在于尽快打开销路，夺取更大的市场份额。因此，选项B错误，选项D正确。

20. 下列各项关于经营决策的等式中，单位资源边际贡献＝单位边际贡献÷单位产品资源消耗量，故选项A正确；差量损益＝差量收入－差量成本，故选项B错误；成本无差别点的业务量＝两方案固定成本之差÷两方案单位变动成本之差，故选项C错误；单价＝单位产品成本×(1＋成本加成率)，故选项D正确。

四、判断题

1. ×	2. ×	3. ×	4. √	5. √	6. √	7. ×	8. √	9. √	10. √
11. √	12. ×	13. ×	14. ×	15. √	16. ×	17. √	18. √	19. ×	20. ×
21. ×	22. √	23. √	24. √	25. √	26. √	27. √	28. ×	29. ×	30. √

重难点解析：

1. 在短期经营决策中，并不是所有的固定成本或折旧费都属于沉没成本，如果是为了弥补产能不足的缺陷，增加有关装置、设备、工具等长期资产而追加的固定成本，则属于专属成本。

2. 机会成本是指企业在经营决策选定方案时所要放弃的最大潜在收益。

3. 尾数定价法适用于中低档日用消费品，而整数定价法则适用于耐用消费品等中高档商品。

7. 渗透策略是指在投入期以低价投放新产品，并辅以高促销手段，其目的在于尽快打开销路，夺取更大的市场份额。而撇脂策略可以迅速收回投资，保证获得初期高额利润。

12. 决策中，不能仅根据单位边际贡献额的大小进行最优决策，因为产销量不同。

13. 在企业某种资源(如原材料、人工工时等)受到限制的情况下，可以通过计算、比较各备选方案的单位资源边际贡献额进行择优决策。

14. 在生产决策中，单位限制资源边际贡献＝单位边际贡献÷单位资源消耗定额，该指标是个正指标，哪个方案中计算出的该指标大，则哪个方案为优。

16. 在进行新产品开发决策时，当新产品投入生产存在专属成本时，通过从边际贡献中减去专属成本计算剩余边际贡献总额来做出决策。

19. 亏损产品能够提供边际贡献，不一定要继续生产，如果存在更加有利可图的机会(如转产其他产品或将停止亏损产品生产而腾出的固定资产出租)，那么该亏损产品应停产。

20. 在生产、销售条件允许的情况下，大力发展能够提供边际贡献的亏损产品，也会扭亏为盈，并使企业的利润大大增加。

21. 当企业不具备自制零部件的能力时，企业为获得该自制能力所发生的专属成本属于相关成本，决策是应予以考虑。

28. 在是否接受特别订货的决策中，接受特别订货需要追加的固定成本属于专属成本，为决策相关成本。

29. 半成品是否深加工的决策一般采用差量分析法。

五、计算分析题

1. 解：

(1) 在完全成本加成法下：

单位产品成本＝(30 000＋35 000＋7 000＋8 000)÷800＝100(元/件)

生产成本毛利率＝(32 000＋8 000)÷80 000＝50％

产品单价＝100×(1＋50％)＝150(元/件)

(2) 在变动成本加成法下：

单位产品成本＝(30 000＋35 000＋7 000)÷800＝90(元/件)

变动生产成本贡献率＝(32 000＋8 000＋8 000)÷72 000＝66.67％

产品单价＝90×(1＋66.67％)＝150(元/件)

2. 解：

(1) 甲产品边际贡献总额＝(20－13)×7 000＝49 000(元)

乙产品边际贡献总额＝(28－20)×5 000＝40 000(元)

因此，应优先开发甲产品。

(2) 当存在专属成本时，应计算各产品的剩余边际贡献总额。

甲产品剩余边际贡献总额＝49 000－16 000＝33 000(元)

乙产品边际贡献总额＝40 000－18 000＝22 000(元)

因此，应优先开发甲产品。

3. 解：

(1) 三种产品的单位资源边际贡献为：

A 产品的单位资源边际贡献$=\frac{(15-5)}{2}=5$(元)

B 产品的单位资源边际贡献$=\frac{(25-15)}{4}=2.5$(元)

C 产品的单位资源边际贡献$=\frac{(35-20)}{5}=3$(元)

(2) 由于 5＞3＞2.5，故应优先开发 A 产品。

(3) 企业剩余机器工时＝30 000×20％＝6 000(小时)

A 产品的边际贡献总额$=\frac{6\,000}{2}\times(15-5)=30\,000$(元)

B 产品的边际贡献总额$=\frac{6\,000}{4}\times(25-15)=15\,000$(元)

C 产品的剩余边际贡献总额$=\frac{6\,000}{5}\times(35-20)-2\,000=16\,000$(元)

由于 A(30 000)>C(16 000)>B(15 000),故应优先开发 A 产品。

4. 解:

(1) 因为产品丙的边际贡献总额为 126 000 元,大于 0,所以不应停产,如果停产,企业的总利润将减少,减少额为产品丙的边际贡献总额 126 000 元。

(2) 如果停产丙产品用于扩大甲产品的生产,则增产甲产品预期增加的边际贡献总额为:

300×600－30 000＝150 000(元)

因为增产甲产品预期增加的边际贡献总额(150 000 元)大于亏损产品丙的边际贡献总额(126 000 元),所以该方案可行。

5. 解:

(1) 销售收入＝成本＋利润＝110 000＋(－10 000)＝100 000(元)

变动成本＝80%×100 000＝80 000(元)

甲产品的边际贡献＝销售收入－变动成本＝100 000－80 000＝20 000(元)

在其他条件不变的情况下,2021 年应当继续生产甲产品。因为甲产品的销售收入大于其变动成本,边际贡献为 20 000 元大于零,符合继续生产亏损产品的条件;如果 2021 年停止生产甲产品,将导致该企业多损失 20 000 元的利润。

(2) 租金收入(24 000)>亏损产品提供的边际贡献(20 000),因此,不继续生产。

6. 解:

(1) 自制的单位变动成本＝32＋12＋7＝51(元)

外购的单价＝58(元)

可见,这种外胎应采用自制方案,因为自制方案可比外购方案每年节约成本(58－51)×10 000＝70 000 元。

(2) 若选择自制外胎,则会放弃生产内胎所带来的成本节约 20 000 元,这可以看作自制外胎的机会成本。

自制方案的增量成本＝51×10 000＋20 000＝530 000(元)

外购方案的增量成本＝58×10 000＝580 000(元)

因为自制方案的增量成本小于外购方案的增量成本,因此,应选择自制方案。

(3) 若自制需租入设备一台,租金属于自制方案增加的专属成本。

自制方案的增量成本＝51×10 000＋4 000×12＝558 000(元)

外购方案的增量成本＝58×10 000＝580 000(元)

因为自制方案的增量成本小于外购方案的增量成本,因此,应选择自制方案。

(4) 企业利用剩余生产能力自制 5 000 件外胎,外购 5 000 件的增量成本为:

5 000×51＋5 000×58＝545 000(元),该方案的增量成本小于(3)中的两个方案成本,故应选择利用剩余生产能力自制 5 000 件外胎,外购 5 000 件外胎的方案。

7. 解：

设外购增量成本为 y_1，自制增量成本为 y_2，甲零件的年需求量为 x，则：

$$外购增量成本\ y_1=9x$$
$$自制增量成本\ y_2=6x+2\,400$$

外购增量成本与自制增量成本相等时的年需求量，即成本分界点为：

$$9x=6x+2\,400$$
$$x=800(件)$$

则当 $0<x<800$ 时，选择外购；当 $x>800$ 时，选择自制；当 $x=800$ 时，自制外购均可。

8. 解：

设外购增量成本为 y_1，自制增量成本为 y_2，零件的年需求量为 x，则

$$外购增量成本\ y_1=\begin{cases}9x & x<1\,000\\7x & x\geqslant 1\,000\end{cases}$$
$$自制增量成本\ y_2=5x+2\,800$$

设自制方案的成本与一次购买量在 1 000 件以下的成本无差别点为 x_1，则

$$9x_1=5x_1+2\,800\quad x_1=700(件)$$

设自制方案的成本与一次购买量在 1 000 件以上的成本无差别点为 x_2，则

$$7x_2=5x_2+2\,800\quad x_2=1\,400(件)$$

决策结论：当 $0<x<700$ 时，企业应该采用外购方式；当 $700<x<1000$ 时，应采用自制方式；当 $1\,000\leqslant x<1\,400$ 时，应采用外购方式；当 $x>1\,400$ 时，应采用自制方式；当 $x=700$ 或 1 400 时，自制或外购均可。

9. 解：

(1) 编制差量分析表，如表 5-14 所示。

表 5-14　差量分析表　金额单位：元

项目	方案		
	深加工	直接出售	差异额
相关收入	42×10 000=420 000	30×10 000=300 000	120 000
相关成本	80 000	0	80 000
其中：变动成本	(6+2)×10 000=80 000	0	—
差量损益			+40 000

计算结果表明，应继续将甲半成品进行深加工，企业可多获得利润 40 000 元。

(2) 编制差量分析表，如表 5-15 所示。

表 5-15 **差量分析表** 金额单位：元

项目	方案		
	深加工	直接出售	差异额
相关收入	42×10 000=420 000	30×10 000=300 000	120 000
相关成本	130 000	0	130 000
其中：变动成本	(6+2)×10 000=80 000	0	—
专属成本	50 000	0	—
差量损益			−10 000

由于深加工出售乙产品比直接出售甲半成品少得利润10 000元，因此，直接出售甲半成品对企业更为有利。

(3) 编制差量分析表，如表5-16所示。

表 5-16 **差量分析表** 金额单位：元

项目	方案		
	深加工	直接出售	差异额
相关收入	42×8 000=336 000	30×8 000=240 000	96 000
相关成本	99 000	0	99 000
其中：变动成本	(6+2)×8 000=64 000	0	—
机会成本	35 000	0	—
差量损益			−3 000

由于直接出售甲半成品比深加工后再出售乙产品的利润多3 000元，所以，企业应出售甲半成品对企业更有利。

10. 解：

编制差量分析表，如表5-17所示。

表 5-17 **差量分析表** 金额单位：元

项目	方案		
	深加工	直接出售	差异额
相关收入	14×5 000=70 000	9×5 000=45 000	25 000
相关成本	28 400	0	28 400
其中：变动成本	2×5 000=10 000	0	—
专属成本	16 000	0	—
机会成本	2 400	0	—
差量损益			−3 400

通过计算分析可知，深加工为A产成品与直接出售A半成品的差量损益为－3 400元，即深加工比直接出售要减少利润3 400元，所以应直接出售A半成品。

11. 解：

设A半成品数量为x件，B产品为$0.9x$，编制差量分析表，如表5-18所示。

表5-18 差量分析表 金额单位：元

项目	方案		
	深加工	直接出售	差异额
相关收入	$200\times0.9x=180x$	$100x$	$80x$
相关成本	$72x+40\ 000$	0	$72x+40\ 000$
其中：变动成本	$80\times0.9x=72x$	0	—
专属成本	40 000	0	—
差量损益			$8x-40\ 000$

决策结论：当$8x-40\ 000>0$，即$x>5\ 000$时，应选择深加工；当$x<5\ 000$时，应选择直接出售；当$x=5\ 000$时，两个方案均可。

12. 解：

(1) 编制差量分析表，如表5-19所示。

表5-19 差量分析表 金额单位：元

项目	方案		
	深加工	深加工	差异额
相关收入	48×2 000=96 000	0	96 000
相关成本	90 000	0	90 000
其中：变动成本	45×2 000=90 000	0	—
差量损益			+6 000

因为差量损益大于0，所以应该接受追加订货，接受特别订货能使企业增加利润6 000元。

(2) 编制差量分析表，如表5-20所示。

表5-20 差量分析表 金额单位：元

项目	方案		
	接受特别订货	拒绝特别订货	差异额
相关收入	48×2 000=96 000	0	96 000
相关成本	95 000	0	95 000
其中：变动成本	45×2 000=90 000	0	—
专属成本	5 000	0	—
差量损益			+1 000

因为差量损益大于0，所以应该接受追加订货，接受特别订货能使企业增加利润1 000元。

（3）编制差量分析表，如表5-21所示。

表5-21 **差量分析表** 金额单位：元

项目	方案		
	接受特别订货	拒绝特别订货	差异额
相关收入	48×2 000=96 000	0	96 000
相关成本	96 500	0	96 500
其中：变动成本	45×2 000=90 000	0	—
机会成本	6 500	0	—
差量损益			−500

因为差量损益小于0，所以应该拒绝追加订货，接受特别订货能使企业减少利润500元。

（4）编制差量分析表，如表5-22所示。

表5-22 **差量分析表** 金额单位：元

项目	方案		
	接受特别订货	拒绝特别订货	差异额
相关收入	48×2 100=100 800	0	100 800
相关成本	101 000	0	101 000
其中：变动成本	45×2 000=90 000	0	—
专属成本	5 000	0	—
机会成本	60×100=6 000	0	—
差量损益			−200

因为差量损益小于0，所以应该拒绝追加订货，接受特别订货能使企业减少利润200元。

13. 解：

（1）编制差量分析表，如表5-23所示。

表5-23 **差量分析表** 金额单位：元

项目	方案		
	接受特别订货	拒绝特别订货	差异额
相关收入	46×3 000=138 000	0	138 000
相关成本	132 000	0	132 000
其中：变动成本	44×3 000=132 000	0	—
差量损益			+6 000

因为差量损益大于0，所以应该接受追加订货，接受特别订货能使企业增加利润6 000元。

(2) 编制差量分析表，如表 5-24 所示。

表 5-24　　差量分析表　　金额单位：元

项目	方案		
	接受特别订货	拒绝特别订货	差异额
相关收入	46×3 000=138 000	0	138 000
相关成本	134 000	0	134 000
其中：变动成本	44×3 000=132 000	0	—
专属成本	2 000	0	—
差量损益			+4 000

因为差量损益大于 0，所以应该接受追加订货，接受特别订货能使企业增加利润 4 000元。

(3) 编制差量分析表，如表 5-25 所示。

表 5-25　　差量分析表　　金额单位：元

项目	方案		
	接受特别订货	拒绝特别订货	差异额
相关收入	46×4 000=184 000	0	184 000
相关成本	188 000	0	188 000
其中：变动成本	44×3 500=154 000	0	—
机会成本	68×500=34 000	0	—
差量损益			−4 000

因为差量损益小于 0，所以应该拒绝追加订货，接受特别订货能使企业减少利润 4 000元。

(4) 编制差量分析表，如表 5-26 所示。

表 5-26　　差量分析表　　金额单位：元

项目	方案		
	接受特别订货	拒绝特别订货	差异额
相关收入	56×5 000=280 000	0	280 000
相关成本	261 100	0	261 100
其中：变动成本	44×3 500=154 000	0	—
专属成本	3 800	0	—
机会成本	1 300+68×1 500=103 300	0	—
差量损益			+18 900

因为差量损益大于 0，所以应该接受追加订货，接受特别订货能使企业增加利润 18 900元。

14. 解：

设 A 产品 x 件，B 产品 y 件，S 表示两种产品的边际贡献总额。

约束条件：

$$\begin{cases} 6x+9y \leqslant 360 & (L_1) \\ 6x+3y \leqslant 240 & (L_2) \\ 0 \leqslant y \leqslant 30 & (L_3) \\ x \geqslant 0 & (L_4) \end{cases}$$

目标函数：$S=90x+80y$

绘制直角坐标系确定产品组合的可行性区域，如图 5-1 所示，目标函数 S 取得最大值的点为 L_1 和 L_2 的交点，为(30,20)，即生产 A 产品 30 件，B 产品 20 件是最优组合。

最大的边际贡献额 $=90\times30+80\times20=4\ 300$(元)

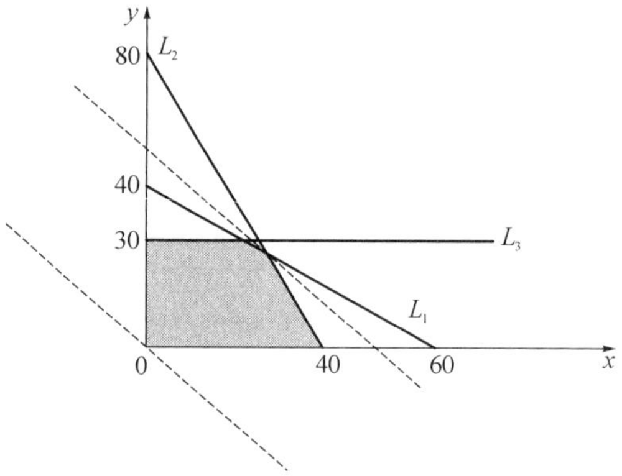

图 5-1　决策区域

第六章　存货决策

第一部分　内容概要

一、基本存货模型及其应用

（一）存货的概念和作用

存货是指企业在日常活动中持有以备出售的产成品或商品、处在生产过程中的在产品、在生产过程或提供劳务过程中耗用的材料和物料等。

存货对大部分企业来说是必需的，其作用主要有：节约订货费用和采购成本；避免不确定性因素影响，维持生产经营过程的顺利进行；平滑生产需求；避免价格上涨等不利因素的影响。

（二）存货的成本

在存货决策中通常需要考虑的成本如表 6-1 所示。

表 6-1　　存货成本

成本名称及分类		概念	是否决策相关成本
采购成本		由购买存货而发生的买价（购买价格或发票价格）和运杂费（运输费用和装卸费用）构成的成本，其总额取决于采购数量和单位采购成本	当不存在数量折扣时，决策无关成本
			当存在数量折扣时，决策相关成本
储存成本	变动储存成本	总额大小取决于存货数量的多少及储存时间长短的成本，称为变动储存成本，如存货资金的应计利息、存货残损和变质的损失、按存货价值计算的保险费等	决策相关成本
	固定储存成本	总额稳定，与存货数量的多少及储存时间长短无关的成本，如仓库折旧费、库管人员工资等	决策无关成本
订货成本	变动订货成本	与订货的次数有关，如差旅费、检验费、电话通信费等费用支出	决策相关成本
	固定订货成本	与订货次数的多少无关，如专设采购机构的基本开支等，属于决策的无关成本	决策无关成本
缺货成本		缺货成本是指由于存货数量不能及时满足生产和销售的需要而给企业带来的损失	允许缺货，决策无关成本
			不允许缺货，决策相关成本

【特别提示】 采购成本、订货成本、储存成本及缺货成本在什么情况下属于决策相关成本，在存货决策时应加以注意。

（三）经济订货批量基本模型

1. 经济订货批量的概念

经济订货批量是指在保证生产经营需要的前提下，能使企业在存货上花费的相关总成本最低的每次订货量。

2. 基本假设

经济订货批量的基本模型是一种理想的市场状况，需建立在以下假设基础上才能成立：

（1）企业能够适时补充存货，需要存货时便可立即取得存货，即不需要订货提前期。

（2）能集中到货，而不是陆续入库。

（3）不允许缺货，即无缺货成本。

（4）全年需求量、一次订货的订货费用、单位存货的年储存费用、订货固定成本以及储存固定成本都是常数。

（5）存货单价不变，不考虑数量折扣，因此在年需求量已知的情况下，购买成本也是决策的无关成本。

（6）企业现金充足，不会因现金短缺而影响进货。

3. 经济订货批量基本模型计算

$$\text{经济订货批量} Q^* = \sqrt{\frac{2AP}{C}}$$

$$\text{经济订货批次} = \frac{A}{Q^*} = \sqrt{\frac{AC}{2P}}$$

$$\text{年最低总成本合计} TC^* = \sqrt{2APC}$$

二、存货模型的扩展应用

（一）一次订货、边进边出的决策

在一次订货、边进边出的模型中，决策相关成本包括订货成本和储存成本。其中，储存成本又与存货的每日进库量和每日耗用量相关。设 X 为每日进库量；Y 为每日耗用量，推出一次订货、边进边出时经济订货批量及最低年成本合计的计算公式为：

$$\text{经济订货批量} Q^* = \sqrt{\frac{2AP}{C\left(1-\frac{Y}{X}\right)}}$$

$$\text{年最低总成本合计} TC^* = \sqrt{2APC\left(1-\frac{Y}{X}\right)}$$

（二）有数量折扣时的决策

当存在数量折扣时，采购成本成为决策相关成本，此时经济订货批量模型中存货总成本不仅包括订货成本和储存成本，还应包括采购成本。

实行数量折扣的经济订货批量具体确定步骤如下：

（1）按照经济订货批量基本模式确定经济订货批量。

(2) 计算按经济订货批量进货时的存货总成本。

【特别提示】 存货总成本＝采购成本＋订货成本＋储存成本

(3) 计算按给予数量折扣的进货批量进货时的存货总成本。

【特别提示】 如果给予数量折扣的进货批量是一个范围，一般应按给予数量折扣的最低进货批量计算存货总成本，以此类推。

(4) 比较不同进货批量的存货总成本，最低存货总成本对应的订货批量，就是实行数量折扣的最佳经济订货批量。

(三) 订单批量受限时的决策

实际工作中，许多供应商只接受整数批量的订单，如按打、百件、吨等单位来计量。在这种情况下，最佳经济订货批量的决策步骤如下：

(1) 采用经济订货批量基本模型计算出来的 Q^*。

(2) 如果不等于允许的订购量，在 Q^* 的两边确定两个允许数量。

(3) 计算各自的年存货成本总额来比较优劣。

(四) 允许缺货时的存货决策

在允许缺货条件下，企业对经济订货批量的确定，除了要考虑订货成本与储存成本以外，还需对可能发生的缺货成本加以考虑，即能使三项成本总和最低的批量是经济订货批量，计算公式为：

$$\text{经济订货批量 } Q^* = \sqrt{\frac{2AP}{C} \times \frac{C+K}{K}}$$

$$\text{允许缺货量 } U = Q \times \frac{C}{C+K}$$

$$\text{年最低总成本合计 } TC^* = \sqrt{2APC\frac{K}{C+K}}$$

(五)不确定情况下的存货决策

1. 安全库存量和库存耗竭成本

如果某项存货的耗用比预计要快，或者采购间隔期比预期时间长，就有可能发生库存耗竭，从而出现停工待料的现象，因此，必须建立最佳安全库存量。建立最佳安全库存量必须考虑两项成本如表 6-2 所示。

表 6-2　安全库存量需考虑的两项成本

成本	公式
安全库存量的储存成本	安全库存量储存成本＝安全库存量×单位储存成本
库存耗竭成本	库存耗竭成本＝某项库存耗竭成本×每年订购次数×一次订购的库存耗竭概率

2. 安全库存量的确定方法

(1) 经验法

一般计算公式如下：

安全库存量上限＝最长交货期×最高每日用量－交货期正常天数×平均每日用量

该方法求的是安全库存量的上限，实际是按照交货期最长和每日耗用量最大这两种不正常现象同时发生为基础计算的。

(2) 不连续概率法

在不连续的概率法下，应按不同档次的相应概率计算不同安全库存量的预期库存耗竭成本与该安全库存量对应的储存成本之和，然后选择成本总额最低的安全库存量。

3. 再订货点的确定

再订货点(ROP)是指发出新订单的时点，其计算公式如下：

再订货点＝(采购间隔日数×平均每日用量)＋安全库存量

三、存货管理与控制的相关方法

(一) ABC 存货管理法

ABC 分类管理法的目的在于使企业分清主次，突出重点，提高存货资金管理的效果。具体操作通常分为以下步骤：

(1) 按一定的标准将企业的存货分类。分类的标准主要有金额标准和数量标准。

(2) 按照一定金额标准把它们分成 A，B，C 三类。其中 A 类存货单位价值大、数量少，这类存货一般只占用年耗用总数量的 10%，但其价值占年耗用金额的 70%；B 类存货金额一般，品种数量相对较多；C 类存货品种数量繁多，但是价值很小，只占年耗用金额的 10%，但占年耗用总数量的 70%。

(3) ABC 各类存货的分类划定以后，就可以针对不同存货实行分品种重点管理、分类别一般控制和按总额灵活掌握的存货管理方法。

(二) JIT 管理与零存货管理

1. JIT 管理的基本理念与零存货管理

JIT 存货管理是追求一种无库存的生产系统，或使库存最小化的生产系统，是消除一切只增加成本而不向产品中增加价值的过程，即存货水平最低，浪费最小，空间占用最小，事务量最小。准时制的核心是一个没有中断倾向的系统，根据产品品种及其所能控制的数量范围而具备柔性，最终形成一个使材料平滑、迅速地流经整个系统的和谐系统。

2. 实施 JIT 管理的措施

(1) 根据市场供求状况采用拉动式生产或推动式生产。

(2) 改变材料采购策略。

(3) 减少不增加价值的活动，缩短生产周期。

(4) 快速满足客户需求。

(5) 避免停工。

第二部分 练 习 题

一、名词解释

1. 存货
2. 采购成本
3. 订货成本
4. 储存成本
5. 缺货成本
6. 安全库存量
7. 再订货点
8. 经济订货批量
9. 库存耗竭成本
10. 零存货管理

二、单项选择题

1. 在供货企业不提供数量折扣的情况下,影响经济订货量的因素是(　　)。

A. 采购成本　　B. 固定的储存成本
C. 固定的订货成本　　D. 变动的订货成本

2. (　　)是指由存货的买价和运杂费等构成的成本,其总额取决于采购数量和单位采购成本。

A. 缺货成本　　B. 订货成本　　C. 储存成本　　D. 采购成本

3. 由于存货数量不能及时满足生产和销售的需要而给企业带来的损失称为(　　)。

A. 储存成本　　B. 缺货成本　　C. 采购成本　　D. 订货成本

4. 储存成本中,凡总额大小取决于存货数量的多少及储存时间长短的成本,称为(　　)。

A. 固定储存成本　　B. 无关成本
C. 变动储存成本　　D. 资本成本

5. 在其他条件不变的情况下,订货批量越大,年储存成本(　　)。

A. 越小　　B. 越大　　C. 越不会变化　　D. 越不确定

6. 经济订货批量是指(　　)。

A. 订货成本最低的采购批量　　B. 储存成本最低的采购批量
C. 缺货成本最低的采购批量　　D. 存货总成本最低的采购批量

7. 某企业全年需要A材料3 600吨,单价100元/吨,目前每次的订货量为600吨,每次订货成本为400元,则该企业每年存货的订货成本为(　　)元。

A. 4 800　　B. 1 200　　C. 3 600　　D. 2 400

8. 下列各项中,不属于应用经济采购批量基本模型假设前提的是(　　)。

A. 没有商业折扣条款　　B. 不存在缺货现象
C. 没有现金折扣条款　　D. 需求量稳定并能预测

9. 某企业全年需甲材料 50 000 千克，每次订货的变动性订货成本为 25 元，单位材料年均变动性储存成本为 10 元，则经济订货批量是(　　)千克。

A. 400　　B. 500　　C. 600　　D. 700

10. 某企业全年需用 A 材料 2 400 吨，每次的订货成本为 400 元，每吨材料年储备成本 12 元，则每年最佳订货次数为(　　)次。

A. 12　　B. 6　　C. 3　　D. 4

11. 对存货实施定量控制时，提示企业应当组织采购的标志是材料实际库存达到了(　　)。

A. 再订货点　　B. 保险储备量　　C. 经济生产批量　　D. 经济采购批量

12. 下列各项中，与再订货点无关的是(　　)。

A. 经济订货量　　B. 日耗用量　　C. 交货日数　　D. 保险储备量

13. 某企业的甲种存货的平均日耗量为 5.56 千克，提前期为 8 天，安全储备量为35.52千克，则再订货点为(　　)千克。

A. 35.52　　B. 44.48　　C. 80　　D. 以上均错

14. 某种材料的安全库存量为 180 千克，采购间隔日数为 8 天，年度耗用总量为 15 000千克，假设每年有 300 个工作日，则再订货点是(　　)千克。

A. 580　　B. 400　　C. 500　　D. 1 280

15. 某种商品的再订货点为 680 件，安全库存量为 200 件，采购间隔日数为 12 天，假设每年有 300 个工作日，则年度耗用量是(　　)件。

A. 11 000　　B. 10 000　　C. 12 000　　D. 13 000

16. 在对存货实行 ABC 分类管理的情况下，ABC 三类存货的金额比重大致为(　　)。

A. 7∶2∶1　　B. 1∶2∶7　　C. 5∶3∶2　　D. 2∶3∶5

17. 在卖方市场环境中，市场结构性矛盾是生产不出来，企业应该采用(　　)生产模式。

A. 拉动式　　B. 推动式　　C. 计划型　　D. 定额型

18. 在适时制管理系统中，下列各项中，最为有效地降低采购费用的途径是(　　)。

A. 减少储存量　　B. 减少订货数量
C. 减少订货次数　　D. 与供应商结为战略联盟

19. 如果企业采用了适时制控制法，下列各项成本中，能够明显得以降低的是(　　)。

A. 储存成本　　B. 缺货成本　　C. 采购成本　　D. 生产成本

20. 零存货要求(　　)。

A. 采购环节的存货为零　　B. 按需要保持相应的存货
C. 销售环节的存货为零　　D. 生产环节的存货为零

三、多项选择题

1. 下列各项中，属于企业存货控制对象的有(　　)。

A. 库存材料存货　　B. 在产品存货

C. 产成品存货　　D. 机器设备

2. 存货在企业生产经营中的重要作用包括(　　)。

A. 维护均衡生产　　B. 适应市场变化

C. 防止停工待料　　D. 降低进货成本

3. 存货成本中，通常需要考虑的成本有(　　)。

A. 采购成本　　B. 储存成本　　C. 订货成本　　D. 缺货成本

4. 下列各项中，属于存货的变动储存成本的有(　　)。

A. 存货占用资金的应计利息　　B. 按存货价值计算的保险费

C. 自有仓库折旧　　D. 存货的破损变质损失

5. 无论在何种经济采购批量模型中，都必须考虑的成本有(　　)。

A. 变动性订货成本　　B. 变动性储存成本

C. 采购成本　　D. 缺货成本

6. 在有数量折扣的情况下，下列各项中，属于订货批量决策中的相关成本的有(　　)。

A. 变动订货成本　　B. 变动储存成本

C. 采购成本　　D. 缺货成本

7. 在允许缺货的条件下，计算经济订货批量需要考虑的相关成本有(　　)。

A. 变动性订货成本　　B. 固定性订货成本

C. 变动性储存成本　　D. 缺货成本

8. 计算经济订货批量时，不需要的项目有(　　)。

A. 全年需要量　　B. 固定储存成本

C. 每次订货成本　　D. 安全存量

9. 当订货批量增加时，(　　)。

A. 变动储存成本增加　　B. 变动储存成本减少

C. 变动订货成本增加　　D. 变动订货成本减少

10. 按存货经济订货批量模型，当订货批量为经济批量时，(　　)。

A. 变动储存成本等于变动订货成本

B. 变动储存成本等于最低相关总成本的一半

C. 变动订货成本等于最低相关总成本的一半

D. 存货相关总成本达到最低

11. 在为存货模型选择数据时，应观察所掌握的每一项成本是否随(　　)的变化而变化。

A. 全年需要量　　B. 存货的数量

C. 购入的数量　　D. 一年内发出的订单数

12. 存货过多，会导致(　　)。

A. 占用大量的流动资金　　B. 增加仓储设施

C. 增加储存成本　　D. 自然损耗额增加

13. 某企业需要A材料2 000千克，单价100元，一次订货成本40元，年储存成本1元，则其经济订货量(金额)、经济订货次数为(　　)。

A. 经济订货量400千克　　B. 经济订货金额40 000元

C. 经济订货次数5次　　D. 经济订货次数6次

14. 在存货陆续供应和使用的情况下，导致经济批量增加的因素有(　　)。

A. 存货年需要量增加　　B. 一次订货成本增加

C. 耗用量增加　　D. 每日入库量增加

15. 下列说法中，不正确的有(　　)。

A. 在计算经济订货量时，缺货成本为决策相关成本

B. 存货资金的应计利息属于变动储存成本

C. 经济批量与变动储存成本成正比

D. 订货批量的大小与订货成本成正比

16. 影响再订货点的因素有(　　)。

A. 安全库存量　　B. 采购间隔期

C. 平均每日耗用量　　D. 保质期

17. 下列各项中，属于缺货问题的原因的有(　　)。

A. 需求量的变化　　B. 交货期日需求量增大

C. 延迟交货　　D. 存货过量使用

18. 存货ABC分类管理中存货的分类标准包括(　　)。

A. 单价　　B. 金额　　C. 品种　　D. 品种数量

19. 为降低材料的储存成本，需要对材料妥善保管，可采取的方法有(　　)。

A. 分期分批采购　　B. 采用ABC分类法

C. 实行限额领料　　D. 提高材料利用率

20. 适时制的观点认为存货对企业的负面影响有(　　)。

A. 企业持有存货，占用流动资金　　B. 会发生仓储成本

C. 可能掩盖生产质量问题　　D. 掩盖生产的低效率

四、判断题

1. 所有存货的采购成本都是决策无关成本。(　　)

2. 固定订货成本和固定储存成本，属于存货决策中的相关成本。(　　)

3. 经济订货批量的确定与再订货点无关。(　　)

4. 运货费用随存货数量变动而变动。(　　)

5. 仓库保管人员的工资与储存成本相关。(　　)

6. 订货成本与订货批量成反比，储存成本与订货批量成正比。(　　)

7. 缺货成本大多属于机会成本，由于单位缺货成本计算困难，因此在进行决策时，不用

估算单位缺货成本。（　　）

8. 在有数量折扣的决策中，订货成本、储存成本是订货批量决策中的相关成本，而采购成本则与决策无关。（　　）

9. 全年最优订购批次等于材料全年需用量除以经济订货批量得到的数值。（　　）

10. 陆续到货会使得材料年均储存量发生变动，进而会导致订货成本模型有所改变。（　　）

11. 在允许缺货时，全年经济订货次数的计算公式与简单条件下的相关公式相同。（　　）

12. 安全库存量是指为防止材料意外损毁而事先准备的储存量。（　　）

13. 安全库存量的上限实际是按照交货期最长和每日耗用量最大这两种不正常现象同时发生为基础计算的。（　　）

14. 一般来讲，当库存存货量降到采购间隔期的耗用量加上安全库存量的总和时，就应再次订购货物。（　　）

15. 购买者可以利用数量折扣，取得较低商品价格、较低运输费、较低年订购费用，使得从大批量订购中得到的节约部分可能超过抵偿增支的储存成本。（　　）

16. 订货提前期对存货每次的订货数量、订货批次、订货间隔期并无影响。（　　）

17. 计算按给予数量折扣的进货批量进货时的存货总成本时，如果给予数量折扣的进货批量是一个范围，一般应按给予数量折扣的最低进货批量计算存货总成本。（　　）

18. ABC 各类存货的划定皆由主管人员自己定。（　　）

19. 在适时制下，存货被认为对企业的经营存在负面影响。（　　）

20. 在卖方市场环境中，由于产品供应量小于产品需求量，市场结构性矛盾是生产不出来，企业应该采用推动式生产模式。（　　）

五、计算分析题

1. 某公司每年耗用 A 材料 3 000 千克，单位储存成本为 2 元，平均每次进货费用 120 元。

要求：计算经济订货批量、经济订货批次及最低相关总成本。

2. 某企业生产甲产品，全年需要 A 材料 20 000 千克，每日送货量 100 千克，每日消耗量 90 千克，每次订购费用 200 元，每千克 A 材料年储存成本为 5 元。

要求：计算经济订货批量和最低年成本。

3. 某公司 A 材料的年需求量为 3 600 千克，每千克标准价 10 元。销售企业规定：客户每批购买量不足 1 000 千克的，按照标准价格计算；每批购买量 1 000 千克以上、2 000 千克以下的，价格优惠 3%；每批购买量 2 000 千克以上的，价格优惠 5%。已知每批订货费用 25 元，单位材料的年储存成本 2 元。

要求：计算实行数量折扣时的最佳经济订货批量。

4. 某供应商销售 A 材料时，由于包装运输原因，只接受 200 件的整数倍批量的订单（如

200件、400件、600件等),不接受有零数或非200件整数倍的订单(如500件)。某公司全年需用A材料2 400件,每次订货成本为120元,每件年储存成本为2元。

要求:计算订单批量受限时的最佳订货批量。

5. 假设某公司今年A材料用量为2 000吨,变动性订货成本为每次20元,变动性储存成本为每吨1元,材料单价为每吨20元,单位缺货损失为1元。

要求:计算允许缺货情况下的经济订货批量、允许的缺货量及最低存货总成本。

6. 某制造公司全年需用A材料44 100千克,按经验数据估算的每次订货的变动性订货成本为16元,单位材料年平均变动性储存成本为8元。

要求:

(1) 计算经济订货批量、最低相关总成本和全年经济订货次数。

(2) 如果供货方规定:当一次采购量小于或等于350千克时,单价为10.50元;采购批量大于350千克、小于11 025千克时,单价为10元;采购批量等于或大于11 025千克时,单价为9.40元。计算此时的经济订货批量以及全年最低的相关总成本。

(3) 如果企业允许出现缺货,因采取补救措施而发生的单位缺货年均成本的经验数据为25元。计算此时的经济订货批量以及全年最低的相关总成本。

(4) 如果企业订货陆续到货,每日到货量为200千克。计算此时的每日耗用量、经济订货批量以及全年最低的相关总成本。

第三部分　参考答案

一、名词解释

1. 存货

存货是指企业在日常活动中持有以备出售的产成品或商品、处在生产过程中的在产品、在生产过程或提供劳务过程中耗用的材料和物料等。

2. 采购成本

采购成本是指由购买存货而发生的买价(购买价格或发票价格)和运杂费(运输费用和装卸费用)构成的成本,其总额取决于采购数量和单位采购成本。

3. 订货成本

订货成本是指为订购货物而发生的各种成本,包括采购人员的工资、采购部门的一般性费用(如办公费、水电费、折旧费、取暖费等)和采购业务费(如差旅费、邮电费、检验费等)。

4. 储存成本

储存成本是指为储存存货而发生的各项费用,通常包括两大类:一是付现成本,包括支付给储运公司的仓储费、按存货价值计算的保险费、陈旧报废损失、年度检查费用以及企业自设仓库发生的水电费、库管人员工资等费用;二是资本成本,包括由于存货占用资金而形成的机会成本和购置存货的银行借款利息。

5. 缺货成本

缺货成本是指由于存货数量不能及时满足生产和销售的需要而给企业带来的损失。例如,因停工待料而发生的损失(如因无法按期交货而支付的罚款、停工期间的固定成本等),由于商品存货不足而失去的盈利额,因采取应急措施补足存货而发生的超额费用等。

6. 安全库存量

安全库存量,是指为避免延迟到货、生产速度加快及其他情况发生,满足生产、销售需要的存货量。

7. 再订货点

再订货点,是指为保证生产和销售活动的连续性,企业应在存货用完或售完之前再一次订货,订购下一批货物时的存货存量。

8. 经济订货批量

经济订货批量是指在保证生产经营需要的前提下,能使企业在存货上花费的相关总成本最低的每次订货量。

9. 库存耗竭成本

库存耗竭成本通常是指备选供应来源的成本、失去顾客或商业信誉的成本、库存耗竭期内停产的成本等。

10. 零存货管理

零存货管理,是指企业按需要引入存货,并通过不懈努力去减少存货,最终消灭存货,以达到总成本最低的管理模式。

二、单项选择题

1. D	2. D	3. B	4. C	5. B	6. D	7. D	8. C	9. B	10. B
11. A	12. A	13. C	14. A	15. C	16. A	17. B	18. D	19. A	20. B

重难点解析:

1. 在供货企业不提供数量折扣的情况下,采购成本为决策无关成本,影响经济订货量的因素有变动的订货成本和变动的储存成本。

2. 采购成本是指由存货的买价和运杂费等构成的成本,其总额取决于采购数量和单位采购成本。

5. 年储存成本 $=(Q/2)\times C$,在其他条件不变的情况下,订货批量越大,年储存成本越大。

7. 该企业每年存货的订货成本 $=3\,600\div600\times400=2\,400$(元)。

9. 经济订货批量 $Q^*=\sqrt{2AP/C}=\sqrt{(2\times50\,000\times25)\div10}=500$(千克)。

10. 经济订货批量 $Q^*=\sqrt{2AP/C}=\sqrt{(2\times2\,400\times400)\div12}=400$(吨),每年最佳订货次数 $=\dfrac{A}{Q^*}=\dfrac{2\,400}{400}=6$(次)。

12. 再订货点=(采购间隔日数×平均每日用量)+安全库存量,故选项中与再订货点无关的是经济订货量。

13. 再订货点=(采购间隔日数×平均每日用量)+安全库存量=5.56×8+35.52=80(千克)。

14. 再订货点 $=\frac{15\,000}{300}\times 8+180=580$(千克)。

15. 再订货点 $680=\frac{A}{300}\times 12+200$,得 $A=12\,000$(件)。

18. 在适时制管理系统中,下列各项中,与供应商结为战略联盟是最为有效地降低采购费用的途径。

20. 零存货要求按需要保持相应的存货。

三、多项选择题

1. ABC	2. ABCD	3. ABCD	4. ABD	5. AB	6. ABC	7. ACD	8. BD	9. AD	10. ABCD
11. BCD	12. ABCD	13. ABC	14. AB	15. AD	16. ABC	17. ABCD	18. BD	19. AB	20. ABCD

重难点解析:

1. 企业存货的控制对象是存货,存货包含企业在日常活动中持有以备出售的产成品或商品、处在生产过程中的在产品、在生产过程或提供劳务过程中耗用的材料和物料等,故选项 ABC 正确。

3. 存货成本中,通常需要考虑的成本有采购成本、储存成本、订货成本、缺货成本。

4. 变动储存成本的大小取决于存货数量的多少及储存时间长短,如存货资金的应计利息、存货残损和变质的损失、按存货价值计算的保险费等,因此选项 ABD 正确;选项 C 自有仓库折旧属于固定储存成本。

5. 无论在何种经济采购批量模型中,都必须考虑的成本有变动性订货成本和变动性储存成本。

6. 在有数量折扣的情况下,属于订货批量决策中的相关成本有变动订货成本、变动储存成本、采购成本。

7. 在允许缺货的条件下,计算经济订货批量需要考虑的相关成本有变动性订货成本、变动性储存成本、缺货成本。

8. 计算经济订货批量时,公式中只涉及全年需要量、每次订货成本、单位储存成本,不需要固定储存成本和安全存量。

9. 当订货批量增加时,变动储存成本增加,变动订货成本减少,故选项 AD 正确。

10. 从存货经济订货批量模型数学推导及图形中可知,当订货批量为经济批量时,变动储存成本等于变动订货成本,变动储存成本和变动订货成本分别等于最低相关总成本的一半,此时存货相关总成本达到最低。

11. 在为存货模型选择数据时，需要考虑相关成本，因此应观察所掌握的每一项成本是否随存货的数量、购入的数量、一年内发出的订单数的变化而变化，而全年需要量一般假定已知且为固定常数。

13. 经济订货量 $Q^*=\sqrt{2AP\div C}=\sqrt{(2\times 2000\times 40)\div 1}=400$（千克）

经济订货额＝400×100＝40 000（元）

经济订货次数＝2 000÷400＝5（次）

14. 在存货陆续供应和使用的情况下，$Q^*=\sqrt{\dfrac{2AP}{C(1-Y\div X)}}$，从公式中可得出能导致经济批量增加的因素有存货年需要量增加、一次订货成本增加、单位储存成本减少、每日耗用量增加、每日入库量减少。因此，选项 AB 正确。

15. 选项 A 在计算经济订货量时，当允许缺货时，缺货成本为决策相关成本；选项 BC 正确；选项 D，订货批量的大小与订货成本成反比。

17. 需求量的变化、交货期日需求量增大、延迟交货、存货过量使用都可以引起缺货问题。

19. 为降低材料的储存成本，需要对材料妥善保管，可分期分批采购、采用 ABC 分类法。

四、判断题

1. ×	2. ×	3. √	4. ×	5. √	6. √	7. ×	8. ×	9. √	10. √
11. ×	12. √	13. √	14. √	15. √	16. √	17. √	18. ×	19. √	20. √

重难点解析：

1. 当存在数量折扣时，采购成本为决策相关成本。

2. 固定订货成本和固定储存成本，属于存货决策中的无关成本。

4. 运货费用会随订货批量的变动而变动，不受存货数量影响。

7. 缺货成本在进行决策时，需要估算单位缺货成本。

8. 在有数量折扣的决策中，采购成本、订货成本、储存成本均是订货批量决策中的相关成本。

11. 在允许缺货时，全年经济订货次数的计算公式与简单条件下的相关公式不同，需要考虑单位缺货成本。

18. ABC 各类存货的划定根据金额和数量比重来定。

五、计算分析题

1. 解：

经济订货批量 $Q^*=\sqrt{2AP/C}=\sqrt{(2\times 3\,000\times 120)\div 2}=600$（千克）

经济订货批次 $=\dfrac{A}{Q^*}=\dfrac{3\,000}{600}=5$（次）

最低相关总成本 $TC^* = \sqrt{2APC} = \sqrt{2 \times 3\,000 \times 120 \times 2} = 1\,200$(元)

2. 解:

经济订货批量 $Q^* = \sqrt{\dfrac{2AP}{C(1-Y/X)}} = \sqrt{\dfrac{2 \times 20\,000 \times 200}{5 \times (1 - 90 \div 100)}} = 4\,000$(千克)

最低年成本 $TC^* = \sqrt{2APC\left(1-\dfrac{Y}{X}\right)} = \sqrt{2 \times 20\,000 \times 200 \times 5 \times \left(1-\dfrac{90}{100}\right)}$

$= 2\,000$(元)

3. 解:

(1) 按经济订货批量基本模型确定的经济订货批量为:

$Q^* = \sqrt{2AP/C} = \sqrt{(2 \times 3\,600 \times 25) \div 2} = 300$(千克)

(2) 每次进货 300 千克时的存货总成本为:

存货总成本$=3\,600 \times 10 + 3\,600 \div 300 \times 25 + 300 \div 2 \times 2 = 36\,600$(元)

(3) 每次进货 1 000 千克时的存货总成本为:

存货总成本$=3\,600 \times 10 \times (1-3\%) + 3\,600 \div 1\,000 \times 25 + 1\,000 \div 2 \times 2 = 36\,010$(元)

(4) 每次进货 2 000 千克时的存货总成本为:

存货总成本$=3\,600 \times 10 \times (1-5\%) + 3\,600 \div 2\,000 \times 25 + 2\,000 \div 2 \times 2 = 36\,245$(元)

通过比较发现,每次进货为 1 000 千克时的存货总成本最低,所以此时最佳经济订货批量为 1 000 千克。

4. 解:

(1) 计算不考虑订单限制时的经济订货批量。

$Q^* = \sqrt{2AP/C} = \sqrt{(2 \times 2\,400 \times 120) \div 2} \approx 537$(件)

由于经济订货批量为 537 件,不是供应商所要求的整数批量,因而只能在 537 件的左右选择 400 件和 600 件,通过比较这两个批量的年度总成本来确定最佳订货批量。

(2) 订购 400 件时的年度总成本。

储存成本 $=\dfrac{Q}{2} \times C = \dfrac{400}{2} \times 2 = 400$(元)

订货成本 $=\dfrac{A}{Q} \times P = \dfrac{2\,400}{400} \times 120 = 720$(元)

年成本合计 $=400 + 720 = 1\,120$(元)

(3) 订购 600 件时的年度总成本。

储存成本 $=\dfrac{Q}{2} \times C = \dfrac{600}{2} \times 2 = 600$(元)

订货成本 $=\dfrac{A}{Q} \times P = \dfrac{2\,400}{600} \times 120 = 480$(元)

年成本合计 $=600 + 480 = 1\,080$(元)

可见,订货批量受限时的最佳决策是每次订购 600 件。

5. 解：

经济订货批量 $Q^{*}=\sqrt{\dfrac{2AP}{C}\times\dfrac{C+K}{K}}=\sqrt{\dfrac{2\times 2\,000\times 20}{1}\times\dfrac{1+1}{1}}=400$(吨)

允许的缺货量为：

$U=Q\times\dfrac{C}{C+K}=400\times\dfrac{1}{1+1}=200$(吨)

最低存货总成本为：

$TC^{*}=\sqrt{2APC\dfrac{K}{C+K}}=\sqrt{2\times 2\,000\times 20\times 1\times\dfrac{1}{1+1}}=200$(元)

计算结果表明，该企业在目前允许缺货的条件下，经济订货批量为400吨，允许缺货量为200吨，这样可使其相关总成本最低，为200元。

6. 解：

(1) 经济订货批量 $Q^{*}=\sqrt{2AP/C}=\sqrt{(2\times 44\,100\times 16)\div 8}=420$(千克)

最低相关总成本 $TC^{*}=\sqrt{2APC}=\sqrt{2\times 44\,100\times 16\times 8}=3\,360$(元)

经济订货批次 $=\dfrac{A}{Q^{*}}=\dfrac{44\,100}{420}=105$(次)

(2) 基本模型下，经济订货批量为420千克，单价为10元，此时的存货总成本为：

存货总成本＝44 100×10＋44 100÷420×16＋420÷2×8＝444 360(元)

当每次进货量为350千克时，单价为10.50元，则存货总成本为：

存货总成本＝44 100×10.50＋44 100÷350×16＋350÷2×8＝466 466(元)

当每次进货量为11 025千克时，单价为9.40元，则存货总成本为：

存货总成本＝44 100×9.40＋44 100÷11 025×16＋11 025÷2×8＝458 704(元)

由于444 360元最低，所以经济订货批量为420千克。

(3) 经济订货批量 $Q^{*}=\sqrt{\dfrac{2AP}{C}\times\dfrac{C+K}{K}}=\sqrt{\dfrac{2\times 44\,100\times 16}{8}\times\dfrac{8+25}{25}}$

$=482.54$(千克)

最低年成本 $TC^{*}=\sqrt{2APC\dfrac{K}{C+K}}=\sqrt{2\times 44\,100\times 16\times 8\times\dfrac{25}{8+25}}$

$=2\,924.50$(元)

(4) 每日耗用量＝44 100÷360＝122.5(千克)

经济订货批量 $Q^{*}=\sqrt{\dfrac{2AP}{C(1-Y\div X)}}=\sqrt{\dfrac{2\times 44\,100\times 16}{8(1-122.5\div 200)}}=674.70$(千克)

最低年成本 $TC^{*}=\sqrt{2APC\left(1-\dfrac{Y}{X}\right)}=\sqrt{2\times 44\,100\times 16\times 8\times\left(1-\dfrac{122.5}{200}\right)}$

$=2\,091.58$(元)

第七章　长期投资决策

第一部分　内容概要

一、长期投资决策的基础

长期投资是指企业需要投入大量资金，以增加生产经营能力并期望在未来获取收益的经济活动。长期投资决策是指对各种长期投资方案的投资支出和投资收入进行比较、分析、判断和评价后做出的决定和选择，即从若干备选方案中选择最优方案的过程。

（一）货币时间价值

1. 货币时间价值的概念

货币时间价值，是指货币经过一定时间的投资与再投资后所增加的价值。

货币的时间价值从量的规定性上说，就是在没有通货膨胀和风险的条件下的社会平均资本利润率。在日常生活中，由于政府债券的风险很小（接近于零），因此，当通货膨胀率很低时，人们为方便起见，也常常习惯于将政府债券利率视同为货币的时间价值。

2. 货币时间价值的计算

货币时间价值的计量形式主要有：复利终值、复利现值、年金终值、年金现值。

1）复利终值

复利终值指的是某特定资金经过一段时间后，按复利计算的最终价值（本利和）。其计算公式为：

$$FV=PV\cdot(1+i)^n=PV\cdot FVIF_{i,n}$$

2）复利现值

复利现值是指为取得将来某一时点上的本利和，现在所需要的本金是多少，即未来一定时间的特定资金按复利计算的现在价值。

可见，复利现值计算实际上是复利终值计算的逆运算，计算公式为：

$$PV=\frac{FV}{(1+i)^n}=FV\cdot(1+i)^{-n}=FV\cdot PVIF_{i,n}$$

3）名义利率与实际利率

复利的计息期不一定是1年，也可以是季、月或者是日，即在1年内可以复利若干次，此时给出的年利率就叫作名义利率。实际利率则是指复利期为1年时的复利率。

实际利率与名义利率的关系如下：

$$1+i=\left(1+\frac{r}{M}\right)^{M}$$

式中，i 为实际利率；M 为每年复利次数；r 为名义利率。

4）年金

年金指的是等额、定期的系列收入或支出。各类年金终值及现值计算如表 7-1 所示。

表 7-1　　年金类型

类型	定义	终值	现值
普通年金	普通年金是在每期期末收入或支出的年金，所以又叫后付年金	$FVA=A\cdot\sum_{t=0}^{n-1}(1+i)^{t}$ $=A\cdot\frac{(1+i)^{n}-1}{i}$ $=A\cdot FVIFA_{i,n}$	$PVA=A\cdot\sum_{t=1}^{n}\frac{1}{(1+i)^{t}}$ $=A\cdot\frac{1-(1+i)^{-n}}{i}$ $=A\cdot PVIFA_{i,n}$
		年偿债基金 $A=FVA\cdot\frac{i}{(1+i)^{n}-1}$ $=FVA\cdot(A/F,i,n)$	投资回收额 $A=PVA\cdot\frac{i}{1-(1+i)^{-n}}$ $=PVA\cdot(A/P,i,n)$
预付年金	预付年金是指每期期初支付的年金，也叫先付年金	$FVA=A\cdot\sum_{t=1}^{n}(1+i)^{t}$ $=A\cdot FVIFA_{i,n}\cdot(1+i)$ $=A\left[\frac{(1+i)^{n+1}-1}{i}-1\right]$ $=A\cdot(FVIFA_{i,n+1}-1)$	$PVA=A\cdot\sum_{t=0}^{n-1}\frac{1}{(1+i)^{t}}$ $=A\cdot PVIFA_{i,n}\cdot(1+i)$ $=A\left[\frac{1-(1+i)^{-(n-1)}}{i}+1\right]$ $=A\cdot(PVIFA_{i,n-1}+1)$
递延年金	递延年金是指首期支付发生在第 2 期或以后某期的年金	$FVA=A\cdot\sum_{t=0}^{n-1}(1+i)^{t}$ $=A\cdot FVIFA_{i,n}$	$PVA=A\cdot PVIFA_{i,m+n}-A\cdot PVIFA_{i,m}$ $PVA=A\cdot PVIFA_{i,n}\cdot PVIF_{i,m}$ $PVA=A\cdot FVIFA_{i,n}\cdot PVIF_{i,m+n}$
永续年金	永续年金指的是无限期支付的年金	无终值	$PVA=\frac{A}{i}$

（二）现金流量

1. 现金流量的概念

现金流量是指与长期投资决策有关的现金流入和流出的数量。它是评价投资方案是否可行时的基础数据，绝大部分投资决策指标的计算都以投资项目的现金流量为基础。

2. 现金流量的具体内容

根据现金流动的方向，现金流量具体分为现金流入量、现金流出量和现金净流量。

(1) 现金流入量是指由于投资项目实施而引起的现金收入的增加额，简称现金流入，主要包括营业收入、固定资产的残值收入、垫支流动资金回收。

(2) 现金流出量是指由于投资项目实施引起的现金支出的增加额，简称现金流出，主要包括建设投资、垫支的流动资金、付现成本、所得税额。

(3) 现金净流量是指投资项目在整个计算期(包括建设期和经营期)内现金流入量和现金流出量的差额,记为 *NCF*。

现金净流量的计算公式如下:

年现金净流量(*NCF*)=年现金流入量-年现金流出量

3. 现金净流量的计算

由于一个项目从准备投资到项目结束,经历了项目准备及建设期、生产经营期及项目终结期三个阶段,所以需计算初始现金净流量、经营现金净流量和终结现金净流量。

(1) 初始现金净流量。初始现金净流量是指建设期投资时产生的现金净流量,包括投资在固定资产上的资金和投资在流动资产上的资金两部分。

如果是新建项目,所得税对初始现金净流量没有影响。

初始现金净流量=-该年原始投资额

如果是以企业原有的旧设备进行投资的,在计算初始现金净流量时,一般以设备的变现价值作为其现金流出量(但是该设备的变现价值通常并不与其折余价值相等)。另外,还必须注意将这个投资项目作为一个独立的方案进行考虑,即假设企业将该设备出售可能得到的收入(设备的变现价值),以及企业由此而可能将支付或减免的所得税,即

$$\text{初始现金净流量}=-\left[\text{垫支的流动资金}+\text{设备的变现价值}-\left(\text{设备的变现价值}-\text{折余价值}\right)\times\text{所得税税率}\right]$$

(2) 经营现金净流量。经营现金净流量一般以年为单位计算。经营现金流入量是指经营现金收入,经营现金流出量是指经营现金支出(付现成本)和缴纳的税金。其计算公式为:

经营现金净流量=营业收入-付现成本-所得税

或

经营现金净流量=税后净利润+折旧、摊销=(营业收入-总成本)×(1-所得税率)+折旧、摊销
=(营业收入-付现成本)×(1-所得税率)+折旧、摊销×所得税率

(3) 终结现金净流量。终结现金净流量是指投资项目终结时,即经营期最后一年年末所产生的现金净流量。其计算公式为:

终结现金净流量=该年经营现金净流量+固定资产残值收入+垫支的流动资金

(三) 资本成本

资本成本指的是企业筹集和使用资金必须支付的各种费用。资本成本包括用资费用和筹资费用。

(1) 用资费用。用资费用是指企业在使用资金中支付的费用,如股利、利息等,其金额与使用资金的数额多少及时间长短成正比,它是资本成本的主要内容。

(2) 筹资费用。筹资费用是指企业在筹集资金中支付的费用,如借款手续费、证券发行

费等，其金额与资金筹措方式有关而与使用资金的数额多少及时间长短无关。

如果不考虑所得税因素，资本成本应按下列公式计算：

$$资本成本=\frac{每年的用资费用}{筹资金额-筹资费用}=\frac{每年的用资费用}{筹资金额\times(1-筹资费用率)}$$

1. 个别资本成本

个别资本成本是指各种长期资本的使用成本，在数额上等于每种长期资金的年实际占用费与其筹资净额的比值。通用的计算公式如下：

$$K=\frac{D}{P-F}=\frac{D}{P(1-f)}$$

个别资本成本的计算公式如表 7-2 所示。

表 7-2　个别资本成本类型

项目	公式
长期借款	$K_l=\frac{I_l(1-T)}{L-F_l}=\frac{I_l(1-T)}{L(1-f_l)}$ 或 $K_l=i_l(1-T)$
公司债券	$K_b=\frac{I_b(1-T)}{B(1-f_b)}$
普通股	股利折现模型： $P_c=\sum_{t=1}^{\infty}\frac{D_t}{(1+K_c)^t}$ 固定股利政策： $K_c=\frac{D}{P_c}$ 固定增长股利政策： $K_c=\frac{D_0(1+g)}{P_c}+g=\frac{D_1}{P_c}+g$
	资本资产定价模型： $K_c=R_f+\beta_i(R_m-R_f)$
优先股	$K_p=\frac{D_P}{P_P}$
留存收益	留存收益资本成本，表现为股东追加投资要求的报酬率，其计算与普通股资本成本基本相同，不同点在于留存收益资本成本不考虑筹资费用

2. 综合资本成本

综合资本成本是指多元化筹资方式下的平均资本成本，反映了企业资本成本整体水平的高低。其计算公式为：

$$K_w=\sum_{j=1}^{n}K_jW_j$$

二、长期投资决策指标

长期投资决策指标包括非贴现现金流量指标和贴现现金流量指标。非贴现现金流量指标主要有投资回收期、平均报酬率等。贴现现金流量指标主要有净现值、获利指数、内部报酬率等。具体计算方式如表 7-3 所示。

表 7-3　　长期投资决策指标的类型

项目	具体指标	定义	公式
非贴现现金流量指标	投资回收期	投资回收期是指回收初始投资所需要的时间，一般以年为单位，是一种使用很久很广的投资决策指标	① 如果每年的营业现金净流量（NCF）相等，则投资回收期可按下式计算： $投资回收期=\frac{初始投资额}{年营业现金净流量}$ ② 如果每年 NCF 不相等，投资回收期的计算要考虑各年年末的累计现金净流量
	平均报酬率	平均报酬率是投资项目寿命周期内平均的年投资报酬率，也称平均投资报酬率	$平均报酬率=\frac{年平均现金净流量}{初始投资额}\times 100\%$
贴现现金流量指标	净现值	净现值是指在项目计算期内，按行业基准收益率或投资者设定的贴现率计算的各年现金净流量现值的代数和	① 经营期内各年的现金净流量相等时，计算公式为： 净现值＝经营期每年相等的现金净流量×年金现值系数－初始总投资现值 ② 经营期内各年的现金净流量不相等时，计算公式为： $净现值=\sum(经营期各年现金净流量\times 各年复利现值系数)-初始总投资现值$
	获利指数	获利指数又称利润指数，是投资项目未来报酬的总现值与初始投资额的现值之比	$PI=经营期现金净流量的总现值\div 初始投资额的总现值$
	内部报酬率	内部报酬率又称内含报酬率，是使投资项目的净现值等于零的贴现率	① 如果建设期为 0，全部投资均于建设起点一次投入，每年的 NCF 相等，则：第一步，计算年金现值系数。第二步，查年金现值系数表，在相同的期数内，找出与上述年金现值系数相邻的较大和较小的两个贴现率。第三步，根据上述两个相邻的贴现率和已求得的年金现值系数，采用插值法计算出该投资方案的内部报酬率 ② 如果建设期不为 0，初始投资分次投入或经营期每年的 NCF 不相等，则需要采用逐次测算法，并结合插值法计算

三、长期投资决策的应用

以固定资产修理或更新的决策、固定资产购买或租赁的决策为例，说明长期投资决策分析方法的具体应用。

（一）固定资产修理或更新的决策

固定资产修理或更新的决策是在假定维持现有生产能力不变的情况下，决定是继续使用旧设备还是购买新设备。

(二) 固定资产购买或租赁的决策

固定资产购买或租赁的决策是在假定满足生产能力要求的情况下,决定是购买设备还是租赁设备。

四、敏感性分析在长期投资决策中的应用

一般用敏感系数作为反映敏感程度的指标。敏感系数是目标值的变动百分比与变量值的变动百分比的比值。其计算公式为:

$$敏感系数=\frac{目标值的变动百分比}{变量值的变动百分比}$$

敏感系数大,表明该变量对目标值的影响程度大;反之,敏感系数小,表明该变量对目标值的影响程度小。

(一) 以净现值为基础的敏感性分析

以净现值为基础的敏感性分析就是现金净流量或固定资产使用年限的变动对净现值的敏感性分析。

净现值大于零,说明项目的投资报酬率大于预定的折现率,项目可行。但如果项目的年现金净流量或使用年限发生了变化,项目的可行性就将随之发生变化,敏感性分析就是用来解决项目的年现金净流量或使用年限可以在多大范围内变化,而该项目的投资报酬率仍然大于预定的折现率 10%的问题。

(二) 以内部报酬率为基础的敏感性分析

通过计算敏感系数来分析年现金净流量或固定资产使用年限对内部报酬率影响程度的大小。

第二部分　练　习　题

一、名词解释

1. 复利终值
2. 复利现值
3. 普通年金
4. 预付年金
5. 递延年金
6. 永续年金
7. 现金流量
8. 现金流入量
9. 现金流出量
10. 资本成本

11. 投资回收期
12. 平均报酬率
13. 净现值
14. 内部报酬率
15. 获利指数

二、单项选择题

1. 一定时期内每期期末等额收付的系列款项是(　　)。

A. 预付年金　　B. 永续年金　　C. 递延年金　　D. 普通年金

2. 与投资回收额互为倒数的是(　　)。

A. 普通年金现值系数　　B. 普通年金终值系数

C. 预付年金现值系数　　D. 预付年金终值系数

3. 下列评价指标中,属于贴现评价指标的是(　　)。

A. 获利指数　　B. 平均报酬率

C. 投资回收期　　D. 现金净流量

4. 投资项目的建设起点与终结点之间的时间间隔称为(　　)。

A. 建设期　　B. 试产期

C. 经营期　　D. 项目计算期

5. 某完整工业投资项目的固定资产投资为 200 000 元,无形资产投资为 40 000 元,生产准备费投资为 20 000 元,开办费投资为 10 000 元,流动资金投资为 30 000 元。则建设投资为(　　)元。

A. 20 000　　B. 30 000　　C. 270 000　　D. 300 000

6. 某完整工业投资项目的固定资产投资为 200 000 元,无形资产投资为 40 000 元,生产准备费投资为 20 000 元,开办费投资为 10 000 元,流动资金投资为 30 000 元。则原始投资为(　　)元。

A. 20 000　　B. 30 000　　C. 270 000　　D. 300 000

7. 某公司将 10 000 元存入银行,银行年利率为 8%,每年复利一次,该公司 5 年后可取出(　　)元。

A. 14 693　　B. 14 775　　C. 15 866　　D. 17 833

8. 某公司准备在 5 年后用 10 000 元购买一台设备,银行年利率为 8%,每年复利一次,该公司现在需要一次存入银行(　　)元。

A. 6 806　　B. 9 897.5　　C. 7 693　　D. 6 904

9. 某投资项目在经营期年营业收入为 100 万元,付现成本为 60 万元,其中折旧费用 10 万元,所得税税率为 25%,则年营业现金净流量为(　　)万元。

A. 32.5　　B. 12.5　　C. 40　　D. 50

10. 某投资项目在经营期年营业收入为 100 万元,年总成本为 60 万元,其中折旧费用

10 万元，所得税税率为 25%，则年营业现金净流量为(　　)万元。

A. 32.5　　B. 37.5　　C. 40　　D. 26

11. 下列各项中，属于长期投资决策静态评价指标的是(　　)。

A. 获利指数　　B. 平均报酬率

C. 净现值　　D. 内部报酬率

12. 下列各项中，既属于静态指标，又属于反指标的是(　　)。

A. 平均报酬率　　B. 原始投资回收率

C. 内部报酬率　　D. 静态投资回收期

13. 已知某投资项目的原始投资为 100 万元，建设期为 2 年，投产后每年 NCF 为 25 万元，则该项目包括建设期的静态投资回收期为(　　)年。

A. 4　　B. 5　　C. 6　　D. 7

14. 使投资方案净现值等于零的折现率为(　　)。

A. 获利指数　　B. 平均报酬率

C. 净现值　　D. 内部报酬率

15. 在只有一个投资项目可供选择的条件下，如果该项目不具有财务可行性，则必然会存在的一种情况是(　　)。

A. 净现值 $NPV>0$　　B. 获利指数 $PI>1$

C. 净现值率 $NPVR<0$　　D. 内部报酬率 $IRR>\mathrm{ic}$

16. 下列各项中，属于递延年金的特点的是(　　)。

A. 没有终值　　B. 没有第一期的支付额

C. 没有现值　　D. 上述说法都对

17. 获利指数(　　)就表明该项目具有正的净现值，对企业有利。

A. 大于 0　　B. 小于 0　　C. 大于 1　　D. 小于 1

18. 计算一个项目的投资回收期，应考虑的因素是(　　)。

A. 贴现率　　B. 使用寿命　　C. 年现金流量　　D. 资本成本

19. 下列关于净现值的说法中，错误的是(　　)。

A. 某一投资方案的净现值大于零，说明它是可行的

B. 当两个原始投资额相同的方案进行比较时，净现值大的方案较优

C. 当两个原始投资额相同的方案进行比较时，净现值小的方案较优

D. 计算净现值需要有关现金流量和折现率的数据信息

20. 下列关于长期投资决策特点的叙述中，错误的是(　　)。

A. 投资额大　　B. 资金占用时间长

C. 一次投资，分次收回　　D. 风险较小

三、多项选择题

1. 下列关于投资回收期法的说法中，正确的有(　　)。

A. 计算简便、容易理解
B. 不能说明某项投资能获得多大经济效益
C. 通常与其他方法结合使用
D. 不利于评价投资项目风险
2. 下列关于货币时间价值的说法中，正确的有（　　）。
A. 按放弃使用货币时间长短来计算的
B. 放弃使用货币的机会而换取的报酬
C. 资金使用者支付给资金所有者形成资本成本的一部分资金增值额
D. 资金的增值
3. 下列各项中，属于投资项目的现金流出的有（　　）。
A. 建设投资　　B. 付现成本
C. 垫支的流动资金　　D. 残值
4. 下列各项中，属于永续年金的特点的有（　　）。
A. 没有现值　　B. 没有终值
C. 每期等额支付　　D. 每期支付额不定
5. 长期投资决策分析使用的动态投资指标主要有（　　）。
A. 投资回收期　　B. 内部报酬率
C. 获利指数　　D. 净现值
6. 个别资本成本受（　　）影响。
A. 资金实际年用资费用　　B. 资金的筹资总额
C. 同期银行利率　　D. 资金筹集费用
7. 影响投资项目每年经营现金净流量大小的因素有（　　）。
A. 每年的收入　　B. 每年收入的增加额
C. 折旧　　D. 付现成本
8. 下列各项中，属于建设投资范畴的有（　　）。
A. 固定资产投资　　B. 无形资产投资
C. 开办费投资　　D. 生产准备费投资
9. 在单一的独立投资项目中，当一项投资方案的净现值小于 0 时，表明该方案（　　）。
A. 获利指数小于 1　　B. 不具备财务可行性
C. 净现值率小于 0　　D. 内部报酬率小于行业基准收益率
10. 下列项目中，属于年金的有（　　）。
A. 按直线法计提的折旧　　B. 按产量法计提的折旧
C. 定期支付的租金　　D. 定期上交的保险费

四、判断题

1. 当建设期等于零时，单纯固定资产投资项目的投资只能采取一次投入方式。（　　）

2. 如果固定资产投资是分次投入的，则意味着该项目的建设期一定大于或等于一年。 （ ）

3. 当回收额不等于0时，终结点的现金净流量一定大于该年的营运现金净流量。 （ ）

4. 在终结点回收的流动资金应当在数额上等于流动资金投资合计。 （ ）

5. 建设投资在经营期有关年度的年初发生。 （ ）

6. 敏感系数是变量值的变动百分比与目标值的变动百分比的比值。 （ ）

7. 敏感系数大，表明该变量对目标值的影响程度大；反之，敏感系数小，表明该变量对目标值的影响程度小。 （ ）

8. 年现金净流量和使用年限都会影响投资项目的净现值，从而影响投资决策。 （ ）

9. 某变量在较大幅度内发生变动会影响决策结果，表明该变量的敏感性强。 （ ）

10. 当通货膨胀率很低时，人们常常习惯于将银行利率视为货币的时间价值。 （ ）

11. 货币时间价值的计算方法与银行复利的计算方法一致。 （ ）

12. 在计算债券的资本成本时，应重点考虑用资费用，筹资费用一般可忽略。 （ ）

13. 递延年金最后一期没有收支额。 （ ）

14. 实际利率是指复利期为1年时的复利率。 （ ）

15. 预付年金与普通年金的区别在于其支付期比普通年金延后了一期。 （ ）

16. 永续年金没有终止支付的时间，没有终值。 （ ）

17. 用净现值、获利指数、内部报酬率指标对同一个独立项目进行评价，会得到完全相同的结论。 （ ）

18. 在长期投资决策中，只要投资项目的投资利润大于零，该方案就可行。 （ ）

19. 经营现金流入量是指经营现金收入，经营现金流出量是指经营现金支出（付现成本）和缴纳的税金。 （ ）

20. 将国家作为投资主体时，企业所得税也应列入现金流出量项目。 （ ）

五、计算分析题

1. 某投资项目在未来8年内每年年末可取得10 000元的收益，假设投资报酬率为8%。

要求：计算该项目的现值。

2. 某建设项目的净现金流量如下：$NCF_0=-100$（万元），$NCF_{1-10}=25$（万元），行业基准贴现率为10%，基准回收期为5年。

要求：

（1）计算该项目的静态投资回收期。

（2）计算该项目的净现值。

（3）评价该项目的财务可行性。

3. 公司准备购入一台设备以扩充生产能力。现有甲、乙两个方案可供选择。甲方案需要投资10 000元，使用寿命为5年，采用直线法计提折旧，5年后设备无残值，5年中每年销售收入为6 000元，每年的付现成本为2 000元。乙方案需投资12 000元，采用直线法计提折旧，使用寿命也为5年，5年后有残值收入2 000元。5年中每年的销售收入为8 000元，付现成本第1年为3 000元，以后随着设备陈旧，逐年将增加修理费400元，另需垫付营运资金3 000元，假设所得税税率为25%。

要求：

（1）计算两个方案各年的营业现金净流量。

（2）假定要求的报酬率为10%，计算净现值、获利指数和内部报酬率。

4. 设某企业有一台旧设备，重置成本为12 000元，年运行成本为8 000元，6年后报废无残值。如果用40 000元购买一台新设备，年运行成本为6 000元，使用寿命为8年，8年后残值为2 000元。新旧设备的产量及产品销售价格相同。企业计提折旧的方法为直线法，资本成本率为10%，所得税税率为25%。

要求：通过计算，对企业是继续使用旧设备，还是将其更新为新设备进行决策。

5. 假设某企业在生产中需要一种设备，若企业自己购买，需支付设备买入价120 000元，该设备使用寿命10年，预计残值率为5%；企业若采用租赁的方式进行生产，每年将支付20 000元的租赁费用，租赁期为10年。假设贴现率为10%，所得税税率25%。

要求：做出应购买还是租赁该设备的决策。

第三部分　参考答案

一、名词解释

1. 复利终值

复利终值指的是某特定资金经过一段时间后，按复利计算的最终价值(本利和)。

2. 复利现值

复利现值是指为取得将来某一时点上的本利和，现在所需要的本金是多少，即未来一定时间的特定资金按复利计算的现在价值。

3. 普通年金

普通年金是在每期期末收入或支出的年金，所以又称后付年金。

4. 预付年金

预付年金是指每期期初支付的年金，也叫先付年金。它与普通年金的区别在于其支付期比普通年金提前了一期。

5. 递延年金

递延年金是指首期支付发生在第2期或以后某期的年金。

6. 永续年金

永续年金指的是无限期支付的年金。

7. 现金流量

现金流量是指与长期投资决策有关的现金流入和流出的数量。

8. 现金流入量

现金流入量是指由于投资项目实施而引起的现金收入的增加额，简称现金流入。

9. 现金流出量

现金流出量是指由于投资项目实施引起的现金支出的增加额，简称现金流出。

10. 资本成本

资本成本指的是企业筹集和使用资金必须支付的各种费用。资本成本包括用资费用和筹资费用。

11. 投资回收期

投资回收期是指回收初始投资所需要的时间，一般以年为单位，是一种使用很久很广的投资决策指标。

12. 平均报酬率

平均报酬率是投资项目寿命周期内平均的年投资报酬率，也称平均投资报酬率。

13. 净现值

净现值是指在项目计算期内，按行业基准收益率或投资者设定的贴现率计算的各年现金净流量现值的代数和。

14. 内部报酬率

内部报酬率又称内含报酬率，是使投资项目的净现值等于零的贴现率。

15. 获利指数

获利指数又称利润指数，是投资项目未来报酬的总现值与初始投资额的现值之比。

二、单项选择题

1. D	2. A	3. A	4. D	5. C	6. D	7. A	8. A	9. A	10. C
11. B	12. D	13. C	14. D	15. C	16. B	17. C	18. C	19. C	20. D

重难点解析：

1. 在每期期末收入或支出的年金称为普通年金，也可称为后付年金。

3. 非贴现现金流量指标主要有投资回收期、平均报酬率等。贴现现金流量指标主要有净现值、获利指数、内部报酬率等。选项B和C都属于非贴现现金流量指标；选项D不属于长期投资的评价指标。

4. 项目计算期是指投资项目从投资建设开始到最终清理结束整个过程的全部时间，包括建设期和经营期。

5. 建设投资包括固定资产投资、无形资产投资、开办费投资等，因此建设投资＝200 000＋40 000＋20 000＋10 000＝270 000(元)。

6. 原始投资包括建设投资和垫付的流动资金，因此原始投资＝270 000＋30 000＝300 000(元)。

7. $FV=10\,000\times(F/P,\ 8\%,\ 5)=10\,000\times1.4\,693=14\,693$(元)

8. $PV=10\,000\times(P/F, 8\%, 5)=10\,000\times0.6\,806=6\,806$(元)

9. 每年的营业现金净流量=(100−60)×(1−25%)+10×25%=32.5(万元)

10. 每年的营业现金净流量=(100−60)×(1−25%)+10=40(万元)

11. 获利指数、净现值、内部报酬率都属于动态指标。

12. 平均报酬率虽然属于静态指标,但是为正指标。

13. 投资回收期=100÷25+2=6(年)。

14. 内部报酬率又称内含报酬率,是使投资项目的净现值等于零的贴现率。

15. 净现值率>0,项目才具有财务可行性。

16. 递延年金是指首期支付发生在第2期或以后某期的年金。

17. 净现值大于0时,获利指数大于1,这时方案才具有可行性。

18. 投资回收期=初始投资额÷年营业现金净流量,因此选项C正确。

19. 净现值是一个正指标,在有多个备选方案的互斥选择决策中,应选用净现值是正值中的最大者。

20. 长期投资项目的使用期长,面临的不确定因素较多,因此面临的风险较高。

三、多项选择题

1. ABCD	2. ABCD	3. ABC	4. BC	5. BCD
6. ABD	7. ACD	8. ABCD	9. ABCD	10. ACD

重难点解析:

3. 固定资产的残值属于现金流入量。

4. 年金指的是等额、定期的系列收入或支出,而永续年金指的是无限期支付的年金,由于它没有终止支付的时间,因此也就没有终值。因此选项BC正确。

5. 投资回收期属于静态指标。

6. 资本成本=用资费用额÷(筹资总额−筹资费用)

7. 经营现金净流量的公式可表示为:经营现金净流量=税后净利润+折旧、摊销=(营业收入−总成本)×(1−所得税率)+折旧、摊销

10. 年金指的是等额、定期的系列收入或支出,而按产量法计提的折旧大小与产量有关,是在变化的,并不是等额的。

四、判断题

1. √	2. √	3. √	4. √	5. ×	6. ×	7. √	8. √	9. ×	10. ×
11. √	12. ×	13. ×	14. √	15. ×	16. √	17. √	18. ×	19. √	20. ×

重难点解析：

5. 建设投资一般在建设期内有关年度的年初发生。

6. 敏感系数是目标值的变动百分比与变量值的变动百分比的比值。

9. 变量在很小幅度内发生变动就会影响决策结果，表明该变量的敏感性强；反之，若变量在较大幅度内发生变动才会影响决策结果，则表明该变量的敏感性弱。

10. 由于政府债券的风险很小（接近于零），因此，当通货膨胀率很低时，人们为方便起见，也常常习惯于将政府债券利率视同为货币的时间价值。

12. 筹资费用也是影响债券资本成本的因素之一。

13. 递延年金是指首期支付发生在第2期或以后某期的年金，所以最后一期有收支额，但第一期没有支付额。

15. 预付年金是指每期期初支付的年金，它与普通年金的区别在于其支付期比普通年金提前了一期。

18. 采用平均报酬率这一指标时，应事先确定一个企业要求达到的平均报酬率，或称必要平均报酬率。在进行决策时，只有高于必要平均报酬率的方案才能入选。

20. 只有将企业作为投资主体时才应把所得税列入现金流出量项目，如果将国家作为投资主体就不应把企业所得税列入现金流出量项目。

五、计算分析题

1. 解：

$PV = A \times (P/A, i, n) = 10\,000 \times (P/A, 8\%, 8) = 10\,000 \times 5.746\,6 = 57\,466$(元)

2. 解：

(1) 该项目的投资回收期 $= 100 \div 25 = 4$(年)

(2) 该项目的净现值 $= -100 + 25 \times (P/A, 10\%, 10) = -100 + 25 \times 6.144\,6 \approx 53.62$(万元)

(3) 因为该项目的净现值为53.62万元，大于零，静态投资回收期为4年，小于基准回收期5年，所以该项目完全具备财务可行性。

3. 解：

(1) 甲方案折旧 $= 10\,000 \div 5 = 2\,000$(元)

$NCF_0 = -10\,000$(元)

$NCF_{1-5} = (6\,000 - 2\,000) \times (1 - 25\%) + 2\,000 \times 25\% = 3\,500$(元)

乙方案折旧 $= (12\,000 - 2\,000) \div 5 = 2\,000$(元)

$NCF_0 = -12\,000 - 3\,000 = -15\,000$(元)

$NCF_1 = (8\,000 - 3\,000) \times (1 - 25\%) + 2\,000 \times 25\% = 4\,250$(元)

$NCF_2 = (8\,000 - 3\,000 - 400) \times (1 - 25\%) + 2\,000 \times 25\% = 3\,950$(元)

$NCF_3 = (8\,000 - 3\,000 - 800) \times (1 - 25\%) + 2\,000 \times 25\% = 3\,650$(元)

$NCF_4 = (8\,000 - 3\,000 - 1\,200) \times (1 - 25\%) + 2\,000 \times 25\% = 3\,350$(元)

$NCF_5 = (8\,000 - 3\,000 - 1\,600) \times (1 - 25\%) + 2\,000 \times 25\% + 2\,000 + 3\,000$
$= 8\,050$(元)

(2) 净现值：

$NPV_{甲} = 3\,500 \times (P/A, 10\%, 5) - 10\,000 = 3\,267.8$(元)

$NPV_{乙} = 4\,250 \times (P/F, 10\%, 1) + 3\,950 \times (P/F, 10\%, 2)$
$+ 3\,650 \times (P/F, 10\%, 3) + 3\,350 \times (P/F, 10\%, 4)$
$+ 8\,050 \times (P/F, 10\%, 5) - 15\,000 = 2\,156.5$(元)

获利指数：

$PI_{甲} = 13\,267.7 \div 10\,000 = 1.33$

$PI_{乙} = 17\,156.5 \div 15\,000 = 1.14$

内部报酬率：

甲：年金现值系数 $= 10\,000 \div 3\,500 = 2.857\,1$

内部报酬率 $= 24\% - (2.745\,38 - 2.857\,1) \times \dfrac{24\% - 22\%}{2.745\,38 - 2.836\,64} = 22.11\%$

乙：当折现率 $= 15\%$ 时，

$NPV = 3\,695.652 + 2\,986.767 + 2\,399.934 + 1\,915.373 + 4\,002.273 - 15\,000$
$= 0$(元)

所以内部报酬率 $= 15\%$

4. 解：(1) 继续使用设备：

设备重置成本 $= 12\,000$(元)

折旧抵税 $= 12\,000 \div 6 \times 25\% = 500$(元)

折旧抵税现值 $= 500 \times (P/A, 10\%, 6) = 500 \times 4.355\,3 = 2\,177.65$(元)

总运行成本现值 $= [8\,000 \times (1 - 25\%)] \times (P/A, 10\%, 6) = 6\,000 \times 4.355\,3$
$= 26\,131.8$(元)

年平均成本 $= (12\,000 - 2\,177.65 + 26\,131.8) \div (P/A, 10\%, 6) = 35\,954.15 \div 4.355\,3$
$= 8\,255.26$(元)

(2) 改用新设备：

新设备采购成本 $= 40\,000$(元)

残值回收现值 $= 2\,000 \times (P/F, 10\%, 8) = 2\,000 \times 0.466\,5 = 933$(元)

折旧抵税 $= (40\,000 - 2\,000) \div 8 \times 25\% = 1\,187.5$(元)

折旧抵税现值 $= 1\,187.5 \times (P/A, 10\%, 8) = 1\,187.5 \times 5.334\,9 = 6\,335.19$(元)

总运行成本现值 $= 6\,000 \times (1 - 25\%) \times (P/A, 10\%, 8)$
$= 6\,000 \times (1 - 25\%) \times 5.334\,9 = 24\,007.05$(元)

年平均成本 $= (40\,000 - 933 - 6\,335.19 + 24\,007.05) \div (P/A, 10\%, 8)$
$= 56\,738.86 \div 5.334\,9 = 10\,635.41$(元)

由上述结果可知，更新设备的年平均成本高于继续使用旧设备，因此不应当更新。

5. 解：

(1) 购买设备：

设备折余价值＝120 000×5％＝6 000(元)

年折旧额＝(120 000－6 000)÷10＝11 400(元)

购买设备支出＝120 000(元)

因计提折旧节税现值＝11 400×25％×(P/A，10％，10)＝11 400×25％×6.144 6
＝17 512.11(元)

设备折余价值变现现值＝6 000×(P/F，10％，10)＝6 000×0.385 5＝2 313(元)

购买设备现金流出总现值＝120 000－17 512.11－2 313＝100 174.89(元)

(2) 租赁设备：

租赁费支出＝20 000×(P/A，10％，10)＝20 000×6.144 6＝122 892(元)

因支付租赁费节税现值＝20 000×25％×(P/A，10％，10)＝20 000×25％×6.144 6
＝30 723(元)

租赁设备现金流出总现值＝122 892－30 723＝92 169(元)

上述结果表明，租赁设备的现金流出总现值小于购买设备的现金流出总现值，因此企业应采取租赁的方式。

第八章　标准成本法

第一部分　内容概要

一、标准成本法概述

（一）标准成本

1. 标准成本的概念

标准成本是指在正常和高效率的运转情况下制造产品的成本，而不是指实际发生的成本，是有效经营条件下发生的一种目标成本，它是根据企业目前的生产技术水平，在有效的经营条件下可能达到的成本。

2. 标准成本的特点

标准成本是一种预先制定的成本目标。制定后一般不做调整和改变，实际生产费用与标准成本的偏差，通过成本差异来反映，具有科学性和客观性、正常性、稳定性、尺度性和目标性的特点。

3. 标准成本的作用

建立和运用标准成本具有以下作用：①有利于预算的编制和执行。②可以为企业的例外管理提供数据。③有利于成本控制、正确评价业绩。④有利于进行决策。⑤可以简化存货的计价以及成本核算工作。

4. 标准成本的分类

按照制定标准成本所依据的生产技术和经营水平分类，分为理想标准成本、正常标准成本和现实标准成本，具体如表 8-1 所示。

表 8-1　　标准成本的分类

标准成本的分类	含义
理想标准成本	在最优条件下，利用现有的规模和设备能够达到的最低成本
正常标准成本	根据正常的工作效率，正常的生产能力利用程度和正常价格等条件制定的标准成本，它一般只用来估计未来的成本变动趋势
现实标准成本	在现有生产技术条件下进行有效经营的基础上，根据下一期最可能发生的各种生产要素的耗用量、预计价格和预计的生产经营能力利用程度而制定的标准成本

【特别提示】 理想标准成本因要求太高，不能作为考核的依据；正常标准成本考虑了难以避免的损耗和低效率，是可能达到的；现实标准成本最切实可行，是标准成本法一般采用的标准成本。

（二）标准成本法的制定

1. 标准成本法的概念

标准成本法是指以预先制定的标准成本为基础，用标准成本与实际成本进行比较，核算和分析成本差异的一种产品成本计算方法，也是加强成本控制、评价经济业绩的一种成本控制制度。标准成本法主要包括标准成本的制定、成本差异的计算和分析、成本差异的账务处理三部分。

2. 标准成本法的特点

（1）根据企业的生产技术、经营管理和人员素质条件为每一个成本项目制定标准成本。

（2）在标准成本加上成本差异构成产品的实际生产成本。

（3）与成本核算有关的材料、生产成本、产成品和销售成本账户可按标准成本直接入账，简化了账务处理工作。

（4）标准成本的制定和分析过程也是企业内部各部门管理水平的检查过程、员工积极性的激励过程和企业业绩的评价过程。成本计算、成本管理和成本控制实现了有机结合。

（5）标准成本法也要根据生产特点和管理要求来处理各生产流程的成本累积过程，所以也要结合使用几种主要的成本核算方法。因此，标准成本法下的成本计算对象，成本计算期和是否计算半成品成本也根据所采用的这些方法而决定。

二、标准成本的制定

（一）标准成本的构成

标准成本的成本项目与会计日常核算所使用的成本项目应当一致，由于产品成本是由直接材料、直接人工和制造费用三个成本项目构成的，因而也应根据这些项目的特点分别制定其标准成本。

（二）标准成本的制定方法

制定成本标准，主要包括两个方面的内容：一是数量标准，如原材料、工时的消耗量标准；二是价格标准，如原材料的标准价格、人工标准工资率等。标准成本构成如表 8-2 所示。

表 8-2　标准成本的构成

成本项目	数量标准	价格标准
直接材料	材料的消耗量	材料的价格
直接人工	直接人工工时	工资率
制造费用	直接人工工时或机器小时	制造费用分配率

1. 直接材料标准成本的制定

直接材料的标准成本是由材料的价格标准和数量标准来确定的。其计算公式为：

$$直接材料标准成本=直接材料价格标准\times直接材料标准消耗量$$

直接材料的价格标准通常采用企业编制的计划价格；直接材料的数量标准，是指单位产品耗用原料及主要材料的数量，通常也称为材料消耗定额。

2. 直接人工标准成本的制定

直接人工标准成本是由直接人工的价格和直接人工数量两项标准决定的，也就是指直接人工的工资率标准和工时用量标准。其计算公式如下：

$$直接人工标准成本=标准工时\times标准工资率$$

直接人工的数量标准即工时用量标准，是指在现有的生产技术条件、工艺方法和技术水平的基础上，生产单位产品所耗用的必要的工作时间；直接人工的价格标准就是标准工资率，它通常由劳动工资部门根据用工情况制定。标准工资率计算公式如下：

$$标准工资率=\frac{标准工资总额}{标准总工时}$$

3. 制造费用标准成本的制定

制造费用标准成本是在企业正常生产经营条件下，生产单位产品所发生的制造费用成本。制造费用的标准成本包括制造费用价格标准和制造费用数量标准两方面，其计算公式为：

$$制造费用标准成本=制造费用分配率\times标准工时$$

制造费用的数量标准，即工时用量标准，其含义与直接人工用量标准相同。

制造费用价格标准，即制造费用的分配率标准，其计算公式为：

$$制造费用标准分配率=\frac{制造费用预算总额}{标准总工时}$$

制造费用的标准成本通常分为变动制造费用标准成本和固定制造费用标准成本两部分。

1）变动制造费用标准成本的制定

变动制造费用标准成本是由工时标准和变动制造费用标准分配率两个因素决定的。其计算公式为：

$$变动制造费用标准成本=标准工时\times变动制造费用分配率$$

其中，工时标准的含义与直接人工工时标准相同；变动制造费用标准分配率计算公式如下：

$$变动制造费用标准分配率=\frac{变动制造费用预算总额}{标准总工时}$$

2）固定制造费用标准成本的制定

固定制造费用标准成本的制定，包括工时标准的制定和固定制造费用标准分配率的制定两个方面。其计算公式为：

$$固定制造费用标准成本=标准工时\times固定制造费用标准分配率$$

其中，标准工时的含义与直接人工标准工时相同；固定制造费用标准分配率计算公式如下：

$$固定制造费用标准分配率=\frac{固定制造费用预算总额}{标准总工时}$$

(三) 标准成本卡

标准成本一经确定就应编制标准成本卡,标准成本卡的内容与核算方法有关。在变动成本法下,标准成本卡只包括直接材料、直接人工和变动制造费用三项内容。在完全成本法下,标准成本卡还要包括固定制造费用。企业通常需要为每一产品设置一张标准成本卡,并在该卡中分别列明各项成本的价格标准和数量标准。

三、成本差异计算与分析

成本差异是在标准成本控制系统中,实际成本与标准成本之间的差额。实际成本高于标准成本而形成的超支差异称为不利差异;实际成本低于标准成本而形成的节约差异称为有利差异。成本差异包括直接材料成本差异、直接人工成本差异和制造费用差异三个部分。制造费用差异又可分为变动制造费用差异和固定制造费用差异两部分。

1. 直接材料的差异计算与分析

直接材料成本差异是指为完成实际产量所消耗的直接材料按实际成本计算与按标准成本计算之间的差额。直接材料成本差异按其形成原因可分为价格差异和数量差异两种。

直接材料成本差异的计算公式如下:

直接材料成本差异=直接材料实际成本-直接材料标准成本

直接材料成本差异计算与分析如表 8-3 所示。

表 8-3　　直接材料成本差异计算与分析

直接材料成本差异	计算公式	负责部门
数量差异	数量差异=(实际用量-标准用量)×标准价格	生产部门
价格差异	价格差异=(实际价格-标准价格)×实际用量	采购部门

2. 直接人工的差异计算与分析

直接人工成本差异是指在实际产量下直接人工实际成本与实际产量下标准成本之间的差异。可分解为直接人工工资率差异和效率差异。

直接人工的成本差异公式如下:

直接人工成本差异=直接人工实际成本-直接人工标准成本

直接人工成本差异计算与分析如表 8-4 所示。

表 8-4　　直接人工成本差异计算与分析

直接人工成本差异	计算公式	负责部门
效率差异(量差)	效率差异=(实际工时-标准工时)×标准工资率	生产部门
工资率差异(价差)	工资率差异=(实际工资率-标准工资率)×实际工时	人事劳动部门

3. 变动制造费用差异的计算与分析

变动制造费用的差异是指实际产量下实际发生的变动制造费用与标准变动制造费用的差异。可以分解为耗费差异和效率差异两部分。

变动制造费用差异的公式如下：

变动制造费用差异＝实际变动制造费用－标准变动制造费用

变动制造费用差异计算与分析如表 8-5 所示。

表 8-5　　变动制造费用差异计算与分析

变动制造费用差异	计算公式	负责部门
效率差异(量差)	效率差异＝(实际工时－标准工时)×标准分配率	生产部门
耗费差异(价差)	耗费差异＝(实际分配率－标准分配率)×实际工时	各部门主管

4. 固定制造费用差异的计算与分析

固定制造费用差异是指实际固定制造费用与实际产量下的标准固定制造费用之间的差额。其计算公式为：

固定制造费用差异＝实际固定制造费用－标准固定制造费用

固定制造费用差异计算与分析如表 8-6 所示。

表 8-6　　固定制造费用差异计算与分析

<table>
<tr><th colspan="2">两因素差异分析法</th><th colspan="2">三因素差异分析法</th></tr>
<tr><td>耗费差异</td><td>耗费差异＝实际固定制造费用－预算产量下标准固定制造费用</td><td>耗费差异</td><td>耗费差异＝实际固定制造费用－预算产量下标准固定制造费用</td></tr>
<tr><td rowspan="2">能量差异</td><td rowspan="2">能量差异＝(预算产量下标准工时－实际产量下标准工时)×标准分配率</td><td>产量差异</td><td>产量差异＝(预算产量下标准工时－实际产量下实际工时)×标准分配率</td></tr>
<tr><td>效率差异</td><td>效率差异＝(实际产量下实际工时－实际产量下标准工时)×标准分配率</td></tr>
</table>

第二部分　练　习　题

一、名词解释

1. 标准成本
2. 理想标准成本
3. 正常标准成本
4. 现实标准成本
5. 标准成本法
6. 成本差异
7. 两因素差异分析法

8. 三因素差异分析法

9. 变动制造费用耗费差异

10. 变动制造费用效率差异

二、单项选择题

1. 根据现有的生产技术条件和经营管理所能达到的最优情况来制定的标准成本是(　　)。

A. 平均标准成本　　B. 理想标准成本

C. 正常标准成本　　D. 现实标准成本

2. 计算直接材料价格差异要以(　　)为基础。

A. 标准价格　　B. 实际价格　　C. 实际用量　　D. 标准用量

3. 直接材料价格差异一般主要应由(　　)负责。

A. 采购部门　　B. 生产部门

C. 人事部门　　D. 质量控制部门

4. 固定制造费用预算与固定制造费用标准成本之间的差额称为(　　)。

A. 耗费差异　　B. 能量差异　　C. 效率差异　　D. 产量差异

5. 下列各项中，属于标准成本控制系统前提和关键的是(　　)。

A. 标准成本的制定　　B. 成本差异的分析

C. 成本差异的计算　　D. 成本差异账务处理

6. 以现有生产经营条件下应该达到的成本水平，称为(　　)。

A. 理想标准成本　　B. 正常标准成本

C. 现实标准成本　　D. 可达到标准成本

7. 在标准成本控制系统中，成本差异是指(　　)。

A. 预算成本与标准成本的差异　　B. 实际成本与计划成本的差异

C. 实际成本与标准成本的差异　　D. 实际成本与预算成本的差异

8. 在成本差异分析中，变动制造费用耗费差异类似于(　　)。

A. 直接材料价格差异　　B. 直接材料用量差异

C. 直接人工效率差异　　D. 直接人工成本差异

9. 下列各项中，属于用量标准的是(　　)。

A. 材料消耗量　　B. 小时工资率

C. 原材料价格　　D. 小时制造费用

10. 使用三因素分析法分析固定资产差异时，固定制造费用效率差异反映(　　)。

A. 实际耗费与预算金额的差异

B. 实际工时脱离生产能量形成的差异

C. 实际工时脱离实际产量标准工时形成的差异

D. 实际产量标准工时脱离生产能量形成的差异

11. 变动制造费用的价格差异即(　　)。

A. 效率差异　　B. 开支差异

C. 耗费差异　　D. 能量差异

12. 不可以套用“用量差异”和“价格差异”模式的成本项目是(　　)。

A. 直接材料　　B. 直接人工

C. 固定制造费用　　D. 变动制造费用

13. 若企业的生产部门、采购部门都是成本中心,由于材料质量不合格造成的生产车间超过消耗标准成本差异部分应由(　　)负担。

A. 生产车间　　B. 采购部门

C. 生产车间与采购部门共同承担　　D. 企业总部

14. 直接人工工时耗用量差异是指单位(　　)耗用量脱离单位标准人工工时耗用量所产生的差异。

A. 实际人工工时　　B. 定额人工工时

C. 正常人工工时　　D. 预算人工工时

15. 直接人工的小时工资率标准,在采用计时工资制下就是(　　)。

A. 实际工资率　　B. 标准工资率

C. 定额工资率　　D. 正常的工资率

16. 下列变动成本差异中,无法从生产过程分析中找出产生原因的是(　　)。

A. 变动制造费用效率差异　　B. 变动制造费用预算差异

C. 材料价格差异　　D. 直接人工效率差异

17. 某企业 4 月份发生的预算差异为 700 元(不利差异),能量差异为 500 元(有利差异),实际发生的固定制造费用为 18 000 元,则实际产量的标准固定制造费用为(　　)元。

A. 18 700　　B. 17 800　　C. 17 300　　D. 17 500

18. 某公司采用标准成本法进行成本控制。某种产品的变动制造费用标准分配率为 3 元/小时,每件产品的标准工时为 2 小时。2021 年 5 月,该产品的实际产量是 100 件,实际工时为 250 小时,实际发生变动制造费用 1 000 元,变动制造费用耗费差异为(　　)元。

A. 150　　B. 200　　C. 250　　D. 400

19. 某企业实际生产 100 件甲产品共耗用直接材料 500 千克,单位产品直接材料标准耗用量为 4.5 千克,材料标准价格为 10 元/千克,实际价格为 11 元/千克,则该产品直接材料的用量差异为(　　)元。

A. 550　　B. 500　　C. 42　　D. 5 500

20. 某产品工时消耗定额为 2 小时,变动制造费用标准分配率为 3 元/小时。本月生产产品 600 件,实际使用工时 2 000 小时,实际发生变动制造费用 8 000 元。则变动制造费用效率差异为(　　)元。

A. 1 200　　B. 2 400　　C. 3 200　　D. 2 000

二、多项选择题

1. 标准成本法的重点有(　　),借此可以促成成本控制目标的实现,并据以进行经济业绩考评。

A. 标准成本的制定　　B. 成本差异的分析

C. 成本差异的计算　　D. 成本差异账务处理

2. 正常标准成本是在正常生产经营条件下应该达到的成本水平,它是根据(　　)制定的标准成本。

A. 现实的耗用水平　　B. 正常的价格

C. 正常的生产经营能力利用程度　　D. 现实的价格

3. 在制定标准成本时,根据要求达到效率的不同,应采取的标准有(　　)。

A. 理想标准成本　　B. 正常标准成本

C. 现实标准成本　　D. 历史成本

4. 构成直接材料成本差异的基本因素有(　　)。

A. 效率差异　　B. 时间差异　　C. 数量差异　　D. 价格差异

5. 固定制造费用的三因素成本差异是指(　　)。

A. 效率差异　　B. 开支差异

C. 生产能力利用差异　　D. 价格差异

6. 下列各项中,属于影响材料采购价格的因素有(　　)。

A. 采购批量　　B. 运输工具　　C. 交货方式　　D. 材料质量

7. 下列各项中,属于影响人工效率的因素有(　　)。

A. 生产工人的技术水平　　B. 生产工艺过程

C. 原材料的质量　　D. 设备的状况

8. 正常标准成本是在正常生产条件下应该达到的成本水平。这种标准成本通常反映了过去一段时期的(　　)。

A. 实际成本水平的平均值　　B. 该行业价格的平均水平

C. 平均生产能力　　D. 平均技术水平

9. 造成差异的原因中,应由生产部门负责的有(　　)。

A. 材料质量　　B. 生产安排不当

C. 生产工人技术水平低　　D. 调度失误

10. 造成差异的原因中,应由采购部门负责的有(　　)。

A. 材料质量　　B. 材料价格

C. 生产设备状况　　D. 供应商选择

11. 变动制造费用成本差异计算包括(　　)。

A. (实际工时－标准工时)×实际分配率

B. (实际工时－标准工时)×标准分配率

C.（实际分配率－标准分配率）×实际工时

D.（实际分配率－标准分配率）×标准工时

12. 在直接人工成本差异分析中，（　　）。

A. 价格差异的大小是由实际小时工资率脱离标准的程度以及实际工时高低所决定的

B. 价格差异的大小是由实际小时工资率脱离标准的程度以及标准工时高低所决定的

C. 数量差异的大小是由人工工时脱离标准的程度以及标准工资率高低所决定的

D. 数量差异的大小是由人工工时脱离标准的程度以及实际工资率高低所决定的

13. 下列各项中，属于数量差异的有（　　）。

A. 直接人工效率差异　　B. 直接人工工资率差异

C. 变动制造费用耗费差异　　D. 变动制造费用效率差异

14. 下列各项中，属于标准成本特点的有（　　）。

A. 科学性和客观性　　B. 正常性

C. 尺度性和目标性　　D. 稳定性

15. 在变动成本法下，下列各项中，属于标准成本卡的内容有（　　）。

A. 直接材料　　B. 直接人工

C. 变动制造费用　　D. 固定制造费用

四、判断题

1. 当生产部门的实际产量超过（或低于）正常生产能力时，其折旧费的相对节约（或超支）差异表现为生产部门对折旧费承担的责任，即生产部门不负责折旧费的预算差异，但对其产量差异负责。（　　）

2. 标准成本是在正常生产经营下应该实现的，可以作为控制成本开支、评价实际成本、衡量工作效率的依据和尺度的一种目标成本。（　　）

3. 制造费用差异按其形成原因可分为价格差异和数量差异。（　　）

4. 材料成本脱离标准的差异、人工成本脱离标准的差异、变动制造费用脱离标准的差异，都可以分为“量差”和“价差”两部分。（　　）

5. 计算数量差异要以标准价格为基础。（　　）

6. 在制定标准成本时，理想标准成本由于要求高而成为最合适的一种标准成本。（　　）

7. 固定制造费用标准分配率＝预算固定制造费用/实际工时。（　　）

8. 一般而言，直接材料的价格差异应由采购部门负责，直接材料用量差异应由生产部门负责。（　　）

9. 实际成本超过标准成本所形成的差异称为不利差异。（　　）

10. 两因素差异分析法将固定制造费用差异分解为固定制造费用耗费差异和固定制造费用产量差异。（　　）

五、计算分析题

1. 某公司生产甲产品需要使用一种直接材料 A。本期生产甲产品 1 000 件，耗用材料为 9 000 千克，A 材料的实际价格为每千克 200 元。假设 A 材料的标准价格为每千克 210 元，单位甲产品的标准用量为 10 千克。

要求：

（1）分别计算 A 材料的价格差异和数量差异，并指出有利差异还是不利差异。

（2）计算 A 材料的成本差异总额。

2. 某公司生产一种化工产品，每桶的直接人工的标准成本如下：直接人工的价格标准为 25 元/工时，用量标准为每桶 10 工时。本期该化工产品的实际产量为 1 500 桶，实际耗用直接人工 15 500 工时，实际支付人工成本 395 250 元。

要求：

（1）分别计算本期直接人工的工资率差异和效率差异，并指出是有利差异还是不利差异。

（2）计算本期直接人工成本差异总额。

3. 某公司本月有关预算资料及执行结果如表 8-7 所示。

表 8-7　　预算资料及执行结果　　金额单位：元

项目	预算资料	执行结果
变动制造费用	500	510
总工时（小时）	2 500	2 200

已知标准工时为 2 000 小时，变动制造费用标准分配率为 0.25 元/小时。

要求：

（1）分别计算变动制造费用效率差异和耗费差异，并指出是有利还是不利差异。

（2）计算变动制造费用成本差异总额。

4. 某企业生产甲产品，直接材料标准成本资料如表 8-8 所示。

表 8-8　　直接材料标准成本资料表

项目	价格标准	用量标准	标准成本
直接材料	1.5 元/千克	0.9 千克/元	1.35 元/件

材料实际单价为 1.4 元，生产实际耗用 8 000 千克，生产甲产品 10 000 件。

要求：

（1）计算直接材料成本总差异。

（2）分别计算材料的用量差异和价格差异，并指出是有利差异还是不利差异。

5. 某公司采用标准成本法控制并计算产品成本，该公司生产的甲产品标准成本资料如表 8-9 所示。

表 8-9　　甲产品标准成本

成本项目	用量标准	价格标准	标准成本
直接材料	2 千克/件	9 元/千克	18 元/件
直接人工	3 小时/件	8 元/小时	24 元/件
变动制造费用	3 小时/件	4 元/小时	12 元/件
固定制造费用	3 小时/件	3 元/小时	9 元/件

该公司本期预算产量为 9 000 件，实际产量为 8 000 件，实际发生的成本数据如表 8-10 所示。

表 8-10　　甲产品实际成本数据表　　金额单位：元

成本项目	实际用量	实际价格	实际成本
直接材料	15 000 千克	10 元/千克	150 000
直接人工	22 000 小时	9 元/小时	198 000
变动制造费用	—	—	83 600
固定制造费用	—	—	85 800

要求：

(1) 计算直接材料成本项目的用量差异和价格差异，并注明有利还是不利差异。

(2) 计算直接人工工资率差异和效率差异，并注明有利还是不利差异。

(3) 计算变动制造费用耗费差异和效率差异，并注明有利还是不利差异。

(4) 计算固定制造费用耗费差异、产量差异和效率差异，并注明有利还是不利差异。

6. 某工厂固定制造费用及有关资料如表 8-11 所示。

表 8-11　　固定制造费用资料表　　金额单位：元

项目	资料
固定制造费用实际支出总额	61 700
实际产量标准工时(小时)	16 000
固定制造费用预算总额	60 000
预算产量标准工时(小时)	20 000
本年度实际耗用总工时(小时)	17 500

要求：

(1) 计算固定制造费用成本差异总额。

(2) 用两差异法分解成本差异，并分别指出是有利差异还是不利差异。

(3) 用三差异法分解成本差异，并分别指出是有利差异还是不利差异。

7. 已知某企业生产甲产品，其标准成本资料如表 8-12 所示。

表 8-12　　甲产品标准成本资料

项目	价格标准	数量标准	金额
直接材料	9 元/千克	50 千克/件	450 元/件
直接人工	4 元/小时	45 小时/件	180 元/件

甲产品正常生产工时为 1 000 小时。本月实际产量 20 件，实际耗用材料 900 千克，实际人工工时 950 小时，直接材料实际成本 9 000 元，直接人工实际成本 3 325 元。

要求：

(1) 计算直接材料成本总差异，分别计算直接材料的用量差异和价格差异，并注明有利还是不利差异。

(2) 计算直接人工成本总差异，分别计算直接人工的效率差异和工资率差异，并注明有利还是不利差异。

第三部分　参考答案

一、名词解释

1. 标准成本

标准成本是指在正常和高效率的运转情况下制造产品的成本，而不是指实际发生的成本，是有效经营条件下发生的一种目标成本，它是根据企业目前的生产技术水平，在有效的经营条件下可能达到的成本。

2. 理想标准成本

理想标准成本是指在最优条件下，利用现有的规模和设备能够达到的最低成本。

3. 正常标准成本

正常标准成本是根据正常的工作效率，正常的生产能力利用程度和正常价格等条件制定的标准成本，它一般只用来估计未来的成本变动趋势。

4. 现实标准成本

现实标准成本又称可达到标准成本，是在现有生产技术条件下进行有效经营的基础上，根据下一期最可能发生的各种生产要素的耗用量、预计价格和预计的生产经营能力利用程度而制定的标准成本。

5. 标准成本法

标准成本法是指以预先制定的标准成本为基础，用标准成本与实际成本进行比较，核算和分析成本差异的一种产品成本计算方法，也是加强成本控制、评价经济业绩的一种成本控制制度。

6. 成本差异

成本差异是在标准成本控制系统中，实际成本与标准成本之间的差额。通过实际发生额与标准成本相比较，分析差异的形成和发生差异的原因，采取相应的措施，实现对成本的控制。

7. 两因素差异分析法

两因素差异分析法将固定制造费用差异分解为固定制造费用耗费差异和固定制造费用能量差异。

8. 三因素差异分析法

三因素差异分析法是指将固定制造费用的成本差异区分为耗费差异、产量差异和效率差异三部分。

9. 变动制造费用耗费差异

变动制造费用耗费差异即变动制造费用的价格差异，它是因变动制造费用的实际分配率脱离标准而导致的成本差异，也称变动制造费用分配率差异。

10. 变动制造费用效率差异

变动制造费用效率差异即变动制造费用的数量差异，它是因实际耗用工时脱离标准而导致的成本差异。

二、单项选择题

1. B	2. C	3. A	4. B	5. A	6. C	7. C	8. A	9. A	10. C
11. C	12. C	13. B	14. A	15. B	16. C	17. B	18. C	19. B	20. B

重难点解析：

1. 理想标准成本是指在最优条件下，利用现有的规模和设备能够达到的最低成本。

2. 直接材料价格差异是指在实际产量下，由于材料的实际价格与标准价格的不同而导致的差异，其计算公式为直接材料价格差异＝(实际价格－标准价格)×实际用量。

3. 直接材料价格差异的形成受各种主客观因素的影响，较为复杂。但由于它与采购部门的关系更为密切，所以其主要责任部门是采购部门。

4. 固定制造费用能量差异是指固定制造费用预算与固定制造费用标准成本的差额，或者说是实际业务量的标准工时与生产能量的差额用标准分配率计算的金额。

5. 标准成本的制定是采用标准成本法的前提和关键，据此可以达到成本事前控制的目的。

6. 现实标准成本又称可达到标准成本，是在现有生产技术条件下进行有效经营的基础上，根据下一期最可能发生的各种生产要素的耗用量、预计价格和预计的生产经营能力利用程度而制定的标准成本，是现有条件下应该达到的成本水平。

7. 成本差异是在标准成本控制系统中，实际成本与标准成本之间的差额。

8. 变动制造费用耗费差异即变动制造费用的价格差异，它是因变动制造费用的实际分配率脱离标准而导致的成本差异，也称变动制造费用分配率差异。因此选项 A 正确。

9. 小时工资率、原材料价格、小时制造费用均属于价格标准，因此选项 BCD 错误。

10. 固定制造费用效率差异是实际工时脱离标准工时而形成的效率差异，可体现单位产品的生产效率是否改变。

11. 变动制造费用耗费差异即变动制造费用的价格差异，它是因变动制造费用的实际分配率脱离标准而导致的成本差异，也称变动制造费用分配率差异。

12. 固定制造费用是固定成本，在一定业务量范围内不随业务量的变动而变动。因此，固定制造费用差异不能简单地分为价格差异和数量差异两种类型。

13. 属采购工作所引起的差异应由采购部门负责，因此购进了质量较差的材料引起耗用量的增加，由此形成的不利差异应由采购部门负责，不能归咎于生产部门，选项B正确。

14. 直接人工工时耗用差异即直接人工效率差异，是指由于实际使用的人工工时脱离预定标准而形成的差异。

15. 直接人工的价格标准就是标准工资率，它通常由劳动工资部门根据用工情况制定。当采用计时工资制时，标准工资率就是单位标准工资率。

16. 材料价格差异应该从采购过程中查找原因，因此选项C正确。

17. 固定制造费用差异＝预算差异＋能量差异＝700＋(－500)＝200(元)，标准固定制造费用＝实际固定制造费用－固定制造费用差异＝18 000－200＝17 800(元)。

18. 实际分配率＝1 000/250＝4(元/小时)，变动制造费用耗费差异＝(4－3)×250＝250(元)。

19. 直接材料用量差异＝(材料实际耗用量－标准耗用量)×标准价格＝(500－4.5×100)×10＝500(元)。

20. 变动制造费用效率差异＝(实际工时－标准工时)×标准分配率＝(2 000－2×600)×3＝2 400(元)。

二、多项选择题

1. BC	2. BC	3. ABC	4. CD	5. ABC	6. ABCD	7. ABCD	8. ABCD	9. BCD	10. ABD
11. BC	12. AC	13. AD	14. ABCD	15. ABC					

重难点解析：

1. 标准成本的制定是采用标准成本法的前提和关键，据此可以达到成本事前控制的目的；成本差异计算和分析是标准成本法的重点，借此可以促成成本控制目标的实现，并据以进行经济业绩考评。因此，选项BC正确。

2. 正常标准成本是根据正常的工作效率，正常的生产能力利用程度和正常价格等条件制定的标准成本，因此选项BC正确。

3. 按照制定标准成本所依据的生产技术和经营水平，将标准成本分为理想标准成本、正常标准成本和现实标准成本。

4. 直接材料成本差异是指为完成实际产量所消耗的直接材料按实际成本计算与按标准成本计算之间的差额。直接材料成本差异按其形成原因可分为价格差异和数量差异两种。

5. 三因素差异分析法是指将固定制造费用的成本差异区分为耗费差异、产量差异和效率差异三部分。其中耗费差异，又称为固定制造费用开支差异；产量差异，又称为生产能力利用差异。

9. 材料质量属于采购过程的把控，由采购部门负责。因此选项A错误。

10. 生产设备状况属于生产过程中的问题，应该为生产部门负责。因此选项C错误。

11.（实际工时－标准工时）×标准分配率为变动制造费用效率差异的计算方式；（实际分配率－标准分配率）×实际工时为变动制造费用耗费差异的计算方式。

12. 直接人工的价格差异，是指由于实际小时工资率脱离预定标准而形成的差异；直接人工的数量差异，是指由于实际使用的人工工时脱离预定标准而形成的差异。

13. 直接人工工资率差异和变动制造费用耗费差异属于价格差异。

15. 固定制造费用是在完全成本法下需要列示在标准成本卡中的内容。

四、判断题

1. √	2. √	3. ×	4. √	5. √	6. ×	7. ×	8. √	9. √	10. ×

重难点解析：

3. 变动制造费用的成本差异按其原因可以分为价格差异和数量差异，而固定制造费用是固定成本，在一定业务量范围内不随业务量的变动而变动。因此，固定制造费用差异不能简单地分为价格差异和数量差异两种类型。

6. 理想标准很难成为现实，即使暂时出现也不可能持久。它的主要用途是提供一个完美的目标，揭示实际成本下降的潜力。因其提出的要求太高，不能作为考核的依据。

7. 固定制造费用标准分配率＝预算固定制造费用/标准工时。

10. 两因素差异分析法将固定制造费用差异分解为固定制造费用耗费差异和固定制造费用能量差异。

五、计算分析题

1. 解：

(1) 材料价格差异＝(200－210)×9 000＝－90 000(元)(有利差异)

材料数量差异＝210×(9 000－10 000)＝－210 000(元)(有利差异)

(2) 材料成本差异＝200×9 000－210×10 000＝－300 000(元)

或 ＝－90 000＋(－210 000)＝－300 000(元)(有利差异)

2. 解：

(1) 直接人工工资率差异＝15 500×(395 250÷15 500－25)＝7 750(元)(不利差异)

直接人工效率差异＝25×(15 500－1 500×10)＝12 500(元)(不利差异)

(2) 直接人工成本差异＝395 250－25×1 500×10＝7 750＋12 500

＝20 250(元)(不利差异)

3. 解：

(1) 变动制造费用效率差异＝0.25×(2 200－2 000)＝50(元)(不利差异)

变动制造费用耗费差异$=\left(\frac{510}{2\ 200}-0.25\right)\times 2\ 200=-40$(元)(有利差异)

(2) 变动制造费用总差异=510−(2 000×0.25)=50+(−40)=10(元)(不利差异)

4. 解:

(1) 直接材料成本差异=8 000×1.4−10 000×1.35=−2 300(元)(有利差异)

(2) 材料的用量差异=1.5×(8 000−10 000×0.9)=−1 500(元)(有利差异)

材料的价格差异=(1.4−1.5)×8 000=−800(元)(有利差异)

5. 解:

(1) 直接材料用量差异=9×(15 000−8 000×2)=−9 000(元)(有利差异)

直接材料价格差异=15 000×(10−9)=15 000(元)(不利差异)

(2) 直接人工工资率差异=(9−8)×22 000=22 000(元)(不利差异)

直接人工效率差异=8×(22 000−8 000×3)=−16 000(元)(有利差异)

(3) 变动制造费用耗费差异=(83 600÷22 000−4)×22 000=−4 400(元)(有利差异)

变动制造费用效率差异=4×(22 000−8 000×3)=−8 000(元)(有利差异)

(4) 固定制造费用耗费差异=85 800−9 000×9=4 800(元)(不利差异)

固定制造费用产量差异=(9 000×3−22 000)×3=15 000(元)(不利差异)

固定制造费用效率差异=(22 000−8 000×3)×3=−6 000(元)(有利差异)

6. 解:

(1) 标准固定制造费用分配率=60 000÷20 000=3(元/小时)

实际产量标准固定制造费用=16 000×3=48 000(元)

固定制造费用差异总额=61 700−48 000=13 700(元)(不利差异)

(2) 两差异法:

耗费差异=61 700−20 000×3=1 700(元)(不利差异)

能量差异=20 000×3−48 000=12 000(元)(不利差异)

(3) 三差异法:

耗费差异=61 700−20 000×3=1 700(元)(不利差异)

产量差异=(20 000−17 500)×3=7 500(元)(不利差异)

效率差异=(17 500−16 000)×3=4 500(元)(不利差异)

7. 解:

(1) 直接材料成本总差异=9 000−450×20=0(元)

直接材料用量差异=9×(900−50×20)=−900(元)(有利差异)

直接材料价格差异=(9 000÷900−9)×900=900(元)(不利差异)

(2) 直接人工成本总差异=3 325−180×20=−275(元)(有利差异)

直接人工工资率差异=(3 325÷950−4)×950=−475(元)(有利差异)

直接人工效率差异=4×(950−45×20)=200(元)(不利差异)

第九章 作业成本法

第一部分 内容概要

一、作业成本法概述

(一) 作业成本法的产生

作业成本法的产生与其他新生事物一样,是生产力发展与作用的直接结果,也是传统成本核算的局限性要求的,其产生原因有如下两点:①生产力发展导致企业内外部环境变化。②传统间接费用分配方法存在缺陷。

(二) 作业成本法的发展

作业成本法产生于20世纪80年代中后期的西方,之后不断发展完善,成为现今炙手可热的一种新兴的产品成本核算方法。其产生和发展可以划分为以下四个阶段:萌芽阶段、创建阶段、发展阶段和稳定阶段。各发展阶段的时间范围及代表人物或事件如表9-1所示。

表9-1 作业成本法发展阶段

发展阶段	时间范围	代表人物
萌芽阶段	20世纪30年代末至20世纪80年代中期	科勒、斯托布斯
创建阶段	20世纪80年代中期至20世纪90年代初期	罗宾·库珀、罗伯特·卡普兰
发展阶段	20世纪90年代初期至21世纪初	Raffish和Tourney、卡普兰和安德森
稳定阶段	21世纪初至今	财政部印发《企业产品成本核算制度(试行)》

(三) 作业成本法的概念

作业成本法(Activity-based Costing,简称ABC法)是一种以作业为基础,通过对所有作业活动进行动态追踪,根据各项作业费用的消耗情况,将间接成本和辅助费用更准确地分配到产品和服务的一种成本计算方法。

(四) 作业成本法的相关概念

作业成本法的相关概念主要涉及资源、作业和成本动因,定义如表9-2所示。

表9-2 作业成本法的相关概念

相关概念	定义
资源	资源是指企业生产经营过程中,初始形态上的各种劳动耗费
作业	从技术或管理角度看,作业是指企业生产过程中的各工序和环节,但从管理角度看,作业是基于一定的目的、以人为主体、消耗一定资源的特定范围内的工作

（续表）

相关概念		定义
成本动因	资源成本动因	资源成本动因是引起作业成本增加的驱动因素，用来衡量一项作业的资源消耗量
	作业成本动因	作业成本动因是衡量一个成本对象（产品、服务或顾客）需要的作业量，是产品成本增加的驱动因素

二、作业成本计算

（一）作业中心与制造中心

作业中心是负责完成一项特定产品制造功能的一系列作业的集合。

制造中心是指能够独立完成一种产品或一个系族多种产品生产的中心，由一系列作业中心集合而成。

在作业成本计算法下，资源耗费的价值通过作业、作业中心、制造中心归集到产品上，最终形成产品成本。

（二）作业成本法计算程序

作业成本法是把企业消耗的资源按资源动因分配到作业，再把作业归集的作业成本按作业动因分配到成本对象的核算与管理方法。因此，作业成本法计算的基本程序分为两大阶段。第一阶段是将各种资源耗费形成的费用分配到相同性质的作业成本库中，计算每一个成本库的分配率（即单位作业成本）；第二阶段是按作业成本库的分配率，把费用分摊到成本计算对象（如产品、责任中心）中，计算成本计算对象的成本。其具体计算过程如下：

（1）确认作业中心，将资源耗费价值归集到各作业中心。

（2）确认作业，将作业中心汇集的各资源耗费价值予以分解并按照资源动因分配到各作业成本库中。

（3）将各作业成本库价值按照作业动因分配计入最终产品成本计算单，计算完工产品成本。

三、作业成本管理

（一）作业管理与作业成本管理的概念

作业管理是将企业看作由顾客需求驱动的一系列作业组合而成的作业集合体，在管理中努力提高增加顾客价值的作业效率，消除或遏制不增加顾客价值的作业，实现企业生产经营的持续改善。作业管理的基本管理思想是：以顾客链为导向，以作业链（即价值链）为中心，对企业的作业流程进行彻底的改造。

作业成本管理是应用作业成本计算提供的信息，从成本的角度，合理安排产品或劳务的销售组合，寻找改变作业和生产流程、改善和提高生产效率的机会。作业成本管理主要从成本方面来优化企业的作业链和价值链，是作业管理的中介，是作业管理的核心方面。

（二）增值作业和非增值作业的划分

增值作业与非增值作业是站在顾客角度划分的。最终增加顾客价值的作业是增值作业，否则就是非增值作业。在一个企业中，区别增值作业和非增值作业的标准就是看这个作业的发生是否有利于增加顾客的价值,或者说增加顾客的效用。

(三) 作业成本法的评价

1. 作业成本法较传统成本计算法的优势

(1) 作业成本法是一种先进的成本方法。

(2) 作业成本法实现了成本计算与成本管理的结合。

2. 作业成本法的局限性

(1) 开发和维护费用较高。

(2) 作业成本法不符合对外财务报告的需要。

(3) 确定成本动因比较困难。

(4) 不利于管理控制。

3. 作业成本法的适用条件

(1) 从成本结构看,这些公司的制造费用在产品成本中占有较大比重,它们若使用的单一的分配率,成本信息的扭曲会比较严重。

(2) 从产品品种看,这些公司的产品多样性程度高,包括产品产量的多样性,规模的多样性,产品制造或服务复杂程度的多样性,原材料的多样性和产品组装的多样性。产品的多样性是引起传统成本系统在计算产品成本时发生信息扭曲的原因之一。

(3) 从外部环境看,这些公司面临的竞争激烈。传统的成本计算方法是在竞争较弱、产品多样性较低的背景下设计的。当竞争变得激烈,产品的多样性增加时,传统成本计算方法的缺点被放大,增加了决策失误,这种情况下实施作业成本就变得有利。

(4) 从公司规模看,这些公司的规模比较大。由于大公司拥有更为强大的信息沟通渠道和完善的信息管理基础设施,并且对信息的需求更为强烈,所以它们比小公司对作业成本法更感兴趣。

第二部分　练　习　题

一、名词解释

1. 资源
2. 作业
3. 资源成本动因
4. 作业成本动因
5. 作业中心
6. 制造中心
7. 作业成本法
8. 作业成本管理
9. 增值作业
10. 非增值作业

二、单项选择题

1. 在我国,作业成本法取得法律地位的年份是(　　)。

A. 1992 年　　B. 1996 年　　C. 2013 年　　D. 2016 年

2. 下列各项中,标志着作业成本法真正诞生的年份是(　　)。

A. 1900 年　　B. 1988 年　　C. 1990 年　　D. 2004 年

3. 在企业生产经营过程中,初始形态上的各种劳动耗费指的是(　　)。

A. 资源　　B. 作业　　C. 成本　　D. 成本动因

4. 企业生产经营过程中各项独立并相互联系的具体活动是指(　　)。

A. 作业管理　　B. 作业　　C. 作业链　　D. 价值链

5. 按照作业成本法的理论观点,产品消耗的是(　　)。

A. 成本　　B. 资源　　C. 费用　　D. 作业

6. 作业消耗一定的(　　)。

A. 资源　　B. 时间　　C. 成本　　D. 费用

7. 下列各项中,能够反映作业量与资源耗费之间因果关系的是(　　)。

A. 资源动因　　B. 作业动因　　C. 产品动因　　D. 成本动因

8. 下列各项中,能够反映作业量与产品之间因果关系的是(　　)。

A. 资源动因　　B. 作业动因　　C. 产品动因　　D. 成本动因

9. 下列各项中,应列为作业成本法成本计算对象的是(　　)。

A. 产品和作业中心　　B. 车间

C. 产品　　D. 作业中心

10. 在完全成本法下,间接费用的分配标志是(　　)。

A. 作业动因　　B. 成本动因　　C. 业务量　　D. 生产批次

11. 企业管理深入到作业层次后,企业成为为满足顾客需要而设计的一系列作业的集合体,从而形成了一个由此及彼、由内向外的(　　)。

A. 供应链　　B. 作业链　　C. 产品链　　D. 采购链

12. 某企业采用作业成本法计算产品成本,每批产品生产前需要进行机器调试,在对调试作业中心进行成本分配时,最适合采用的作业成本动因是(　　)。

A. 产品品种　　B. 产品数量

C. 产品批次　　D. 每批产品数量

13. 下列各项中,属于作业成本法最终核算内容的是(　　)。

A. 产品成本　　B. 作业成本　　C. 资源成本　　D. 责任成本

14. 下列各项中,属于满足客户需求所必需的作业是(　　)。

A. 成本动因　　B. 增值作业　　C. 非增值作业　　D. 价值链

15. 可以从公司成本中去除或降低且不影响产品质量的成本是(　　)。

A. 增值作业成本　　B. 可变成本

C. 非增值作业成本　　D. 间接费用

16. 下列各项中，能够从价值上反映企业作业链的指标是(　　)。

A. 产品　　B. 作业量　　C. 价值链　　D. 作业

17. 作业成本计算法的决策相关性是指基于作业基础计算出的(　　)能满足企业生产经营决策多方面的需要。

A. 价格信息　　B. 成本信息　　C. 销售信息　　D. 产量信息

18. (　　)是负责完成某一项特定产品制造功能的一系列作业的集合。

A. 作业中心　　B. 制造中心　　C. 企业　　D. 车间

19. (　　)是指能够独立完成一种产品或一个系族多种产品生产的中心，由一系列作业中心集合而成。

A. 作业中心　　B. 制造中心　　C. 企业　　D. 作业

20. 某食品有限公司生产甲、乙两种产品。2020 年 10 月该公司发生制造费用 840 000 元，将其分到 3 项作业中，相应成本信息与成本动因有关资料如表 9-3 所示。

表 9-3　　成本信息与成本动因有关资料　　金额单位：元

产品	甲产品	乙产品	作业成本
机器运行(小时)	1 000	3 000	400 000
机器调整(次)	80	20	200 000
包装(箱)	3 000	5 000	240 000

(1) 假设企业采用传统成本法按照机器小时分配制造费用，则单位机器小时应分配的制造费用为(　　)元。

A. 210　　B. 8 400　　C. 73.36　　D. 35

(2) 假设企业采用传统成本法按照机器小时分配制造费用，则甲产品应分配的制造费用为(　　)元。

A. 672 000　　B. 210 000　　C. 420 000　　D. 640 000

(3) 假设企业按照作业成本法进行核算，该企业机器调整费用作业分配率为(　　)元。

A. 2 000　　B. 3 000　　C. 1 500　　D. 2 500

(4) 假设企业按照作业成本法进行核算，乙产品应分配的机器调整费用为(　　)元。

A. 140 000　　B. 10 000　　C. 40 000　　D. 168 000

三、多项选择题

1. 下列各项中，属于作业成本法产生环境背景的有(　　)。

A. 社会生产力的提高　　B. 顾客多样化的产品需求

C. 制造费用比重急剧增长　　D. 直接人工比重急剧增长

2. 下列各项中，属于作业成本法发展阶段的有(　　)。

A. 萌芽阶段　　B. 创建阶段　　C. 发展阶段　　D. 稳定阶段

3. 资源实质上是指为了产出作业或产品而进行的费用支出，它包括（　　）。

A. 货币资源　　B. 材料资源　　C. 人力资源　　D. 动力资源

4. 成本动因按其在作业成本中体现的分配性质不同进行分类，其结果包括（　　）。

A. 资源动因　　B. 作业动因　　C. 产品动因　　D. 需求动因

5. 下列各项中，可以归属于作业动因的有（　　）。

A. 机器小时　　B. 订单份数　　C. 检验件数　　D. 产品批次

6. 下列各项中，属于作业成本法的原理的有（　　）。

A. 产品加工消耗设备折旧　　B. 成本消耗作业

C. 作业消耗资源　　D. 服务客户需要场地

7. 下列有关“资源动因”的说法中，正确的有（　　）。

A. 它是引起作业成本变动的因素

B. 它是引起产品成本变动的因素

C. 它被用来衡量一项作业对资源的消耗量，运用它可以将资源成本分配给各有关作业

D. 它是计量各种产品对作业耗用的情况，并被用来作为作业成本的分配基础

8. 作业成本计算法的成本计算对象包括（　　）层次。

A. 资源　　B. 作业　　C. 作业中心　　D. 制造中心

9. 下列各项中，反映作业成本法和完全成本法共同之处的表述有（　　）。

A. 都属于日常成本核算　　B. 都需要计算产品成本

C. 都需要计算作业成本　　D. 都属于制度允许的成本核算方法

10. 下列各项中，反映作业成本计算与传统成本计算明显区别的有（　　）。

A. 成本计算的理论依据不同　　B. 成本计算的对象不同

C. 间接费用的分配标准不同　　D. 产品成本的计算结果不同

11. 在理想的状态下，企业生产经营过程中属于增值作业的有（　　）。

A. 产品设计　　B. 存货储存　　C. 产品加工　　D. 产品交付

12. 与传统成本法相比，作业成本法的特点主要有（　　）。

A. 对产品间接费用的分配更为合理

B. “作业”是作业成本法的基本成本计算对象

C. 作业成本法的成本计算比完全成本法更具体

D. 所有成本均是变动的

13. 传统成本法错误地反映成本，其原因有（　　）。

A. 制造费用和辅助费用等间接成本很难追溯到产品

B. 直接材料等直接成本很容易追溯到产品或服务

C. 传统成本分摊方法多以数量为基准，有可能造成成本的交叉补贴

D. 直接人工等直接成本很难追溯到产品或服务

14. 下列关于作业成本法的叙述中，正确的有（　　）。

A. 作业成本法中，导致成本发生的原因有成本动因和作业动因

B. 作业成本法下的成本计算过程可以概括为“资源→作业→产品”

C. 在作业成本法下，直接成本可以直接计入有关产品，而其他间接成本则首先分配到有关作业，计算作业成本，然后再将作业成本分配到有关产品

D. 在作业成本法下，运用资源动因可以将作业成本分配给有关产品

15. 下列各项中，属于作业成本法的局限性的有（　　）。

A. 开发和维护费用较高

B. 作业成本法不符合对外财务报告的需要

C. 确定成本动因比较困难

D. 不利于管理控制

四、判断题

1. 作业成本法是指以作业为中间桥梁，以作业动因作为间接费用的归集对象的一种成本核算方法。（　　）

2. 在变化的制造环境下，传统成本计算方法计算的产品成本将会歪曲成本信息，甚至使成本信息完全丧失决策相关性。（　　）

3. 资源即使被消耗，也不一定都是对形成最终产出有意义的消耗。（　　）

4. 作业成本法的理论依据是：产品消耗资源，产品消耗作业。（　　）

5. 作业成本法是以产品为基础的成本计算方法。（　　）

6. 作业成本法对间接制造费用的分配往往采用人工小时、机器小时等这些与产量密切相关的单一分配基础。（　　）

7. 对于工艺较为复杂的产品的单位产品成本，作业成本法下的计算结果一定高于完全成本法下的计算结果。（　　）

8. 在传统的生产环境下，由于生产工艺流程较为简单，间接制造费用所占的比例不大，采用传统成本法，所提供的成本信息是相对准确的。（　　）

9. 作业成本法下的产品成本计算结果较完全成本法下的计算结果相对精确。（　　）

10. 作业成本法不仅要计算作业成本，也要计算产品成本，不仅要考虑直接成本，也要考虑间接成本。（　　）

11. 作业成本法的重点是解决间接制造费用的正确归集和合理分配问题。（　　）

12. 企业生产经营过程中相互联系的每个环节或每道工序都可以视为一项作业。（　　）

13. 作业管理是利用传统成本法计算所获得的信息对作业链不断进行改进和优化，以达到不断消除浪费，提高客户价值，从而使企业获得竞争优势的一种先进的成本管理方式。（　　）

14. 作业成本系统比传统成本系统更复杂、价格更贵，适合所有公司采用。（　　）

15. 在实际工作中，对作业划分越细，对企业越有利。（　　）

16. 能增加股东回报的作业称为增值作业。（　　）

17. 增值作业与非增值作业是站在产品角度划分的。（ ）
18. 生产废品的作业是一项不增值作业。（ ）
19. 因质量问题出现的返修、重复检测等工作属于增值作业。（ ）
20. 作业中心既是成本汇集中心，也是责任考核中心。（ ）

五、计算分析题

1. 东方公司生产甲、乙两种产品，其中甲产品 900 件，乙产品 300 件，其作业情况数据如表 9-4 所示。

表 9-4 **作业情况数据表** 金额单位：元

作业成本库	耗用资源	作业动因	作业动因量		
			甲产品	乙产品	合计
材料处理	1 800	移动次数(次)	40	20	60
材料采购	2 500	订单件数(件)	35	15	50
使用机器	3 500	机器小时(小时)	120	80	200
设备维修	2 200	维修小时(小时)	70	40	110
质量控制	2 000	质检次数(次)	25	15	40
产品运输	1 600	运输次数(次)	5	3	8
合计	13 600	—	—	—	—

要求：按作业成本法计算甲、乙两种产品的单位间接成本。

2. 某公司生产和销售甲、乙两种产品，两种产品的财务和成本数据如表 9-5 所示。

表 9-5 **成本数据表** 金额单位：元

项目	甲产品	乙产品
产量(台)	5 000	15 000
单价	4 000	2 000
单位直接材料和人工成本	2 000	800
直接人工工时(小时)	25 000	75 000

公司管理会计师划分了作业、间接成本费用及成本动因，如表 9-6 所示：

表 9-6 **资料表** 金额单位：元

作业	间接成本费用	作业动因
调整	300 000	调整次数
机器运行	16 250 000	机器小时
包装	750 000	包装单数量
合 计	20 000 000	—

两种产品的实际作业量如表 9-7 所示。

表 9-7　　实际作业量

作业动因	甲产品作业动因量	乙产品作业动因量	合计
调整次数(次)	200	100	300
机器小时(小时)	55 000	107 500	162 500
包装单数量(个)	5 000	10 000	15 000

要求：

(1) 采用作业成本法计算甲、乙产品的单位间接成本。

(2) 采用作业成本法计算甲、乙产品的单位产品成本。

3. 某制造厂生产 A、B 两种产品，2021 年 1 月份的有关成本资料如表 9-8 所示。

表 9-8　　产品资料表　　金额单位：元

产品名称	产量(件)	单位产品机器小时(小时)	单位直接材料	单位直接人工
A	100	2	50	40
B	200	4	80	30

该厂每月制造费用总额为 50 000 元，有 4 个与制造费用相关的作业中心，各作业中心的成本及作业动因情况如表 9-9 所示。

表 9-9　　作业中心相关资料　　金额单位：元

作业名称	成本动因	作业成本	作业动因数		合计
			A 产品	B 产品	
质量检验	检验次数(次)	4 000	5	15	20
订单处理	生产订单份数(份)	4 000	30	10	40
机器运行	机器小时数(小时)	40 000	200	800	1 000
设备调整准备	调整准备次数(次)	2 000	6	4	10

假定：在完全成本法下，以机器小时作为制造费用的分配标准。

要求：

(1) 按完全成本法计算该月 A 和 B 两种产品的单位产品成本。

(2) 按作业成本法计算该月 A 和 B 两种产品的单位产品成本。

4. 某企业的甲部门生产 A、B 两种产品，每年能提供总工时 50 000 小时，其中 A 产品耗用 10 000 小时，B 产品耗用 40 000 小时。该车间 2020 年发生制造费用 875 000 元，A 产品 5 000 个，B 产品 20 000 个，A 和 B 产品的单位直接材料成本分别为 25 元、15 元，单位直接人工成本都是 10 元。应用作业成本法的相关资料如表 9-10 所示。

表 9-10　　相关资料　　金额单位：元

成本动因	追踪成本	成本动因数		
		A耗用	B耗用	合计
机器调整次数(次)	230 000	3 000	2 000	5 000
质量检验次数(次)	160 000	5 000	3 000	8 000
生产订单数(个)	81 000	200	400	600
直接工时(数)	404 000	10 000	40 000	50 000
合　计	875 000	—	—	—

A产品和B产品所需要的直接人工工时相等，都是2小时，但A产品的工艺比较复杂，设计中的机器调整、质量检验次数多，批量小，订单多。而B产品工艺比较简单，批量大。

要求：

(1) 按传统成本法计算A产品和B产品的单位产品成本。

(2) 按作业成本法计算A产品和B产品的单位产品成本。

第三部分　参考答案

一、名词解释

1. 资源

资源是指企业生产经营过程中，初始形态上的各种劳动耗费。它是作业成本、费用的来源，也可以视为一定期间内为了生产产品或提供服务而发生的各类成本、费用的具体项目耗费，或者是作业执行过程中需要花费的代价。

2. 作业

从技术或管理角度看，作业是指企业生产过程中的各工序和环节，但从管理角度看，作业是基于一定的目的、以人为主体、消耗一定资源的特定范围内的工作。

3. 资源成本动因

资源成本动因是引起作业成本增加的驱动因素，用来衡量一项作业的资源消耗量。依据资源成本动因可以将资源成本分配给各有关作业。

4. 作业成本动因

作业成本动因是衡量一个成本对象(产品、服务或顾客)需要的作业量，是产品成本增加的驱动因素。

5. 作业中心

作业中心是负责完成一项特定产品制造功能的一系列作业的集合。

6. 制造中心

制造中心是指能够独立完成一种产品或一个系族多种产品生产的中心，由一系列作业中心集合而成。

7. 作业成本法

作业成本法(简称 ABC 法)是一种以作业为基础,通过对所有作业活动进行动态追踪,根据各项作业费用的消耗情况,将间接成本和辅助费用更准确地分配到产品和服务的一种成本计算方法。

8. 作业成本管理

作业成本管理是应用作业成本计算提供的信息,从成本的角度,合理安排产品或劳务的销售组合,寻找改变作业和生产流程、改善和提高生产效率的机会。

9. 增值作业

增值作业是指最终增加顾客价值的作业。

10. 非增值作业

非增值作业是指那些虽然消耗资源,但其消耗并不产生效益,对制造产品并没有做出贡献的作业。

二、单项选择题

1. C	2. B	3. A	4. B	5. D	6. A	7. A	8. B	9. A	10. C
11. B	12. C	13. A	14. B	15. C	16. C	17. B	18. A	19. B	20. (1) A
(2) B	(3) A	(4) C							

重难点解析:

1. 在我国,作业成本法取得法律地位的年份是 2013 年,2013 年 8 月 16 日财政部印发《企业产品成本核算制度(试行)》,并于 2014 年 1 月 1 日起在除金融保险业以外的大中型企业范围内施行,同时鼓励其他企业执行。这标志着作业成本法在我国已有明确的法律地位。

2. 在 1988 年,库珀发表了一系列研究成果,这些研究成果奠定了作业成本法研究的基石,标志着作业成本法的真正诞生。

3. 在企业生产经营过程中,初始形态上的各种劳动耗费指的是资源。

4. 企业生产经营过程中各项独立并相互联系的具体活动是指作业。

5. 按照作业成本法的理论观点,产品消耗作业,作业消耗资源,故选项 D 正确。

7. 在下列各项中,资源动因能够反映作业量与资源耗费之间因果关系。

8. 在下列各项中,作业动因能够反映作业量与产品之间因果关系。

10. 在完全成本法下,间接费用的分配往往采用人工小时、机器小时等这些与产量密切相关的单一分配基础,因此选项 C 正确。

14. 在下列各项中,属于满足客户需求所必需的作业是增值作业。

15. 非增值作业成本可以从公司成本中去除或降低且不影响产品质量。

18. 作业中心是负责完成某一项特定产品制造功能的一系列作业的集合。

19. 制造中心是指能够独立完成一种产品或一个系族多种产品生产的中心,由一系列作业中心集合而成。

20.(1)单位机器小时应分配的制造费用＝840 000÷4 000＝210(元),选项A正确。

(2)甲产品应分配的制造费用＝210×1 000＝210 000(元),选项B正确。

(3)机器调整费用作业分配率＝200 000÷(80＋20)＝2 000(元),选项A正确。

(4)乙产品应分配的机器调整费用＝2 000×20＝40 000(元),选项C正确。

三、多项选择题

1. ABC	2. ABCD	3. ABCD	4. AB	5. ABCD	6. BC	7. AC	8. ABCD	9. ABD	10. ABCD
11. ACD	12. ABCD	13. AC	14. BC	15. ABCD					

重难点解析:

1. 作业成本法产生环境背景:20世纪70年代以后,世界经济形势发生了比较大的变化,从企业的外部环境看,以计算机技术为代表的高科技广泛应用于企业,从企业内部环境看,产品成本中的制造费用比重急剧增长,而直接人工比重则相对下降。与此同时,为了适应顾客的多样化需求,企业的生产组织体系更多地出现了单件小批式的生产,进而导致常规式生产与柔性制造的有机结合。因此,选项ABC正确。

2. 作业成本法发展阶段分为萌芽阶段、创建阶段、发展阶段和稳定阶段。

3. 资源是指企业生产经营过程中,初始形态上的各种劳动耗费。它包括货币资源、材料资源、人力资源、动力资源等。

4. 成本动因按其在作业成本中体现的分配性质不同进行分类,其结果包括资源动因、作业动因。

5. 选项ABCD均可以归属于作业动因。

6. 作业成本法的原理是产品消耗作业,作业消耗资源。

7. 选项AC为“资源动因”的正确表述;而选项BD为“作业动因”的正确表述。

8. 作业成本计算法的成本计算对象包括资源、作业、作业中心和制造中心四个层次。

9. 作业成本法和完全成本法都属于日常成本核算,都需要计算产品成本,都属于制度允许的成本核算方法,故选项ABD正确;选项C只有作业成本法需要计算作业成本。

10. 作业成本计算与传统成本计算明显区别的有成本计算的理论依据不同、成本计算的对象不同、间接费用的分配标准不同、产品成本的计算结果不同,故选项ABCD均正确。

11. 存货储存属于非增值作业。

13. 传统成本法错误地反映成本,其原因有制造费用和辅助费用等间接成本很难追溯到产品,传统成本分摊方法多以数量为基准,有可能造成成本的交叉补贴,故选项AC正确。

14. 关于作业成本法的叙述,选项A作业成本法中,导致成本发生的原因有资源动因和作业动因;选项D在作业成本法下,运用作业动因可以将作业成本分配给有关产品中;选项BC正确。

四、判断题

1. ×	2. √	3. √	4. ×	5. ×	6. ×	7. √	8. √	9. √	10. √
11. √	12. √	13. √	14. ×	15. ×	16. ×	17. ×	18. √	19. ×	20. √

重难点解析：

1. 作业成本法是指以作业为中间桥梁，以成本动因作为间接费用的归集对象的一种成本核算方法。

3. 资源即使被消耗，也不一定都是对形成最终产出有意义的消耗，也就形成不增值作业。

4. 作业成本法的理论依据是：产品消耗作业，作业消耗资源。

5. 作业成本法是以作业为基础的成本计算方法。

6. 传统成本法对间接制造费用的分配往往采用人工小时、机器小时等这些与产量密切相关的单一分配基础，而作业成本法是一种以作业为基础，将间接成本和辅助费用更准确地分配到产品和服务的一种成本计算方法。

14. 作业成本系统比传统成本系统更复杂、价格更贵，但仍存在局限性，适用于制造费用在产品成本中占比较大、产品多样性程度高、竞争激烈、公司的规模比较大等公司。

15. 在实际工作中，作业划分并非越细，对企业越有利。

16. 增值作业与非增值作业是站在顾客角度划分的，最终增加顾客价值的作业是增值作业。

17. 增值作业与非增值作业是站在顾客角度划分的。

19. 在一个制造企业中，非增值作业包括：等待加工作业，材料或者在产品堆积作业，产品或者在产品在企业内部迂回运送作业，产品废品清理作业，次品处理作业，返工作业，无效率重复某工序作业，由于订单信息不准确造成没有准确送达需要再次送达的无效率作业等。因此，因质量问题出现的返修、重复检测等工作属于非增值作业。

五、计算分析题

1. 解：

甲、乙两种产品的间接成本分配如表9-11所示。

表9-11　　甲、乙产品的间接成本分配表　　金额单位：元

作业成本库	耗用资源	作业动因量	动因分配率	甲产品作业成本	乙产品作业成本
材料处理	1 800	60	30	1 200	600
材料采购	2 500	50	50	1 750	750
使用机器	3 500	200	17.5	2 100	1 400
设备维修	2 200	110	20	1 400	800

（续表）

作业成本库	耗用资源	作业动因量	动因分配率	甲产品作业成本	乙产品作业成本
质量控制	2 000	40	50	1 250	750
产品运输	1 600	8	200	1 000	600
合　计	13 600	—	—	8 700	4 900
产量(件)	—	—	—	900	300
单位间接成本	—	—	—	9.67	16.33

2. 解：

(1) 各作业的作业分配率如表9-12所示。

表9-12　　作业分配率计算表　　金额单位：元

作业动因	耗用资源	作业消耗	分配率
调整次数(次)	3 000 000	300	10 000
机器小时(小时)	16 250 000	162 500	100
包装数量(个)	750 000	15 000	50

甲产品(5 000台)间接成本计算如表9-13所示。

表9-13　　甲产品间接成本计算表　　金额单位：元

作业动因	分配率	作业量	间接成本合计	单位间接成本
调整次数(次)	10 000	200	2 000 000	400
机器小时(小时)	100	55 000	5 500 000	1 100
包装数量(个)	50	5 000	250 000	50
合　计	—	—	7 750 000	1 550

乙产品(15 000台)间接成本计算如表9-14所示。

表9-14　　乙产品间接成本计算表　　金额单位：元

作业动因	分配率	作业量	间接成本合计	单位间接成本
调整次数(次)	10 000	100	1 000 000	66.67
机器小时(小时)	100	107 500	10 750 000	716.67
包装数量(个)	50	10 000	500 000	33.33
合　计	—	—	12 250 000	816.67

(2) 甲产品单位产品成本＝2 000＋1 550＝3 550(元)

乙产品单位产品成本＝800＋816.67＝1 616.67(元)

3. 解：

(1) 完全成本法下，制造费用按机器小时分配：

制造费用分配率＝50 000÷1 000＝50(元/小时)

A产品分摊的制造费用＝200×50＝10 000(元)

B 产品分摊的制造费用＝800×50＝40 000(元)

A、B 两种产品的单位产品成本：

A 产品的单位产品成本＝40＋50＋10 000÷100＝190(元)

B 产品的单位产品成本＝30＋80＋40 000÷200＝310(元)

(2) 作业成本法下制造费用分配如表 9-15 所示。

表 9-15　　作业成本分配表　　金额单位：元

作业中心	作业成本	作业动因数	分配率	A 产品分配	B 产品分配
质量检验	4 000	20	200	1 000	3 000
订单处理	4 000	40	100	3 000	1 000
机器运行	40 000	1 000	40	8 000	32 000
设备调整准备	2 000	10	200	1 200	800
合　计	50 000	—	—	13 200	36 800

A 产品单位产品成本＝40＋50＋13 200÷100＝222(元)

B 产品单位产品成本＝30＋80＋36 800÷200＝294(元)

4. 解：

(1) 传统成本法下(制造费用按耗用工时分配)：

分配率＝875 000÷(10 000＋40 000)＝17.5(元)

A 产品应分配的制造费用＝17.5×10 000＝175 000(元)

B 产品应分配的制造费用＝17.5×40 000＝700 000(元)

A 产品的单位制造费用＝175 000÷5 000＝35(元)

B 产品的单位制造费用＝700 000÷20 000＝35(元)

A 产品的单位产品成本＝25＋10＋35＝70(元)

B 产品的单位产品成本＝15＋10＋35＝60(元)

(2) 作业成本法下制造费用分配如表 9-16 所示。

表 9-16　　作业成本分配表　　金额单位：元

成本动因	追踪成本	成本动因数	分配率	A 产品分配	B 产品分配
机器调整次数(次)	230 000	5 000	46	138 000	92 000
质量检验次数(次)	160 000	8 000	20	100 000	60 000
生产订单数(个)	81 000	600	135	27 000	54 000
直接工时(数)	404 000	50 000	8.08	80 800	323 200
合计	875 000	—	—	345 800	529 200
生产量(个)	—	—	—	5 000	20 000
单位产品制造费用	—	—	—	69.16	26.46

A 产品的单位产品成本＝25＋10＋69.16＝104.16(元)

B 产品的单位产品成本＝15＋10＋26.46＝51.46(元)

第十章　预 算 管 理

第一部分　内 容 概 要

一、预算管理概述

（一）预算与预算管理

预算是以经营目标和经营计划为指引，沿着业务流程和组织体系，对未来一定时期制定的资源获取与使用规划，是资源配置过程与预计配置结果的完整反映。

预算管理是指企业以战略目标为导向，通过对未来一定期间内的经营活动和相应的财务结果进行全面预测和筹划，科学、合理配置企业各项财务和非财务资源，并对执行过程进行监督和分析，对执行结果进行评价和反馈，指导经营活动的改善和调整，进而推动实现企业战略目标的管理活动。

（二）预算管理与其他管理手段的关系

1. 预算管理与战略规划

战略规划是在战略决策的基础上，为实现战略目标所拟定的行动路线和资源配置计划，是在企业长期经营方向的指导下配置及约束相关经营资源。预算则是对战略目标和战略规划的分解，它服务于战略规划，并以战略规划为起点。

2. 预算管理与预测

预测是运用一定的科学预测方法，对市场趋势和企业未来经济活动可能产生的经济效益和发展趋势进行预计与推测，它是计划的基础。预算管理则是在预测的基础上，对企业未来发展所提出的对策性方案和计划的数量表述，它是以货币的形式对企业未来的收入、现金流量和财务状况进行的量化。

3. 预算管理与经营计划

预算管理与经营计划关系密切。从预算与经营计划的关系来看，预算编制的过程就是依据经营计划，基于资源配置制定企业的各项预算，最后形成预计报表。可以说，预算是在计划量化基础上所做的价值量的表述和安排。

（三）预算管理的组织体系

预算管理的组织体系包括决策机构、工作机构和执行单位三个层次。

二、全面预算管理体系

（一）全面预算的概念

全面预算是指在预测与决策的基础上，按照企业既定的经营目标和程序，规划与反映企业未来的销售、生产、成本、现金收支等各方面活动，以便对企业特定计划期内全部生产经营活动有效地作出具体组织与协调，最终以货币为主要计量单位，通过一系列预计的财务报表及附表展示其资源配置情况的有关企业总体计划的数量说明。

（二）全面预算的作用

全面预算作为企业管理层对未来生产经营活动的总体规划，其作用主要表现在四个方面：明确工作目标、协调各部门之间的关系、控制经济活动、评价工作业绩。

（三）全面预算的内容

一个完整的全面预算一般包括经营预算（也称业务预算）、专门决策预算和财务预算三个组成部分，具体如表 10-1 所示。

表 10-1　全面预算内容

全面预算内容	含义	构成内容
经营预算	经营预算也称业务预算，是指企业预算期日常发生的基本业务活动的预算	销售预算、生产预算、直接材料预算、直接人工预算、制造费用预算、期末存货预算、产品成本预算、销售与管理费用预算等
专门决策预算	专门决策预算指企业为不经常发生的非基本业务活动所编制的预算	根据长期投资决策编制的资本支出预算，根据融资决策编制的筹资预算等
财务预算	财务预算指反映企业预算期现金收支、经营成果和财务状况的预算	现金预算和预计财务报表（预计利润表、预计资产负债表、预计现金流量表）

（四）全面预算的编制程序

全面预算编制的一般程序为：

（1）在预测与决策的基础上，由预算委员会拟定企业预算总方针，包括经营方针、各项政策以及企业总目标和分目标，如利润目标、销售目标、成本目标等，并下发到各有关部门。

（2）组织各生产业务部门按具体目标要求编制本部门预算草案。

（3）由预算委员会平衡、协商、调整各部门的预算草案，并进行预算的汇总与分析。

（4）审议预算并上报董事会审议企业的综合预算和部门预算。

（5）将批准后的预算下达各级各部门执行。

三、全面预算的编制

（一）经营预算的编制

经营预算各部分的编制基础及预算公式如表 10-2 所示。

表 10-2　经营预算编制基础及预算公式

经营预算构成内容	编制基础	预算公式
销售预算	编制的起点	预计销售收入＝预计销售量×预计单价
生产预算	销售预算	预计生产量＝预计销售量＋预计期末产品库存量－预计期初产品库存量

（续表）

经营预算构成内容	编制基础	预算公式
直接材料预算	生产预算	预计直接材料采购量＝预计产量×单位产品材料耗用量＋期末材料存货量－期初材料存货量
直接人工预算	生产预算	直接人工预算＝预计生产量×单位产品直接人工工时×小时工资率
变动制造费用预算	生产预算	变动制造费用预算＝预计生产量×单位产品预定分配率
固定制造费用预算	上年实际水平	根据上年的实际水平，经过适当的调整而得
产品成本和期末存货成本预算	生产预算	根据直接材料预算、直接人工预算和制造费用预算编制
销售费用预算	销售预算	运用本量利分析等方法合理安排销售费用
管理费用预算	过去发生的实际支出	以过去发生的实际支出为参考，结合分析企业的业务情况，使费用支出更合理、更有效

（二）专门决策预算的编制

专门决策预算主要包括长期投资预算（资本支出预算）和筹资预算，它往往涉及长期建设项目的资金投放与筹集，并经常跨越多个年度。专门决策预算的要点是准确反映项目资金投资支出与筹资计划，是编制现金预算和预计资产负债表的依据。

（三）财务预算的编制

财务预算各组成部分的编制基础及编制要求如表 10-3 所示。

表 10-3　　财务预算编制基础及编制要求

财务预算构成内容		编制基础及编制要求
现金预算	现金收入	包括销售现金收入、收回的应收账款和应收票据贴现收入等
	现金支出	包括预算期内现金支付的材料采购、直接人工费用、制造费用、销售及管理费用、税金、股利、偿还到期借款本息和购置固定资产、长期投资等
	现金余缺	将各期现金收入与现金支出比较计算现金收支差额
	资金筹集与融通	如果现金不足，可通过向银行借款、发行短期企业债券等方式来弥补；如果有多余的现金，可用于偿还银行借款的本金和利息，或者用于短期投资等
预计利润表预算		以各项经营预算和财务预算为编制基础
预计资产负债表预算		以各项经营预算、专门决策预算、现金预算和预计利润为编制基础

四、预算编制的方法及应用

常见的预算编制的方法主要有固定预算与弹性预算、增量预算与零基预算、定期预算与滚动预算、概率预算等，各种编制方法的分类依据及含义如表 10-4 所示。

表 10-4　　预算编制方法比较

分类依据	编制方法	含义
按其是否可按业务量调整	固定预算	又称静态预算，是指根据预算期内正常的可能实现的某一固定业务量水平而编制的预算
	弹性预算	弹性预算是以业务量、成本和利润之间的依存关系为依据，按照预算期可预见的各种业务量水平为基础，编制适用于一系列业务量变化的预算
按其编制的出发点不同	增量预算	又称调整预算方法，是以基期的费用水平为基础，结合预算期业务量水平及有关影响因素的未来变动情况，通过调整有关原有费用项目而编制预算的一种方法
	零基预算	零基预算指在编制预算时，完全不考虑以往费用支出的实际水平，一切从零开始，根据预算期的实际需要和可能，逐项审定各预算项目开支的必要性及其数额，再根据成本效益原则对各预算项目进行成本效益分析比较、排序，确定预算支出数额
按其预算期的时间特征不同	定期预算	定期预算法是指以不变的会计期间（如日历年度）作为预算期的一种编制预算的方法
	滚动预算	又称永续预算或连续预算，是指企业根据上一期预算执行情况和新的预测结果，按既定的预算编制周期和滚动频率，对原有的预算方案进行调整和补充，逐期向后滚动，持续推进的预算编制方法
—	概率预算	在市场供求、产销变动比较大的情况下，业务量、价格、成本等变量有时是难以确定的，这时企业就需要根据客观条件，对有关变量进行分析，估计它们可能变动的范围及其在该范围内出现的概率，然后结合概率对各变量进行调整，计算期望值，编制预算，这种运用概率编制预算的方法称为概率预算

第二部分　练　习　题

一、名词解释

1. 预算管理
2. 全面预算
3. 经营预算
4. 专门决策预算
5. 财务预算
6. 固定预算
7. 弹性预算
8. 增量预算
9. 零基预算
10. 定期预算
11. 滚动预算
12. 概率预算

二、单项选择题

1. 最能揭示全面预算本质的说法是：全面预算是关于未来期间内（　　）。

A. 企业的成本计划　　　　B. 事业单位的收支计划

C. 企业总体计划的数量说明　　D. 企业总体计划的文字说明

2. 下列各项中,属于编制全面预算的关键和起点的是(　　)。

A. 销售预算　　B. 生产预算

C. 直接材料预算　　D. 直接人工预算

3. 在管理会计中,用于概括与企业日常业务直接相关、具有实质性的基本活动的一系列预算的概念是(　　)。

A. 专门决策预算　　B. 经营预算

C. 财务预算　　D. 销售预算

4. 下列各项中,属于业务预算的是(　　)。

A. 预计资产负债表　　B. 预计利润表

C. 现金预算　　D. 销售预算

5. 现金预算属于(　　)。

A. 经营预算　　B. 生产预算

C. 专门决策预算　　D. 财务预算

6. 编制经营预算与财务预算的期间通常是(　　)。

A. 1 个月　　B. 1 个季度　　C. 半年　　D. 1 年

7. 下列各项中,与生产预算编制没有直接联系的预算是(　　)。

A. 直接材料预算　　B. 变动制造费用预算

C. 销售及管理费用预算　　D. 直接人工预算

8. 下列各项中,只涉及实物计量单位而不涉及价值计量单位的预算是(　　)。

A. 销售预算　　B. 生产预算

C. 财务预算　　D. 专门决策预算

9. 某企业编制第三季度"生产预算",第一季度销售量为 1 800 件,第二季度销售量为 2 000 件,预计本年第三季度销售量为 1 900 件,第四季度销售量为 2 100 件,期末存货为下一季度销售量的 10%,第三季度预计生产量为(　　)件。

A. 1 890　　B. 1 910　　C. 1 880　　D. 1 920

10. 某企业第一季度产品生产量预算为 1 500 件,单位产品材料用量为 5 千克/件,季初材料库存量为 1 000 千克,第一季度还要根据第二季度生产耗用材料的 10%安排季末存量,预计第二季度生产耗用 7 800 千克材料。材料采购价格预计为 12 元/千克,则该企业第一季度材料采购的金额为(　　)元。

A. 78 000　　B. 87 360　　C. 92 640　　D. 99 360

11. 某企业编制 2021 年度"直接材料采购预算",预计第四季度期初甲材料存货量为 420 千克,本季度生产需用量为 2 200 千克,预计期末甲材料存货量为 540 千克,甲材料采购单价(含税)为 10 元/千克。假定第四季度支付材料货款的 60%,其余 40%在下季度付清,则该企业预计资产负债表中"应付账款"项目的年末余额为(　　)元。

A. 8 320　　B. 9 280　　C. 13 920　　D. 12 480

12. 下列各项中，不必单独编制与之有关的现金收支预算的是（　　）。

A. 销售预算　　B. 直接材料预算

C. 直接人工预算　　D. 制造费用预算

13. （　　）是根据客观条件，对有关变量进行分析，估计它们可能变动的范围及其在该范围内出现的概率，然后结合概率对各变量进行调整，计算期望值，编制预算。

A. 零基预算　　B. 弹性预算　　C. 滚动预算　　D. 概率预算

14. （　　）包括销售预算、生产预算、直接材料预算、直接人工预算等。

A. 材料预算　　B. 经营预算　　C. 财务预算　　D. 销售预算

15. 在编制制造费用预算时，计算现金支出应予剔除的项目是（　　）。

A. 间接材料　　B. 间接人工

C. 管理人员工资　　D. 折旧费

16. 下列各项中，没有直接在现金预算中得到反映的是（　　）。

A. 期初、期末现金余额　　B. 现金筹措及运用

C. 预算期产量和销量　　D. 预算期现金余缺

17. 预计期初存货 50 件，期末存货 40 件，本期销售 250 件，则本期生产量为（　　）件。

A. 250　　B. 240　　C. 260　　D. 230

18. 下列预算中，不涉及现金收支内容的项目为（　　）。

A. 销售预算　　B. 生产预算

C. 制造费用预算　　D. 产品成本预算

19. 总预算是指（　　）。

A. 财务预算　　B. 销售预算

C. 专门决策预算　　D. 日常业务预算

20. （　　）是反映企业预算期期末财务状况的预算报表。

A. 预计利润表　　B. 预计所有者权益变动表

C. 预计现金流量表　　D. 预计资产负债表

21. 下列各项中，不属于传统预算方法的是（　　）。

A. 固定预算方法　　B. 弹性预算方法

C. 增量预算方法　　D. 定期预算方法

22. 下列各项中，能够克服固定预算方法缺点的是（　　）。

A. 固定预算方法　　B. 弹性预算方法

C. 滚动预算方法　　D. 零基预算方法

23. 按照成本性态分析的方法将企业的成本分为固定成本和变动成本，这种预算方法是（　　）。

A. 固定预算　　B. 零基预算　　C. 滚动预算　　D. 弹性预算

24. 下列各项中，属于编制弹性预算首先应当考虑及确定的因素是（　　）。

A. 业务量　　B. 变动成本　　C. 固定成本　　D. 计量单位

25. 企业在不能准确预测业务量的情况下，根据本量利之间的数量关系，以预算期内可预见的各种业务量水平为基础，编制能够适应多种情况预算的方法是（　　）。

A. 零基预算　　B. 弹性预算　　C. 滚动预算　　D. 固定预算

26. 某公司编制预算的时候考虑到本年生产任务增长10%，所以制造费用就在去年30万元的基础上编制为30×（1+10%）=33万元，它所采用的预算编制方法是（　　）。

A. 增量预算　　B. 零基预算　　C. 固定预算　　D. 弹性预算

27. 增量预算编制方法的缺陷是（　　）。

A. 可比性弱

B. 工作量很大

C. 有利于促使各基层单位精打细算

D. 可能导致无效费用开支项目无法得到有效控制

28. 下列各项中，应当作为零基预算方法出发点的是（　　）。

A. 基期的费用水平　　B. 历史上费用的最好水平

C. 国内外同行业费用水平　　D. 所有费用为零

29. 下列各项中，属于零基预算方法编制程序第一步的是（　　）。

A. 提出预算期内各种活动内容及费用开支方案

B. 对方案进行成本—效益分析

C. 择优安排项目，分配预算资金

D. 搜集历史资料

30. 下列各项中，叙述不正确的是（　　）。

A. 固定预算编制方法可能造成预算上的浪费

B. 零基预算有利于促使各基层单位精打细算，合理使用资金

C. 定期预算有利于对预算执行情况进行分析和评价

D. 滚动预算又叫连续预算或永续预算

三、多项选择题

1. 下列各项中，能体现全面预算作用的有（　　）。

A. 明确工作目标　　B. 协调部门关系

C. 控制经济活动　　D. 考核业绩标准

2. 下列各项中，不属于业务预算的有（　　）。

A. 产品成本预算　　B. 资本支出预算

C. 预计利润表　　D. 预计资产负债表

3. 下列各项中，一般不属于长期预算的有（　　）。

A. 销售预算　　B. 财务预算

C. 管理费用预算　　D. 资本支出预算

4. 编制生产预算时需要考虑的因素有（　　）。

A. 预算期预计期末存货量　　B. 基期销售量
C. 预算期预计销售量　　D. 预算期期初存货量
5. 下列各项中，属于产品成本预算编制基础的有（　　）。
A. 制造费用预算　　B. 生产预算
C. 直接材料预算　　D. 直接人工预算
6. 下列各项中，编制直接人工预算需要考虑的有（　　）。
A. 基期生产量　　B. 生产预算中的预计生产量
C. 标准工资率　　D. 标准单位直接人工工时
7. 下列各项中，属于期末存货预算编制依据的有（　　）。
A. 基期销售量　　B. 产成品期末存货成本预算额
C. 在产品期末存货成本预算额　　D. 原材料期末存货成本预算额
8. 在编制现金预算的过程中，可作为其编制依据的有（　　）。
A. 业务预算　　B. 预计利润表
C. 预计资产负债表　　D. 专门决策预算
9. 下列各项中，被纳入现金收支预算的有（　　）。
A. 销售产品收到现金　　B. 购买材料支付现金
C. 缴纳增值税　　D. 资本性现金支出
10. 下列各项中，能够为编制预计利润表提供直接信息来源的有（　　）。
A. 销售预算　　B. 产品成本预算
C. 专门决策预算　　D. 销售费用及管理费用预算
11. 按编制预算出发点的特征不同，可将编制成本费用预算的方法分为（　　）。
A. 固定预算方法　　B. 弹性预算方法
C. 增量预算方法　　D. 零基预算方法
12. 下列各项中，可以作为编制弹性预算依据的业务量有（　　）。
A. 产销量　　B. 直接人工工时
C. 机器工时　　D. 材料消耗量
13. 下列各项中，能揭示弹性预算方法优点的有（　　）。
A. 可比性强　　B. 预算范围宽
C. 各预算期预算相互衔接　　D. 不受现有费用项目的限制
14. 与传统的增量预算方法相比较，零基预算方法的特殊之处在于（　　）。
A. 一切从零开始　　B. 不受现有费用项目的限制
C. 以现有的费用水平为基础　　D. 一切从实际需要出发
15. 下列各项中，属于定期预算方法缺点的有（　　）。
A. 盲目性　　B. 滞后性　　C. 复杂性　　D. 间断性
16. 按预算编制和滚动的时间单位不同，滚动预算方法的滚动方式包括（　　）。
A. 逐月滚动　　B. 逐季滚动　　C. 混合滚动　　D. 随机滚动

17. 下列各项中，属于滚动预算方法优点的有(　　)。

A. 完整性突出　　　　B. 及时性强

C. 连续性突出　　　　D. 滞后性显著

18. 下列各项中，与编制弹性预算相关的内容有(　　)。

A. 只要本量利数量关系不发生变化，则不必每期重新编制

B. 以成本性态分析为理论前提

C. 在预算期末需要计算"实际业务量的预算成本"

D. 既可以用于成本费用预算，也可以用于利润预算

19. 下列关于增量预算和零基预算的描述中，正确的有(　　)。

A. 增量预算是以基期成本费用水平为基础编制的预算

B. 零基预算在编制费用预算时，不考虑以往会计期间发生的费用项目或费用数额

C. 零基预算可能导致无效费用开支项目无法得到有效控制

D. 增量预算不受现有费用项目的限制

20. 滚动预算较之传统的定期预算具有的优点有(　　)。

A. 与会计年度相配合，便于预算执行结果的考核与评价

B. 可以保持预算的连续性与完整性，使有关人员能从动态的预算中把握企业的未来，了解企业的总体规划和近期目标

C. 可以根据前期预算的执行结果，结合各种新的变化信息，不断调整或修订预算，从而使预算与实际情况更相适应，有利于充分发挥预算的指导与控制作用

D. 可以使各级管理人员始终保持对未来12个月甚至更长远的生产经营活动作周密的思考和全盘的规划，确保企业各项工作有条不紊地进行

四、判断题

1. 销售预算是以生产预算为依据编制的。(　　)

2. 生产预算是全面预算的起点，其他预算的编制都应以生产预算为基础。(　　)

3. 生产预算是所有经营预算中唯一只使用实物量计量单位的预算。(　　)

4. 预算委员会主要负责制定企业预算调整方案。(　　)

5. 在编制经营预算、财务预算和资本支出预算时，预算期间通常以1年为期。(　　)

6. 各种经营预算的编制，均同时使用实物量和价值量作为计量单位。(　　)

7. 财务预算是指反映企业预算期现金支出的预算。(　　)

8. 在编制生产预算时，应考虑预计期初存货和预计期末存货。(　　)

9. 产品成本预算需要在生产预算、直接材料预算、直接人工预算和制造费用预算的基础上编制。(　　)

10. 为了便于编制现金预算，还应在编制销售预算的同时，编制与销售收入有关的经营现金收入预算表。(　　)

11. 现金收支预算是以实物量指标反映企业经营活动结果的。(　　)

12. 预计资产负债表和预计利润表构成了整个财务预算。 （ ）

13. 预计资产负债表中现金余额项目的期末数不一定等于现金预算中的期末现金余额。 （ ）

14. 预计财务报表的编制程序是先编制预计利润表，再编制预计资产负债表。 （ ）

15. 各种预算中，构成全面预算体系最终环节的是日常业务预算。 （ ）

16. 编制预算的方法按其业务量基础的数量特征不同，可分为固定预算方法和弹性预算方法两大类。 （ ）

17. 零基预算是为弥补增量预算的缺陷而设计的一种先进预算方法。 （ ）

18. 一般来说，固定预算方法只适用于业务量水平较为稳定的企业或非营利组织编制预算时采用。 （ ）

19. 弹性预算方法只适用于编制利润预算。 （ ）

20. 在实务中，企业并不需要每年都按零基预算方法来编制预算，而是每隔几年才按此方法编制一次预算。 （ ）

21. 定期预算方法的最大特点是预算期与会计年度相一致。 （ ）

22. 增量预算与零基预算的差别主要是编制预算的出发点不同。 （ ）

23. 编制零基预算时，应以现有的费用水平为基础。 （ ）

24. 固定预算的预算期与会计年度相脱离。 （ ）

25. 概率预算是在弹性预算的基础上加上各预定指标变化的概率。 （ ）

五、计算分析题

1. 某公司生产并销售甲、乙两种产品，2021 年两种产品在每一季度的销售中有 60%可于当季度收到现金，其余 40%的货款将于下一季度收讫。2021 年年初应收账款数据和各季度预测的销售单价和销售数量等资料如表 10-5 所示。

表 10-5　　2021 年度预计销售单价、预计销售量及其他资料表　　金额单位：元

<table>
<tr><th colspan="2" rowspan="2">季度</th><th rowspan="2">1</th><th rowspan="2">2</th><th rowspan="2">3</th><th rowspan="2">4</th><th rowspan="2">年初应收账款</th><th rowspan="2">增值税率</th><th colspan="2">收现率</th></tr>
<tr><th>首期</th><th>二期</th></tr>
<tr><td rowspan="2">甲产品</td><td>销售单价(不含税)</td><td>75</td><td>75</td><td>75</td><td>75</td><td rowspan="2">8 000</td><td rowspan="4">13%</td><td rowspan="4">60%</td><td rowspan="4">40%</td></tr>
<tr><td>预计销售量(件)</td><td>600</td><td>500</td><td>800</td><td>900</td></tr>
<tr><td rowspan="2">乙产品</td><td>销售单价(不含税)</td><td>90</td><td>90</td><td>90</td><td>90</td><td rowspan="2">10 000</td></tr>
<tr><td>预计销售量(件)</td><td>800</td><td>1 000</td><td>1 100</td><td>1 000</td></tr>
</table>

要求：

（1）编制该公司 2021 年度销售预算表。

（2）编制 2021 年度现金收入预算表。

2. 某公司只生产一种产品—甲产品，2021 年度甲产品预计销售量为：第一季度 1 000 件，第二季度 900 件，第三季度 1 100 件，第四季度 1 200 件。年初产成品存货量为 120 件，

年末预计产成品存货量为150件，预计期末产成品占下期销售量的百分比为10%。

要求：根据上述资料编制该公司2021年度生产预算表。

3. 某企业现金预算部分数据如表10-6所示，假设现金期末最低余额为50 000元，银行借款起点为10 000元，贷款利息为每年5%，还本时付息。

表10-6 现金预算 金额单位：元

项目	第1季度	第2季度	第3季度	第4季度	全年
期初现金余额	45 000	(8)	(15)	(22)	(34)
加：现金收入	105 000	(9)	200 000	(23)	665 000
可动用现金	(1)	(10)	(16)	(24)	(35)
减：现金支出	—	—	—	—	—
直接材料	30 000	40 000	40 000	(25)	150 000
直接人工	(2)	15 000	(17)	(26)	(36)
制造费用	12 000	12 000	12 000	12 000	(37)
销售和管理费用	10 000	10 000	10 000	(27)	40 000
购置设备	50 000	0	0	0	(38)
支付所得税	75 000	75 000	75 000	(28)	300 000
现金支出合计	190 000	(11)	153 000	(29)	648 000
现金多余与不足	(3)	(12)	(18)	(30)	(39)
筹措现金：	—	—	—	—	—
向银行借款	(4)	10 000	(19)	(31)	(40)
归还借款	(5)	(13)	50 000	50 000	(41)
支付利息	(6)	(14)	(20)	(32)	(42)
期末现金余额	(7)	58 000	(21)	(33)	(43)

要求：将现金预算的空缺数据按照内在联系填补完整。

第三部分 参考答案

一、名词解释

1. 预算管理

预算管理是指企业以战略目标为导向，通过对未来一定期间内的经营活动和相应的财务结果进行全面预测和筹划，科学、合理配置企业各项财务和非财务资源，并对执行过程进行监督和分析，对执行结果进行评价和反馈，指导经营活动的改善和调整，进而推动实现企业战略目标的管理活动。

2. 全面预算

全面预算是指在预测与决策的基础上，按照企业既定的经营目标和程序，规划与反映企业未来的销售、生产、成本、现金收支等各方面活动，以便对企业特定计划期内全部生产经营活动有效地作出具体组织与协调，最终以货币为主要计量单位，通过一系列预计的财务报表及附表展示其资源配置情况的有关企业总体计划的数量说明。

3. 经营预算

经营预算也称业务预算，是指企业预算期日常发生的基本业务活动的预算。其主要包括销售预算、生产预算、直接材料预算、直接人工预算、制造费用预算、期末存货预算、产品成本预算、销售与管理费用预算等。

4. 专门决策预算

专门决策预算是指企业为不经常发生的非基本业务活动所编制的预算，如企业根据长期投资决策编制的资本支出预算，根据融资决策编制的筹资预算等。

5. 财务预算

财务预算是指反映企业预算期现金收支、经营成果和财务状况的预算，具体包括现金预算和预计财务报表(预计利润表、预计资产负债表、预计现金流量表)。

6. 固定预算

固定预算(Fixed Budget)又称静态预算，是指根据预算期内正常的可能实现的某一固定业务量水平而编制的预算。

7. 弹性预算

弹性预算是为克服固定预算的缺点而设计的，是以业务量、成本和利润之间的依存关系为依据，按照预算期可预见的各种业务量水平为基础，编制适用于一系列业务量变化的预算。

8. 增量预算

增量预算，又称调整预算方法，是以基期的费用水平为基础，结合预算期业务量水平及有关影响因素的未来变动情况，通过调整有关原有费用项目而编制预算的一种方法。

9. 零基预算

零基预算是指在编制预算时，完全不考虑以往费用支出的实际水平，一切从零开始，根据预算期的实际需要和可能，逐项审定各预算项目开支的必要性及其数额，再根据成本效益原则对各预算项目进行成本效益分析比较、排序，确定预算支出数额。

10. 定期预算

定期预算法是指以不变的会计期间(如日历年度)作为预算期的一种编制预算的方法。

11. 滚动预算

滚动预算(Rolling Budget)又称永续预算或连续预算，是指企业根据上一期预算执行情况和新的预测结果，按既定的预算编制周期和滚动频率，对原有的预算方案进行调整和补充，逐期向后滚动，持续推进的预算编制方法。

12. 概率预算

根据客观条件，对有关变量进行分析，估计它们可能变动的范围及其在该范围内出现的概率，然后结合概率对各变量进行调整，计算期望值，编制预算，这种运用概率编制预算的方法称为概率预算。

二、单项选择题

1. C	2. A	3. B	4. D	5. D	6. D	7. C	8. B	9. D	10. B
11. B	12. C	13. D	14. B	15. D	16. C	17. B	18. B	19. A	20. D
21. B	22. B	23. D	24. A	25. B	26. A	27. D	28. D	29. A	30. A

重难点解析：

1. 最能揭示全面预算本质的说法是：全面预算是关于未来期间内企业总体计划的数量说明，选项C正确。

2. 销售预算是编制全面预算的关键和起点。

3. 经营预算也称业务预算，是指企业预算期日常发生的基本业务活动的预算。

4. 经营预算（业务预算）主要包括销售预算、生产预算、直接材料预算、直接人工预算、制造费用预算、期末存货预算、产品成本预算、销售与管理费用预算等。因此，选项D正确；选项ABC属于财务预算。

6. 经营预算与财务预算一般为短期预算，预算期间通常为1年，因此选项D正确。

7. 选项ABD均是以生产预算为基础编制的；选项C销售及管理费用预算是以销售预算为基础编制的。

8. 生产预算只涉及实物计量单位而不涉及价值计量单位。

9. 预计生产量＝预计销售量＋期末存货量－期初存货量＝1 900＋2 100×10%－1 900×10%＝1 920（件）。

10. 预计直接材料采购量＝预计产量×单位产品材料耗用量＋期末材料存货量－期初材料存货量＝1 500×5＋7 800×10%－1 000＝7 250（千克），该企业第一季度材料采购的金额＝7 250×12＝87 360（元）。

11. “应付账款”项目的年末余额＝（2 200＋540－420）×10×40%＝9 280（元）。

12. 由于直接人工工资一般全部用现金支付，因此无须另外预计现金支出，可直接参加现金预算的汇总，故此题选项C正确。

15. 固定资产折旧作为一项固定制造费用，由于不涉及现金支出，在编制制造费用预计现金支出计算表时，需从固定制造费用中扣除，故此题选项D正确。

16. 现金预算一般包括四个部分：现金收入、现金支出、现金的余缺、资金筹集与融通，选项C未直接在现金预算中得到反映。

17. 预计生产量＝预计销售量＋期末存货量－期初存货量＝250＋40－50＝240（件）。

20. 预计资产负债表是反映企业预算期期末财务状况的预算报表。

21. 传统预算方法有固定预算、增量预算、定期预算，选项B是针对固定预算的缺陷产生的，属于先进的预算方法。

23. 弹性预算是建立在成本性态基础上的，将企业的成本分为固定成本和变动成本。

24. 弹性预算是以业务量、成本和利润之间的依存关系为依据，按照预算期可预见的各种业务量水平为基础，编制适用于一系列业务量变化的预算。因此，编制弹性预算首先应当考虑及确定的因素是业务量。

26. 某公司编制预算的时候考虑到本年生产任务增长10%，所以制造费用就在去年30万元的基础上编制为30×(1+10%)=33万元，是以基期的费用水平为基础的，故该预算编制方法应为增量预算。

28. 零基预算一切从零开始。

30. 选项A应是弹性预算编制方法可能造成预算上的浪费。

三、多项选择题

1. ABCD	2. BCD	3. ABC	4. ACD	5. ABCD	6. BCD	7. BCD	8. AD	9. ABCD	10. ABD
11. CD	12. ABCD	13. AB	14. ABD	15. ABD	16. ABC	17. ABC	18. ABCD	19. AB	20. BCD

重难点解析：

1. 全面预算的作用有明确工作目标、协调部门关系、控制经济活动、考核业绩标准，故选项ABCD均正确。

2. 选项B资本支出预算属于专门决策预算；选项C预计利润表和选项D预计资产负债表均属于财务预算。

3. 业务预算和财务预算均属于短期预算，因此，选项ABC属于短期预算；选项D属于长期预算。

4. 预计生产量=预计销售量+预计期末产品库存量－预计期初产品库存量，因此，生产预算时需要考虑的因素有预算期预计销售量、预算期预计期末存货量、预算期期初存货量，选项ACD正确。

6. 直接人工预算=预计生产量×单位产品直接人工工时×小时工资率，因此，编制直接人工预算需要考虑的有预计生产量、标准单位直接人工工时和标准工资率。

8. 现金预算的编制基础是经营预算和专门决策预算，选项AD正确。

9. 选项ABCD均可被纳入现金收支预算。

10. 编制预计利润表的依据是各项经营预算和财务预算，选项ABD均为经营预算，故选项ABD正确。

11. 按编制预算出发点的特征不同，可将编制成本费用预算的方法分为增量预算方法和零基预算方法。

12. 编制弹性预算依据的业务量可以为产销量、直接人工工时、机器工时、材料消耗量等，选项ABCD均正确。

13. 选项AB为弹性预算的优点；选项C为滚动预算的优点；选项D为零基预算的优点。

15. 定期预算方法的缺点有盲目性、滞后性和间断性,因此选项 ABD 正确。

16. 按预算编制和滚动的时间单位不同,滚动预算方法的滚动方式包括逐月滚动、逐季滚动和混合滚动三种。

19. 选项 AB 正确;选项 C 增量预算可能导致无效费用开支项目无法得到有效控制;选项 D 零基预算不受现有费用项目的限制。

20. 选项 A 与会计年度相配合,便于预算执行结果的考核与评价是定期预算的优点,其余三个选项均正确。

四、判断题

1. ×	2. ×	3. √	4. ×	5. ×	6. ×	7. ×	8. √	9. √	10. √
11. ×	12. ×	13. ×	14. √	15. ×	16. √	17. √	18. √	19. ×	20. √
21. √	22. √	23. ×	24. ×	25. √					

重难点解析:

1. 生产预算是以销售预算为依据编制的。

2. 销售预算是全面预算的起点,其他预算的编制都应以销售预算为基础。

4. 预算委员会平衡、协商、调整各部门的预算草案,并进行预算的汇总与分析。

5. 在编制经营预算、财务预算时,预算期间通常以 1 年为期,资本支出预算一般为长期预算,预算期间大于 1 年。

6. 经营预算中生产预算的编制,只使用实物量作为计量单位。

7. 财务预算是指反映企业预算期现金收支、经营成果和财务状况的预算。

11. 现金收支预算是以价值量指标反映企业经营活动的,目的在于合理安排现金的收入和支出,正确计算和确定现金多余或不足的时间和金额,进而确定资金运用或资金筹集的方式、时间和数额。

12. 现金预算、预计资产负债表和预计利润表构成了整个财务预算。

13. 预计资产负债表中现金余额项目的期末数等于现金预算中的期末现金余额。

15. 各种预算中,构成全面预算体系最终环节的是财务预算。

19. 弹性预算方法既可以用于成本费用预算,也可以用于利润预算。

23. 编制零基预算时,应以零为基础,而编制增量预算时,应以现有的费用水平为基础。

24. 固定预算的预算期与会计年度保持一致。

五、计算分析题

1. 解:

(1) 该公司 2021 年度的销售预算表如表 10-7 所示。

表 10-7　　　　2021 年度销售预算表　　　　金额单位：元

季度		1	2	3	4	全年
销售单价	甲产品	75	75	75	75	75
	乙产品	90	90	90	90	90
预计销售量(件)	甲产品	600	500	800	900	2 800
	乙产品	800	1 000	1 100	1 000	3 900
预计销售收入	甲产品	45 000	37 500	60 000	67 500	210 000
	乙产品	72 000	90 000	99 000	90 000	351 000
	合　计	117 000	127 500	159 000	157 500	561 000
增值税销项税额		15 210	16 575	20 670	20 475	72 930
含税销售收入		132 210	144 075	179 670	177 975	633 930

(2) 2021 年度的现金收入预算表如表 10-8 所示。

表 10-8　　　　2021 年度现金收入预算表　　　　金额单位：元

项目	现金收入				
	第 1 季度	第 2 季度	第 3 季度	第 4 季度	全年
含税销售收入	132 210	144 075	179 670	177 975	633 930
期初应收账款	18 000				18 000
第 1 季度	79 326	52 884			132 210
第 2 季度		86 445	57 630		144 075
第 3 季度			107 802	71 868	179 670
第 4 季度				106 785	106 785
现金收入合计	97 326	139 329	165 432	178 653	580 740

2. 解：

该公司 2021 年度的生产预算表如表 10-9 所示。

表 10-9　　　　生产预算表　　　　数量单位：件

品种	季度	1	2	3	4	全年
甲产品	预计销售量	1 000	900	1 100	1 200	4 200
	加：预计期末存货量	90	110	120	150	150
	减：预计期初存货量	120	90	110	120	120
	预计生产量	970	920	1 110	1 230	4 230

3. 解：

现金预算表如表 10-10 所示。

表 10-10 现金预算表 金额单位：元

项目	第 1 季度	第 2 季度	第 3 季度	第 4 季度	全年
期初现金余额	45 000	(8)50 000	(15)58 000	(22)53 125	(34)45 000
加：现金收入	105 000	(9)150 000	200 000	(23)210 000	665 000
可动用现金	(1)150 000	(10)200 000	(16)258 000	(24)263 125	(35)710 000
减：现金支出	—	—	—	—	—
直接材料	30 000	40 000	40 000	(25)40 000	150 000
直接人工	(2)13 000	15 000	(17)16 000	(26)16 000	(36)60 000
制造费用	12 000	12 000	12 000	12 000	(37)48 000
销售和管理费用	10 000	10 000	10 000	(27)10 000	40 000
购置设备	50 000	0	0	0	(38)50 000
支付所得税	75 000	75 000	75 000	(28)75 000	300 000
现金支出合计	190 000	(11)152 000	153 000	(29)153 000	648 000
现金多余与不足	(3)－40 000	(12)48 000	(18)105 000	(30)110 125	(39)62 000
筹措现金：	—	—	—	—	—
向银行借款	(4)90 000	10 000	(19)0	(31)0	(40)100 000
归还借款	(5)0	(13)0	50 000	50 000	(41)100 000
支付利息	(6)0	(14)0	(20)1 875	(32)2 375	(42)4 250
期末现金余额	(7)50 000	58 000	(21)53 125	(33)57 750	(43)57 750

第十一章　责任会计

第一部分　内容概要

一、责任会计理论

(一) 责任会计的产生与发展

责任会计最早产生于19世纪末20世纪初，会计数据与经济责任开始结合，责任会计的萌芽已经产生，尽管还不成熟，但为后来责任会计向业绩评价发展奠定了基础。

20世纪40年代以后，责任会计真正在实践中发挥作用，并且从理论和方法上成熟。

到今天，责任会计已形成一套完整的体系，在西方企业已经制度化，虽然我国于20世纪80年代才将“责任会计”这一概念引入中国，但随着我国经济改革的不断深化，责任会计在我国经济发展过程中发挥越来越积极的作用。

(二) 责任会计的概念

责任会计是指为适应企业内部经济责任制的要求、对企业内部各责任中心的经济业务进行规划与控制、以实现业绩考核与评价的一种内部会计控制制度。

(三) 责任会计的内容

责任会计的内容包括：①建立责任中心，明确各个责任中心的目标。②编制责任预算。③实施过程监控。④考核评价业绩。

(四) 责任会计的原则

责任会计的原则有：①责任主体原则。②目标一致原则。③可控原则。④反馈原则。⑤激励原则。

二、责任中心的划分

(一) 责任中心的概念及特征

1. 责任中心的概念

责任中心是责任会计的核算单位，是指承担一定经济责任，并享有一定权利的企业内部(责任)单位，是实施责任会计的始点和基础。责任中心通常都按照统一领导、分级管理的原则，在其内部合理划分责任单位，明确各个项目单位应承担的经济责任。

2. 责任中心的特征

责任中心是一个责权利相结合的实体，其责任和权利皆可控，各责任中心之间既有合作又有竞争，并且有定期的考核与评价。

(二) 责任中心的类型

责任中心是为了使各单位在其规定的责任范围内有责有权，积极工作，保证各中心目标的实现。责任中心可划分为成本中心、利润中心和投资中心，各责任中心的概念、特点及类型如表 11-1 所示。

表 11-1 责任中心的类型

责任中心	概念	特点	类型
成本中心	成本中心是按成本水平评价、考核其工作成果的内部责任单位，是指只对成本或费用负责的责任中心，无须对收入、利润及投资负责	① 只考虑成本费用 ② 只对可控成本承担责任 ③ 只对责任成本进行考核和控制	技术性成本中心
			酌量性成本中心
利润中心	利润中心是指拥有产品或劳务的生产经营决策权，是既对成本、费用负责又对收入、利润负责的单位，它有独立或相对独立的收入和生产经营决策权	① 具有独立的收入来源或可以视同为一个有独立收入的部门，一般还具有独立的经营权 ② 利润中心权力和责任相对较大 ③ 既要控制成本，又要增加收入，强调相对成本节约	自然利润中心
			人为利润中心
投资中心	投资中心是既要对成本和利润负责，又要对投资及投资收益负责的内部责任单位	投资中心是最高层次的责任中心，它拥有最大的决策权，也承担最大的责任	—

成本中心、利润中心、投资中心这三类责任中心的控制范围及三者之间的关系如图 11-1 所示。

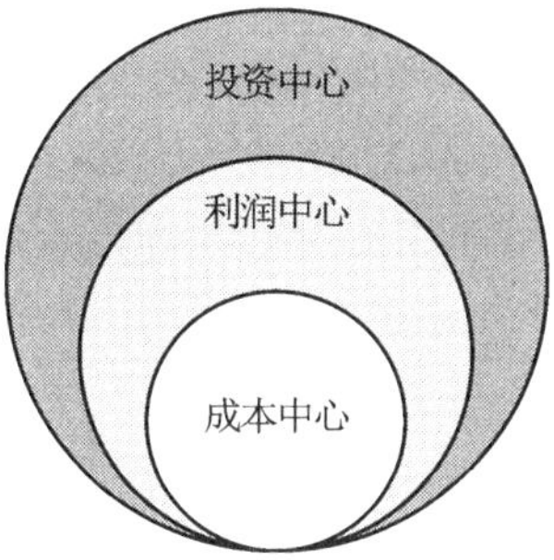

图 11-1 责任中心关系图

我们可以看出，一个利润中心必然同时是成本中心；一个投资中心必然同时是利润中心、成本中心。

三、内部转移价格

1. 内部转移价格的概念

内部转移价格又称调拨价格，是指企业内各部门之间由于相互提供产品、半成品或劳务而引起的相互结算、相互转账所需要的一种计价标准。这种计价结算并不动用企业货币资金，而是一种观念上的货币结算，是一种资金限额指标的结算。

2. 内部转移价格的作用

各责任中心用转移价格核算本单位的成本、费用、收入和利润，并在提供产品或劳务时与另一单位进行结算或转账。这种价格只是一种协商和约定的价格，只适用于企业内部。具体来说有以下三个方面的作用：①合理界定各责任中心的经济责任。②有效测定各责任中心的资金流量。③科学考核各责任中心的经营业绩。

3. 内部转移价格的制定原则

当一种产品的最终完成需要在企业内部的多个责任中心之间进行转移，由多个责任中心共同的努力才能实现销售的话，那么即使仅有最终的产品才能为企业带来货币效益，实现的收益还是应该由这些中心共同分享，这时内部转移价格的制定就成为企业内部的利益分配机制。为促使企业财务目标的实现，制定内部转移价格应遵循下列原则：①目标一致性原则。②公平性原则。③自主性原则。④科学性原则。

4. 内部转移价格的类型

常见的内部转移价格有四种：市场价格、协商价格、双重价格和成本转移价格，具体如表 11-2 所示。

表 11-2　　内部转移价格的类型

<table>
<tr><th>类型</th><th colspan="2">概念</th></tr>
<tr><td>市场价格</td><td colspan="2">市场价格简称市价，即以产品或劳务的市场供应价格作为计价的基础，以市场价格作为内部转移价格</td></tr>
<tr><td>协商价格</td><td colspan="2">协商价格又称议价，是指在正常的市场价格基础上，企业内部交易的供求双方通过定期协商，确定一个双方都能接受的内部转移价格</td></tr>
<tr><td rowspan="2">双重价格</td><td rowspan="2">双重价格是指对产品(半成品)的供应和耗用单位分别采用不同的内部转移价格作为计价基础而制定的价格，即以不同内部转移价格作计价基础</td><td>双重市场价格</td></tr>
<tr><td>双重转移价格</td></tr>
<tr><td rowspan="3">成本转移价格</td><td rowspan="3">成本转移价格就是以转移产品的成本为基础制定的内部转移价格</td><td>标准成本</td></tr>
<tr><td>标准成本加成</td></tr>
<tr><td>标准变动成本</td></tr>
</table>

四、责任中心的业绩考核与评价

不同的责任中心具有自身的性质和特点，因此，对其考核的业绩指标也不同，具体如表 11-3 所示。

表 11-3　　责任中心的业绩考核与评价指标

<table>
<tr><th>责任中心</th><th>考核与评价指标</th></tr>
<tr><td rowspan="2">成本中心</td><td>成本(费用)变动额＝实际责任成本(费用)－预算责任成本(费用)</td></tr>
<tr><td>成本(费用)变动率＝成本(费用)变动额÷预算责任成本(费用)×100%</td></tr>
<tr><td rowspan="2">利润中心</td><td>利润中心边际贡献总额＝利润中心销售收入总额－可控成本总额(变动成本总额)</td></tr>
<tr><td>利润中心营业利润＝利润中心边际贡献总额－不可控成本总额</td></tr>
<tr><td rowspan="2">投资中心</td><td>投资报酬率＝营业利润÷投资额×100%或投资报酬率＝销售利润率×资产周转率</td></tr>
<tr><td>剩余收益＝营业利润－最低投资收益＝营业利润－投资额×预期最低收益率</td></tr>
</table>

【特别提示】 如果可控成本中只有变动成本，无可控固定成本时，上式中的可控成本总额就等于变动成本总额。

第二部分 练习题

一、名词解释

1. 责任会计
2. 责任中心
3. 成本中心
4. 利润中心
5. 投资中心
6. 内部转移价格
7. 市场价格
8. 协商价格
9. 双重价格
10. 成本转移价格
11. 投资报酬率
12. 剩余收益

二、单项选择题

1. 下列各项中，需要同时对成本、收入、利润和投资负责的是（ ）。

A. 成本中心　　B. 利润中心

C. 投资中心　　D. 责任中心

2. 下列各项中，不属于利润中心应当拥有的权利是（ ）。

A. 价格决策权　　B. 投资决策权

C. 生产决策权　　D. 销售决策权

3. 投资中心的利润扣除其投资额按规定（或预期）的最低收益率计算的投资收益后的余额称为（ ）。

A. 投资报酬率　　B. 内部报酬率

C. 税前净利　　D. 剩余收益

4. 某生产车间是一个标准成本中心，为了对该车间进行业绩评价需要计算的责任成本范围是（ ）。

A. 该车间的直接材料、直接人工和全部制造费用

B. 该车间的直接材料、直接人工和变动制造费用

C. 该车间的直接材料、直接人工和可控制造费用

D. 该车间的全部可控成本

5. 下列各项中，属于成本中心控制和考核的内容是（　　）。

A. 产品成本　　B. 标准成本　　C. 责任成本　　D. 预算成本

6. 以产品在企业内部流转而取得“内部销售收入”为特征的责任中心称为（　　）。

A. 标准成本中心　　B. 投资中心

C. 自然利润中心　　D. 人为利润中心

7. 投资中心与利润中心的主要区别是（　　）。

A. 投资中心有生产的经营决策权　　B. 投资中心有投资决策权

C. 投资中心有对外销售收入　　D. 投资中心具有法人地位

8. 从引进市场机制、营造竞争气氛、促进客观和公平竞争的角度看，制度内部转移价格的最好依据是（　　）。

A. 市场价格　　B. 协商价格　　C. 双重价格　　D. 成本价格

9. 对产品（半成品）的供应和耗用单位分别采用不同的内部转移价格作为计价基础而制定的价格称为（　　）。

A. 市场价格　　B. 协商价格　　C. 双重价格　　D. 成本价格

10. 下列各项中，不属于内部转移价格的作用的是（　　）。

A. 合理界定各责任中心的经济责任　　B. 有效测定各责任中心的资金流量

C. 科学考核各责任中心的经营业绩　　D. 明确各责任中心的义务

11. 下列公司制企业的责任单位中，可作为投资中心的是（　　）。

A. 公司　　B. 车间　　C. 班组　　D. 职工

12. 以成本转移价格作为内部转移价格时，如果交易产品涉及利润，则此时的价格应当是（　　）。

A. 实际成本　　B. 标准成本

C. 标准成本加成　　D. 变动成本

13. 下列各项中，通常具有法人资格的责任中心是（　　）。

A. 投资中心　　B. 利润中心

C. 成本中心　　D. 费用中心

14. 某轮胎厂是某汽车公司的一个投资中心，该厂预计 2021 年投资 500 万元，预计净收益增加 100 万元，如果该公司的平均报酬率为 20%，则该厂这项投资的剩余收益为（　　）万元。

A. 400　　B. 100　　C. 50　　D. 0

15. 某投资中心第一年投资 100 000 元，经营利润 20 000 元；第二年该中心新增投资 20 000 元，预计新增经营利润 3 000 元，接受新投资后，该中心的投资利润率为（　　）。

A. 15.5%　　B. 20%　　C. 17.5%　　D. 19.1%

16. 通过落实经济责任实现对企业内各部门、各单位的协调与控制体现的是责任会计的（　　）原则。

A. 责任主体　　B. 目标一致　　C. 可控　　D. 反馈

17. 下列各项中,属于实施责任会计的始点和基础的是(　　)。

A. 投资中心　　B. 利润中心　　C. 成本中心　　D. 责任中心

18. 协商定价时确定内部转移价格的最高上限是(　　)。

A. 市价　　B. 单位变动成本

C. 单位固定成本　　D. 单位成本

19. 供应方按市场价格或议价作为基础,而使用方按供应方的单位变动成本作为计价的基础的价格确认方法称为(　　)。

A. 双重市场价格　　B. 双重转移价格

C. 协商价格　　D. 市场价格

20. 下列关于利润中心营业利润的计算,工确的是(　　)。

A. 利润中心营业利润=利润中心边际贡献总额－不可控成本总额

B. 利润中心营业利润=利润中心边际贡献总额－可控成本总额

C. 利润中心营业利润=利润中心边际贡献总额－成本总额

D. 利润中心营业利润=利润中心边际贡献总额－变动成本总额

三、多项选择题

1. 下列各项中,属于责任中心内容的有(　　)。

A. 成本中心　　B. 销售中心　　C. 利润中心　　D. 投资中心

2. 下列各项指标中,可以用来考核成本中心的有(　　)。

A. 成本变动额　　B. 成本变动率

C. 投资报酬率　　D. 剩余收益

3. 成本中心是只对(　　)负责的责任中心。

A. 支出　　B. 成本　　C. 费用　　D. 收入和利润

4. 下列各企业内部单位中,可以成为责任中心的有(　　)。

A. 分公司　　B. 地区工厂　　C. 车间　　D. 班组

5. 下列各项中,属于成本中心的有(　　)。

A. 技术性成本中心　　B. 酌量性成本中心

C. 标准型成本中心　　D. 现实型成本中心

6. 下列各项中,属于内部转移价格制定原则的有(　　)。

A. 目标一致性原则　　B. 公平性原则

C. 自主性原则　　D. 科学性原则

7. 下列各项中,可以作为内部转移价格的有(　　)。

A. 市场价格　　B. 协商价格

C. 双重价格　　D. 成本转移价格

8. 下列各项指标中,属于利润中心考核范畴的有(　　)。

A. 剩余收益　　B. 投资利润率
C. 边际贡献　　D. 营业利润

9. 下列各项中，属于双重价格表现形式的有(　　)。
A. 双重产品价格　　B. 双重市场价格
C. 双重协商价格　　D. 双重转移价格

10. 下列各项表达式中，其计算结果等于投资利润率指标的有(　　)。
A. 总资产周转率×销售利润率　　B. 总资产周转率×销售成本率
C. 营业利润/投资额　　D. 总资产周转率×成本费用利润率

四、判断题

1. 成本中心是企业责任中心的最高层次，也是决定企业经济效益高低的关键部门。(　　)

2. 在责任会计的三个责任中心中，利润中心是最基本的责任中心。(　　)

3. 利润或投资中心之间相互提供产品或劳务，最好以市场价格作为内部转移价格。(　　)

4. 当供应方提供的产品或劳务没有现成的市场价格时，可采用协商价格作为内部转移价格。(　　)

5. 一个成本中心必然同时是投资中心；一个成本中心必然同时是利润中心、投资中心。(　　)

6. 用途较为广泛的成本转移价格有：标准成本、标准成本加成、标准变动成本。(　　)

7. 双重转移价格是指当某种产品或劳务在市场上出现几种不同价格时，供应方采用最高市价，使用方采用最低市价。(　　)

8. 任何责任成本中心都对成本负有责任。(　　)

9. 可控成本总是针对特定责任中心来说的。一项成本，对某个责任中心来说是可控的，而对另外的责任中心可能是不可控的。(　　)

10. 车间、工段、班组都可以成为成本中心，然而个人不可以成为责任中心。(　　)

五、计算分析题

1. A成本中心生产某产品，预算责任成本为90 000元，实际责任成本为105 000元。

要求：计算A中心的成本变动额和成本变动率。

2. 某投资中心投资额为100 000元，年净利润额为18 000元，企业为该投资中心规定的投资利润率为15%。

要求：计算该投资中心的投资利润率和剩余收益。

3. 某公司下设甲、乙两个分公司，其中甲分公司2020年营业利润60万元，平均经营资产200万元，总公司决定2021年追加投资100万元扩大甲分公司经营规模，预计当年可增加营业利润24万元，总公司规定的最低投资利润率为20%。

要求：

（1）计算甲分公司2020年投资利润率和剩余收益。

（2）计算甲分公司2021年追加投资后的投资利润率和剩余收益。

（3）根据以上计算结果，分别以投资利润率和剩余收益指标评价甲分公司的经营业绩，并说明甲分公司接受该追加投资是否有利。

4. 某公司下设甲、乙两个投资中心。甲投资中心的投资额为200万元，投资利润率为15%；乙投资中心的投资利润率为17%，剩余收益为20万元。该公司要求的平均最低利润率为12%。公司决定追加投资100万元，若投向甲投资中心，每年可增加利润20万元；若投向乙投资中心，每年可增加利润15万元。

要求：

（1）计算追加投资前甲投资中心的剩余收益。

（2）计算追加投资前乙投资中心的投资额。

（3）计算追加投资前该公司的投资利润率。

（4）若甲投资中心接受追加投资，计算其剩余收益。

（5）若乙投资中心接受追加投资，计算其投资利润率。

第三部分 参考答案

一、名词解释

1. 责任会计

责任会计是指为适应企业内部经济责任制的要求、对企业内部各责任中心的经济业务进行规划与控制、以实现业绩考核与评价的一种内部会计控制制度。

2. 责任中心

责任中心是责任会计的核算单位，是指承担一定经济责任，并享有一定权利的企业内部（责任）单位，是实施责任会计的始点和基础。

3. 成本中心

成本中心是按成本水平评价、考核其工作成果的内部责任单位，是指只对成本或费用负责的责任中心，无须对收入、利润及投资负责。

4. 利润中心

利润中心是指拥有产品或劳务的生产经营决策权，是既对成本、费用负责又对收入、利润负责的单位，它有独立或相对独立的收入和生产经营决策权。

5. 投资中心

投资中心是既要对成本和利润负责，又要对投资及投资收益负责的内部责任单位。投资中心是最高层次的责任中心，它拥有最大的决策权，也承担最大的责任。

6. 内部转移价格

内部转移价格又称调拨价格，就是指企业内各部门之间由于相互提供产品、半成品或劳务而引起的相互结算、相互转账所需要的一种计价标准。

7. 市场价格

市场价格简称市价，即以产品或劳务的市场供应价格作为计价的基础，以市场价格作为内部转移价格，其前提是各责任单位必须有充分的外购外销产品（或劳务）的自主权，而且这些产品或劳务都具有进入竞争市场的价格优势。

8. 协商价格

协商价格又称议价，是指在正常的市场价格基础上，企业内部交易的供求双方通过定期协商，确定一个双方都能接受的内部转移价格。

9. 双重价格

双重价格是指对产品（半成品）的供应和耗用单位分别采用不同的内部转移价格作为计价基础而制定的价格，即采用不同内部转移价格作计价基础。

10. 成本转移价格

成本转移价格就是以转移产品的成本为基础制定的内部转移价格。

11. 投资报酬率

投资报酬率又称投资利润率，是指投资中心所获得的利润与投资额之间的比率，可用于评价和考核由投资中心掌握、使用的全部净资产的盈利能力。

12. 剩余收益

剩余收益是指投资中获得的利润，扣减其投资额按规定（或预期）的最低收益率计算的投资收益后的余额，是一个部门的营业利润超过其预期最低收益的部分。

二、单项选择题

1. C	2. B	3. D	4. D	5. C	6. D	7. B	8. A	9. C	10. D
11. A	12. C	13. A	14. D	15. D	16. A	17. D	18. A	19. B	20. A

重难点解析：

1. 投资中心是既要对成本和利润负责，又要对投资及投资收益负责的内部责任单位。

2. 投资决策权属于投资中心拥有的权利。

3. 剩余收益是指投资中获得的利润，扣减其投资额按规定（或预期）的最低收益率计算的投资收益后的余额，是一个部门的营业利润超过其预期最低收益的部分。

4. 在对成本中心的工作成果进行考核时，应从全部成本中区分可控成本并加总得到责任成本，进而将其实际发生额同预算额进行比较，揭示二者之间的差异及其金额、性质、形成的原因，并根据此差异分析的结果，对各责任中心的工作成果进行奖惩，以促进预算责任目标的完成。因此选项 D 正确。

5. 成本中心是企业发生成本的部门或单位。由于它只对成本负责，因而对成本中心考核的重点是成本，并且是以可控成本即责任成本为主要内容。

6. 人为利润中心指在企业内部按照内部结算价格将产品或劳务提供给本企业其他责任

中心取得收入，实现内部利润的责任中心。因此选项D正确。

7. 利润中心不具有投资决策权，因此选项B错误。

8. 市场价格是制定内部转移价格的最好依据，因为市价比较客观，对买卖双方均无所偏袒，而且能促使卖方努力改善经营管理，同时市价也最能体现责任中心的基本要求。

9. 双重价格是指对产品(半成品)的供应和耗用单位分别采用不同的内部转移价格作为计价基础而制定的价格，即采用不同内部转移价格作计价基础。

11. 投资中心的管理特征是较高程度的分权管理。一般而言，大型集团所属的子公司、分公司和事业部往往都是投资中心。工厂，车间、工段、班组等一般属于成本中心。

12. 标准成本加成是以产品(半成品)或劳务的标准成本加计一定的合理利润作为计价的基础。其能分清相关责任中心的责任，有利于划清买卖双方的经济责任，激励双方降低成本、增加利润，也有利于正确评价双方经营业绩。

13. 投资中心则通常包括各事业部和一部分分公司，一般都是独立法人。

14. 剩余收益＝100－(500×20%)＝0。

15. 投资利润率＝(20 000＋3 000)/(100 000＋20 000)＝19.1%

16. 责任会计旨在通过落实经济责任实现对企业内各部门、各单位的协调与控制，其会计主体是经济责任的承担者。

17. 责任中心是责任会计的核算单位，是指承担一定经济责任，并享有一定权利的企业内部(责任)单位，是实施责任会计的始点和基础。

18. 协商定价时确定内部转移价格的最高上限是市价，下限是单位变动成本，具体水平由买卖双方在这个范围内协商确定。

19. 双重转移价格是指供应方按市场价格或议价作为基础，而使用方按供应方的单位变动成本作为计价的基础。

三、多项选择题

1. ACD	2. AB	3. BC	4. ABCD	5. AB
6. ABCD	7. ABCD	8. CD	9. BD	10. AC

重难点解析：

1. 责任中心是为了使各单位在其规定的责任范围内有责有权，积极工作，保证各中心目标的实现。责任中心可划分为成本中心、利润中心和投资中心。因此选项ACD正确。

2. 成本中心的考核指标包括成本(费用)变动额和成本(费用)变动率两项指标。

3. 成本中心只考虑成本费用，成本中心一般没有收入来源，故只对成本、费用负责而无须对收入、利润及投资负责。

5. 成本中心包括技术性成本中心和酌量性成本中心。

8. 剩余收益和投资利润率是投资中心考核的范畴。因此选项AB错误。

9. 双重价格有两种形式：双重市场价格，是指当某种产品或劳务在市场上出现几种不同价格时，供应方采用最高市价，使用方采用最低市价；双重转移价格，是指供应方按市场价格或议价作为基础，而使用方按供应方的单位变动成本作为计价的基础。

四、判断题

1. ×	2. ×	3. √	4. √	5. ×	6. √	7. ×	8. √	9. √	10. ×

重难点解析：

1. 投资中心是最高层次的责任中心，它拥有最大的决策权，也承担最大的责任。

2. 成本中心是最基本的责任中心，只对成本、费用负责。

5. 一个利润中心必然同时是成本中心；一个投资中心必然同时是利润中心、成本中心。

7. 当某种产品或劳务在市场上出现几种不同价格时，供应方采用最高市价，使用方采用最低市价的方法为双重市场价格；双重转移价格是指供应方按市场价格或议价作为基础，而使用方按供应方的单位变动成本作为计价的基础。

10. 凡是企业内部有成本发生、需要对成本负责并能实施成本控制的单位都可以成为成本中心，集团下属的子公司、车间、工段、班组甚至个人都可以成为成本中心。

五、计算分析题

1. 解：

成本变动额＝105 000－90 000＝15 000(元)

成本变动率＝15 000/90 000×100%＝16.67%

2. 解：

投资利润率＝18 000/100 000×100%＝18%

剩余收益＝18 000－100 000×15%＝3 000(元)

3. 解：

(1) 甲分公司 2020 年投资利润率＝60÷200×100%＝30%

剩余收益＝60－200×20%＝20(万元)

(2) 甲分公司 2021 年追加投资后的投资利润率＝(60＋24)÷(200＋100)×100%＝28%

剩余收益＝(60＋24)－300×20%＝24(万元)

(3) 甲分公司追加投资后：投资报酬率 28%＜追加投资前的投资报酬率 30%，表明公司经营业绩有所下降，但剩余收益达到 24 万元＞追加投资前的剩余收益 20 万元，所以甲分公司接受追加投资有利。

4. 解：

(1) 追加投资前甲投资中心的剩余收益＝200×(15%－12%)＝6(万元)

(2) 追加投资前乙投资中心的投资额＝20÷(17%－12%)＝400(万元)

(3) 追加投资前该公司的投资利润率＝(200×15%＋400×17%)÷600×100%

＝16.33%

(4) 甲投资中心接受追加投资的剩余收益＝200×15%＋20－(200＋100)×12%＝14(万元)

(5) 乙投资中心接受追加投资的投资利润率＝(400×17%＋15)÷(400＋100)×100%＝16.60%

第十二章　业绩评价与管理层激励

第一部分　内容概要

一、业绩评价概述

业绩评价是企业管理控制系统的核心部分，对企业不同层级的管理人员和部门都需要设计财务业绩衡量指标和非财务业绩衡量指标。

(一) 业绩评价指标体系的建立

1. 业绩评价指标体系设计

进行科学的业绩评价的关键是设计一套合理的业绩评价指标体系。一般来说，设立业绩评价指标体系应考虑以下因素：①明确管理责任；②选取代表性财务指标；③应用非财务指标；④绩效评价符合长远利益。

2. 业绩评价的财务与非财务指标

不断增加的全球竞争和全面质量管理扩大了对非财务指标的需求，对财务指标的批评凸显了非财务指标在业绩评价中的重要性，但非财务指标不可能取代财务指标，非财务信息对财务信息起到补充作用。许多企业的业绩评价把财务指标和非财务指标结合起来，将非财务信息作为财务信息的补充。

(二) 业绩评价流程

成功的业绩评价除了指标体系的构建，还需要考虑业绩评价过程中表现出来的一系列控制系统的重要特征。整个业绩评价与控制流程如图 12-1 所示。

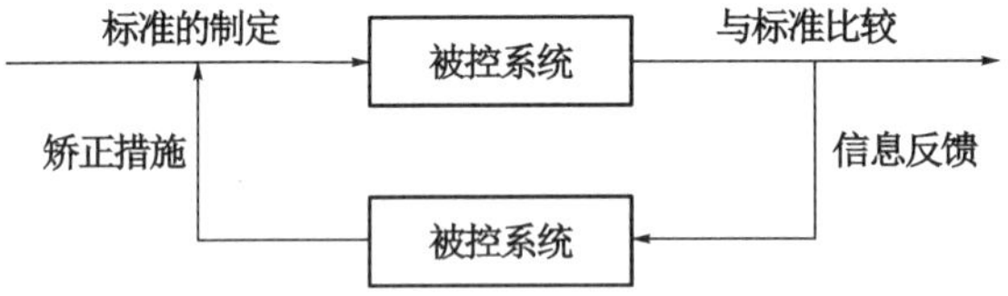

图 12-1　业绩评价与控制流程

业绩评价标准的设立应该具备以下几个要点：①标准要具有挑战性；②标准经过努力可以实现；③标准要透明并且广为人知；④标准要尽可能量化，不能量化的要具体明确；⑤标准应该将刚性和柔性要求结合起来。设立标准以后，就可以在经营过程中计量实际业绩，并与标准相比较，把信息反馈到管理层，核算和分析差异，提出改进绩效的措施与办法。业绩评价的结果将会被作为奖惩制度的依据，奖励业绩好的，惩罚业绩差的，以达到控制组织与员工行为、促进企业目标实现的目的。

二、平衡计分卡

（一）平衡计分卡的含义

平衡计分卡将企业的愿景和战略转化为一套全面的指标和可执行的行动，这些指标为战略衡量和管理系统提供了框架。平衡计分卡仍然重视实现财务目标，但是也兼顾了财务目标的业绩驱动因素。平衡计分卡从四个平衡的层面衡量企业的业绩，包括财务、客户、内部经营过程、学习与创新，这四个层面组成了平衡计分卡的基本框架。

（二）平衡计分卡的基本框架

平衡计分卡作为一种综合的业绩评价体系，要从四个方面来考虑和评价企业的业绩，即财务视角、客户视角、内部经营过程视角以及学习与创新视角，具体如表 12-1 所示。

表 12-1　　平衡计分卡的基本框架

基本框架	含义
财务视角	平衡计分卡的财务视角明确了企业短期和长期财务业绩的目标，测量盈亏底线，如增长率、投资回报率以及其他传统财务指标
客户视角	平衡计分卡的客户视角通过客户如何感知企业提供的价值来衡量业绩
内部经营过程视角	通常是在制定财务和客户维度的目标与指标后，才制定企业内部运营视角下的目标与指标。内部运营过程指标主要涉及企业业务流程和管理流程的改良、创新过程，经营过程和售后服务过程等
学习与创新视角	学习与创新视角的目标为其他三个视角的目标实现提供了基础架构，是驱使上述三个视角获得卓越成功的动力。学习与创新视角指标涉及员工的能力、信息系统的能力以及激励、授权与相互配合等

（三）平衡计分卡的应用和评述

1. 基于低成本战略的平衡计分卡应用

（1）从财务视角来看，平衡计分卡要求企业通过低成本战略的实施最终实现行业内成本领先的地位和财务指标（如成本降低额、成本降低率、标准成本、利润等）的改善，非财务指标（如工时利用率、设备利用率、材料利用率、劳动生产率等）的改善保障了行业内成本领先地位的实现。

（2）从客户视角来看，低成本战略要求企业在满足客户核心需求的同时，不断降低成本，节约费用。因此，必须在客户最关心的价格、质量、服务等方面确立清晰的目标，将这些目标细化为具体的指标，如市场占有率、老客户挽留率、新客户获得率、客户满意度等。

（3）从内部运营视角来看，低成本战略的目标是最大限度地降低成本，以赢得价格竞争。内部运营主要强调基于现有产品的成本动因分析以降低成本，如扩大经营规模以实现规模经济，采用技术革新降低单位产品消耗的材料或人工。

（4）从学习与创新视角来看，正确理解成本的内涵，把握有效降低成本的途径和方法，是保障低成本战略获得成功的内在动力。基于管理需要的成本分类，从更多的视角寻找降低成本的可能。此时，多采用功能成本分析、质量成本管理等方法。

2. 基于差异化战略的平衡计分卡应用

(1) 从财务视角来看,平衡计分卡要求企业通过差异化战略的实施最终实现产品或服务的差异化,因此,首先重视客户的需求满足,其次考核财务指标(如EVA、毛利率、销售增长率等)的改善。

(2) 从客户视角来看,差异化战略要求企业满足客户核心需求,形成"你无我有,都有我比你更好"的竞争格局。重视非财务指标的改善,如独创性、市场占有率、客户满意度、产品返修率等。

(3) 从内部运营视角来看,差异化战略主要强调基于竞争优势的动因分析,如新技术、新产品、新材料、新工艺等创新性活动,以及围绕流程再造的组织创新。

(4) 从学习与创新视角来看,差异化战略要求企业掌握不断创新的能力,更新知识、提升技术,广泛深入地利用AI进行产品规划和组织变革,把握未来需求发展的基本脉络。此时,人力资源管理成为企业优化管理的重要基础。

三、管理层激励计划

(一) 管理层激励计划的主要类型

1. 短期激励与长期激励

激励方案如果是以当期业绩为基础的报酬形式,这种激励补偿就属于短期激励方式。短期激励主要注重企业的短期绩效,将管理层的报酬与公司的短期业绩(如利润额、经济增加值等)相联系。如果公司的激励方式是以长期业绩表现为基础的,就属于长期激励(如以公司股票的长期市场表现或者公司在五年后的利润额为基础进行评价)。长期激励可以促使管理层从长远发展的角度考虑公司的各项经营决策,避免决策行为的短期化。

2. 货币激励和非货币性激励

管理人员的补偿方式可以是货币性的,包括现金或者股权形式;也可以是非货币性的,如各种荣誉和社会地位。按照补偿方案的支付形式,货币性激励可进一步分为现金激励与股权激励。现金激励即向管理人员支付现金作为报酬;股权激励包括向管理人员支付股份、购股权、虚拟股份等形式。

(二) 高管薪酬计划

1. 短期激励计划

(1) 全部红利奖金是指在特定的年份付给具有资格的员工的奖金总量称为奖金总额。在短期激励计划中,红利奖金方案通常与当年公司整体的获利能力相关。在决定奖金总额时,主要问题是要保证付给经理们的报酬具有竞争性。

(2) 移后留用额是指有时公司可能并不支付全部红利奖金总额,而是把由红利方案决定的奖金总额的一部分结转到下一年。每年由董事会中的一个委员会来确定移后留用额的额度,或者在红利奖金总额过低的情况下,决定使用多少积累的移后留用额。

(3) 递延报酬是指虽然红利奖金的量是按年计算,但是向收受人的支付有时会跨越几个年度,通常是5年。

2. 长期激励计划

长期激励计划的基本假设是公司普通股价值的增长代表了公司的长期业绩。这种计划有多种。

(1) 股票期权是指在未来某一特定日期(行权日)或在此日期之后,按照该期权所确定的价格购买一定数量股票的权利。股票期权计划最主要的作用在于把经理的工作直接与公司长期和短期业绩联系在一起。

(2) 虚拟股票计划是指奖励给经理一些股票,但只是记在账上,在一定时期(比如5年)结束后,经理会收到一定数额的奖励,其奖励额为自奖励日起股票市价的增值。这种奖励可能是现金,也可能是股票,或者同时采取这两种形式。与股票期权不同,虚拟股票计划没有交易成本。一些股票期权计划需要经理在购买后持有一段时间,这就会涉及市价下降的风险以及与持有股票相关的利息成本。这种风险和成本在虚拟股票中不存在。

(3) 股票增值期权是按照从奖励日到未来某一特定日期股票价值的增长,来收取一定现金报酬的权利。股票增值期权与虚拟股票是两种递延现金红利,其红利额为公司股票市价的函数。两种计划均具有股票期权计划的优点。与当即支付现金红利相比,它们在最终的支付量上具有不确定性,既可能有利,也可能不利。

(4) 业绩股票计划是指当实现特定的长期目标时,奖励给经理一定数量的股票。通常这种目标是在3～5年期间每股收益获得一定的增长率,因此它们不会受到股票价格的影响。

(三) 中层管理者的激励计划

对中层管理者的激励包括财务激励与心理和社会激励。财务激励包括增加工资、红利、福利和额外津贴(汽车、假期旅游、俱乐部成员资格等)。心理和社会激励包括增加责任、更高的自主权、更好的地理位置和认知(奖品、参与经理开发计划等)。

第二部分　练　习　题

一、名词解释

1. 平衡计分卡
2. 短期激励
3. 移后留用额
4. 股票期权
5. 虚拟股票计划
6. 股票增值期权
7. 业绩股票

二、单项选择题

1. 下列各项中,属于业绩评价财务指标的是(　　)。

A. 创新　　　　B. 员工满意度

C. 雇员安全　　D. 资产回报率

2. 下列各项激励方式中，能够将员工未来收益与企业发展和股市紧密联系在一起的是（　　）。

A. 管理层收购　　B. 股票期权

C. 岗位工资　　D. 奖金

3. 下列各项中，属于平衡计分卡财务视角业绩评价指标的是（　　）。

A. 产品退回率　　B. 及时送货率

C. 新产品收入所占比　　D. 客户调查产品形象和声誉指标情况

4. 下列各项中，属于平衡计分卡内部经营过程视角关注的内容的是（　　）。

A. 形象和声誉　　B. 提高产品质量

C. 企业业务流程和管理流程的改良　　D. 提高产品功能

5. 下列各项中，属于平衡计分卡客户视角关注的内容的是（　　）。

A. 创新过程　　B. 提高产品质量

C. 企业业务流程和管理流程的改良　　D. 经营过程

6. 基于低成本战略的平衡计分卡的应用最强调（　　）的地位。

A. 财务视角　　B. 客户视角

C. 内部经营过程视角　　D. 学习与创新视角

7. 高档的办公设施、休闲度假机会、荣誉和社会地位等属于（　　）的方式。

A. 货币激励　　B. 短期激励

C. 长期激励　　D. 非货币性激励

8. 移后留用额属于（　　）激励。

A. 短期　　B. 长期　　C. 心理　　D. 社会

9. 成熟型企业财务目标的重点是（　　）。

A. 销售额的增长　　B. 现金流量

C. 获利能力　　D. 销售收入增长率

10. 下列各项中，不属于对中层管理者的财务激励计划的是（　　）。

A. 工资　　B. 红利　　C. 额外津贴　　D. 增加责任

三、多项选择题

1. 下列各项中，属于业绩评价指标体系设计应考虑的因素的有（　　）。

A. 明确管理责任　　B. 选取代表性财务指标

C. 应用非财务指标　　D. 绩效评价符合长远利益

2. 业绩评价控制流程包括（　　）。

A. 标准的制定　　B. 与标准比较

C. 信息反馈　　D. 矫正措施

3. 下列各项中，属于业绩评价中采用的非财务指标的有（　　）。

A. 客户满意度　　B. 产品或服务质量
C. 新产品开发　　D. 销售收益率

4. 业绩评价标准的设立应具备的要点包括(　　)。

A. 标准要具有挑战性
B. 标准经过努力可以实现
C. 标准要透明并且广为人知
D. 标准要尽可能量化,不能量化的要具体明确

5. 下列常见的激励制度中,属于短期激励的有(　　)。

A. 基本薪金　　B. 短期津贴　　C. 股票期权　　D. 业绩股份

6. 下列各项中,属于对中层管理者奖金支付形式的有(　　)。

A. 现金　　B. 股票　　C. 股票期权　　D. 虚拟股票

7. 信息时代的企业经营特点有(　　)。

A. 跨职能　　B. 客户细分　　C. 创新　　D. 全球规模

8. 平衡计分卡作为一种综合的业绩评价体系,从(　　)方面考虑和评价企业业绩。

A. 财务视角　　B. 客户视角
C. 内部经营过程视角　　D. 学习与创新视角

9. 管理层激励是企业管理的重要内容,从激励员工不同层次的角度它可以分为(　　)。

A. 高层管理者激励　　B. 中层管理者激励
C. 员工激励　　D. 货币激励

10. 货币激励可以进一步分为(　　)。

A. 现金激励　　B. 股权激励
C. 使用公司小汽车　　D. 社会地位

四、判断题

1. 面临剧烈变化和激烈的竞争环境,非财务指标将取代财务指标。(　　)

2. 平衡计分卡卓越的能力体现在一方面保持了对财务业绩的关注,另一方面可以明确揭示财务和竞争业绩的驱动因素。(　　)

3. 基于低成本战略的平衡计分卡强调学习与创新,客户、内部运营、财务三个视角都是为了实现行业内成本领先地位,主次关系十分明确。(　　)

4. 基于差异化战略的平衡计分卡更加强调过程管理,客户、内部运营、学习与创新三个视角是实现差异化战略的根本,财务是为过程服务的。(　　)

5. 业绩评价过程应该通过及时反馈,引导积极的组织行为,并确保员工的行为与组织战略目标一致。(　　)

6. 稳定型企业运用平衡计分卡时所关注的财务指标通常为现金流量,为此要不断提高现金和利润的金额,这类企业通常使用的财务业绩评价指标为现金流量、营运资本占用的减少等。(　　)

7. 虚拟股票的奖励形式可能是现金，也可能是股票，或者同时采取这两种形式。（　　）

8. 股票增值期权与虚拟股票是两种递延现金红利，其红利额为公司股票市价的函数。（　　）

9. 对中层管理者的心理和社会激励包括增加责任、更高的自主权、更好的地理位置和认知（奖品、参与经理开发计划等）、额外津贴等。（　　）

10. 一个公司使用的长期激励计划是固定的。（　　）

五、思考题

1. 如何看待业绩考核要兼顾财务指标和非财务指标。

2. 简述平衡计分卡的基本框架。

3. 简述管理层激励的方案的类型。

六、案例题

某路桥工程总公司始创于1958年，固定资产达17亿元，公司下设桥梁、路基、路面、建筑工程四个专业公司，现已成为全国最大的综合性交通工程施工企业之一，多次获国家建设部工程质量最高荣誉——鲁班奖。

最近几年，在国家财政政策的积极驱动下，公路建设投资规模持续高速增长，该公司借此取得了快速发展。但是随着公司业务量的快速增长以及市场环境的不断变化，一些深层次的问题渐渐暴露出来：第一，尽管公司在公路与桥梁工程建设方面积累了丰富的经验并逐步摸索出一套较为成熟的业务运作模式，但是企业内部管理机制相对滞后，严重影响着企业的长远发展；第二，由于业务发展很快，人手紧缺，稍有能力的员工都充实到一线项目上，因此，职能部门形同虚设，根本无法履行其应担负的职责；第三，由于职能部门难以发挥作用，公司领导基本陷入事务性工作之中，整天在项目之间疲于奔命，因此，真正该做的工作反而没有时间去做，尤其让公司总经理感到担忧的是项目管理有失控的苗头，一些如隧道、桥梁和路面这样本应该获取高利润的项目，在项目结算后却出现亏损。

鉴于项目失控的严重性，公司内部采取了一系列的措施，包括时下流行的项目经济承包责任制，但都收效甚微，无法真正解决这个问题。

思考：

(1) 公司的问题到底出在哪里？

(2) 管理基础较差的企业应该如何迅速提升业绩？

第三部分　参考答案

一、名词解释

1. 平衡计分卡

平衡计分卡是从财务、顾客、内部业务流程、学习与成长四个维度，将组织的战略落实为可操作的衡量指标和目标值的一种新型绩效管理体系和战略管理系统。设计平衡计分卡的目的就是要建立“实现战略指导”的绩效管理系统，从而保证企业战略得到有效的执行。因此，平衡计分卡是加强企业战略执行力的最有效的战略管理工具。

2. 短期激励

短期激励是指激励方案如果是以当期业绩为基础的报酬形式，这种激励补偿就属于短期激励方式。短期激励主要注重企业的短期绩效，将管理层的报酬与公司的短期业绩(如利润额、经济增加值等)相联系。

3. 移后留用额

移后留用额是指公司不支付全部红利奖金总额，而是把由红利方案决定的奖金总额的一部分结转到下一年的激励方式。每年由董事会中的一个委员会来确定移后留用额的额度，或者在红利奖金总额过低的情况下，决定使用多少积累的移后留用额。

4. 股票期权

股票期权是指在未来某一特定日期(行权日)或在此日期之后，按照该期权所确定的价格购买一定数量股票的权利。股票期权计划最主要的作用在于把经理的工作直接与公司长期和短期业绩联系在一起。

5. 虚拟股票计划

虚拟股票计划是指奖励给经理一些股票，但只是记在账上，在一定时期(比如 5 年)结束后，经理会收到一定数额的奖励，其奖励额为自奖励日起股票市价的增值。

6. 股票增值期权

股票增值期权是按照从奖励日到未来某一特定日期股票价值的增长，来收取一定现金报酬的权利。

7. 业绩股票

业绩股票计划是指当实现特定的长期目标时，奖励给经理一定数量的股票。通常这种目标是在 3—5 年期间每股收益获得一定的增长率，因此它们不会受到股票价格的影响。

二、单项选择题

1. D	2. B	3. C	4. C	5. B	6. A	7. D	8. A	9. B	10. D

重难点解析：

1. 选项 ABC 均属于非财务指标。

2. 股票期权是公司股东(或董事会)给予公司雇员的一种权利，即持有股票期权的雇员可以在规定的时间内，以事先确定的行权价格购买本公司股票。在行权前，股票期权持有者没有收益。在行权后，股票期权持有者获得潜在收益(股票市价与行权价的差额)。它比现金方式的奖励有更大的激励作用，并把未来的收益与企业发展和股市紧密联系起来。

3. 选项 ABD 属于平衡计分卡客户视角评价指标。

4. 选项 ABD 属于平衡计分卡客户视角关注的内容。

5. 选项ACD属于平衡计分卡内部经营过程视角关注的内容。

6. 基于低成本战略的平衡计分卡强调财务结果，客户、内部运营、学习与创新三个视角都是为了实现行业内成本领先地位，主次关系十分明确。

7. 高档的办公设施、休闲度假机会、荣誉和社会地位都属于非货币性激励。

9. 选项AD属于成长型企业财务目标的重点；选项C属于稳定型企业财务目标的重点。

10. 选项D属于心理和社会激励。

三、多项选择题

1. ABCD	2. ABCD	3. AB	4. ABCD	5. AB	6. ABCD	7. ABCD	8. ABCD	9. ABC	10. AB

重难点解析：

3. 选项D销售收益率属于财务指标。

5. 选项CD属于常见的长期激励。

9. 管理层激励是企业管理的重要内容，它可以分为高层管理者激励、中层管理者激励和员工激励三个层次。

10. 选项CD属于非货币性激励。

四、判断题

1. ×	2. √	3. ×	4. √	5. √	6. ×	7. √	8. √	9. ×	10. ×

重难点解析：

1. 非财务指标不可能取代财务指标，非财务信息对财务信息起到补充作用，面临激烈的竞争环境，仅仅靠财务信息已经不能满足现代企业的业绩评价要求，应将财务指标和非财务指标结合起来，将非财务信息作为财务信息的补充。

3. 基于低成本战略的平衡计分卡强调财务结果，客户、内部运营、学习与创新三个视角都是为了实现行业内成本领先地位，主次关系十分明确。

6. 稳定型企业财务目标的重点是获利能力，为此要不断扩大投资和规模，这类企业通常使用的财务业绩评价指标为经营收入、毛利率、资本回报率和经济增加值等。

9. 额外津贴属于财务激励不属于心理和社会激励。

10. 长期激励计划受喜好的程度受到所得税法的变化、会计处理方法的变化、证券市场的状况以及其他多个因素的影响。因此，在不同的时期会有不同的计划。

五、思考题

1. 答：兼顾财务指标和非财务指标的业绩考评指标体系是比较科学的。传统的业绩考评指标体系只关注以收益为基础的财务数据，这仅能衡量过去决策的结果，无法评估未来的绩效表现，容易误导企业的发展方向。同时，当财务指标成为企业绩效考评的唯一指标时，容易使经营者过分注重短期财务结果。在一定程度上,也使经营者变得急功近利,有强烈动机操纵报表上的数据,而不愿就企业长期战略目标进行资本投资。所以,将财务指标和非财务指标综合起来的业绩考评指标体系在定量考评和定性考评之间、客观考评和主观考评之间、组织短期增长和长期增长之间寻求平衡,更能全面有效地评价企业业绩。

2. 答:(1) 财务维度。尽管财务指标的及时性和可靠性受到质疑,但是财务指标仍然具有其他指标不可替代的功能。财务绩效指标可显示企业的战略及其实施和执行是否正在为最终经营结果的改善做出贡献。财务方面指标衡量的主要内容是:收入的增长、收入的结构、降低成本、提高生产率、资产的利用和投资战略等。

(2) 客户维度。平衡计分卡要求企业将使命和策略诠释为具体的与客户相关的目标和要点,在这个过程中企业应当关注是否满足核心客户的需求,而不是企图满足所有客户的偏好。客户维度指标衡量的主要内容包括市场份额、老客户挽留率、新客户获得率、客户满意度、从客户处获得的利润率等。

(3) 内部运营维度。建立平衡计分卡的顺序,通常是在先制定财务和客户方面的目标和指标后,才制定企业内部运营维度的目标和指标。这个顺序使企业能够抓住重点,专心衡量那些与股东和客户目标息息相关的流程。内部运营维度指标主要涉及企业的改良、创新过程、经营过程和售后服务过程。

(4) 学习与成长维度。学习与成长的目标为其他三个方面的宏大目标提供了基础架构,是驱使上述平衡计分卡三个方面获得卓越成功的动力。学习与成长维度指标涉及员工的能力、信息系统的能力以及激励、授权和相互配合等。

3. 答:管理层激励方案通常可以分为短期激励与长期激励,货币激励和非货币性激励。

(1) 短期激励与长期激励。

激励方案如果是以当期业绩为基础的报酬形式,这种激励补偿就属于短期激励方式。短期激励主要注重企业的短期绩效,将管理层的报酬与公司的短期业绩(如利润额、经济增加值等)相联系。如果公司的激励方式是以长期业绩表现为基础的,就属于长期激励(如以公司股票的长期市场表现或者公司在五年后的利润额为基础进行评价)。长期激励可以促使管理层从长远发展的角度考虑公司的各项经营决策,避免决策行为的短期化。

(2) 货币激励和非货币性激励。

管理人员的补偿方式可以是货币性的,包括现金或者股权形式;也可以是非货币性的,如各种荣誉和社会地位。作为高级管理人员根据业绩和工作表现授予荣誉或得到提拔,然后享有在职消费特别待遇,在有些情况下比货币性激励更重要,如,更高档的办公设施、更多的休闲度假机会、使用公司的小汽车、更高的社会待遇等。另外,高级管理人员还会获得更高的社会地位,更能受到人们的尊敬。这些非货币性激励虽然很难定量刻画,但在企业的激励方案中起着重要的作用。

六、案例题

答:(1) 这种情形在国内施工行业中是很常见的事情,从“中”字头的施工企业到地方性的各路“诸侯”都不同程度地存在类似的困扰。通常有两类解决方案：一类是“头痛医头、脚痛医脚”型，正如前面所提到的这家公司所采取的各种举措，企业自身常常为了应急、救火，通常会采取这类模式；另一类是“整体解决方案”型，常常是咨询公司提出这样的解决方案，即认为这样的公司需要全面的改造，通过系统谋划公司未来发展战略，重新设计内部管理运营模式，进行业务流程梳理与再造，逐步推进内部信息化建设，全面提升内部管理水平，为企业未来持续、快速、健康地发展奠定坚实的基础。第一类解决方案的局限性是明显的，正如前所述，常常都收效甚微，以致许多施工企业最后都不约而同地走进了“以包代管”的死胡同，给企业带来了更大的风险；第二类解决方案从理论上讲很好，但实际操作是不可行的，因为施工企业本身内部管理体制与机制相对较差，人员整体素质较低，加上近几年业务增长快，无暇分身顾及内部管理，“整体解决方案”这剂猛药必定会导致企业消化不良，无所适从。

(2) 针对该企业的实际情况，我们认为较好的解决方案是引进基于平衡计分卡的企业绩效管理体系，在企业内部分步实施。实践证明，这样的解决方案可以令企业在较短时间内取得突破性的财务成果。基于平衡计分卡的企业绩效管理体系是从企业经营层面考虑如何实现经营目标、监控经营状况、随时分析经营中存在的问题并找出解决方案，以确保经营目标实现的。施工企业有两个特点：其一，项目分布区域很广，常常是全国性分布，甚至承接国际项目。其二，项目额度大，特别是现在项目总承包已成为趋势，规模上亿元、跨几个年度的项目很常见。对施工企业而言其面临的挑战是如何及时、准确、全面地获取企业内各个项目运作经营业绩方面的信息，以便提前控制、预防风险。结合企业的实际情况和行业特点，在为该企业实施基于平衡计分卡的企业绩效管理体系的过程中，应重点把握如下几个方面：

① 明晰工作重点，聚集于较少的几个关键指标，把它们限定成与各级密切相关的具体目标。就施工企业现有管理水准和人员素质，指标过多是不现实的，会使项目部不堪重负。某些施工企业寄希望于信息化，但结果都不甚理想，原因有二：其一，信息化系统需要较好的项目运作体系来支撑，并没有捷径可循；其二，很多企业已经设置了一套指标，但跟踪的指标不是过多淹没了重点，就是没有抓住真正的要点。其结果是信息化产生了大量的数据，但这些数据无法转化为有用的信息。

② 注重过程管理，而不是仅仅关注结果。根据美国国防部的研究结果，当项目进行20%时失控，则其结果失控的概率非常大。在中国，许多施工企业管理项目部的常见招数是“以包代管”，公司老总常常过多地注重期望得到的结果，而不会采取定期或不定期的方式对整个公司的项目进程进行监控和指导，更不去跟进和深究得到他们期望的关键驱动要素的状况和发展趋势如何。这是区分成功企业和一般企业的重要标志。国外施工企业的早期做法有点类似“以包代管”，但它们后来开始醒悟，更加注重项目的过程管理，采用更加精细化的“挣得值”管理法不断跟进和评估项目的进展。

③ 调整组织架构，落实职能部门的监控、指导和参谋职能。对施工企业而言，常常是想加强项目过程管理，但力不从心。“老总们”几乎整天都在救火，而留在职能部门的一帮“老弱病残”却悠哉悠哉。究其原因，一方面是因为人才奇缺，另一方面也是其自身组织构架设计不健全所致，如很多施工企业没有设立重要的费控部门，即使某个部门有类似费控的功

能，但并没有予以重视和支持。有些公司费控理念不正确，导致费控部门与项目组对立，严重的甚至会影响业务正常运作。费控部门应以控制、监督的角色出现，而不是帮助项目部管理好项目。其实，施工企业若能够重视职能部门，发挥公司在人才方面的规模效应，将更有利于项目过程管理，大大加强项目的运作能力。

④ 重视调动员工的积极性，从公司中具有影响力的关键人物入手。实施企业绩效管理知易行难，因此需要公司全体员工都行动起来，积极做好配合工作。要做到这点，首先要争取公司内部关键人物的支持。鼓励这些人融入进来，光靠沟通、下命令是不够的，需要拿出真实的财务数据，需要大量的平等对话和研讨，当他们明白目前这种项目运作模式有这么大的问题，有如此大的潜力可挖，他们才会成为最积极的支持者。

第十三章　战略管理会计

第一部分　内容概要

一、战略管理会计概述

（一）战略管理会计的产生与发展

目前，在西方经济发达的国家，该理论仍处于发展初期，无论是基本内容还是基本方法，都尚未成熟、规范。对战略管理会计需要解决的主要问题的看法是基本一致的，即如何适应变化中的内外部条件，企业资源在内部如何分配与利用，如何使企业内部之间协调行动以取得整体上更优的战略效果。

（二）战略管理会计的特点与目标

战略管理会计的特点包括：①外向性。②长远性。③综合性。④动态性。

战略管理会计的目标可以分为最终目标和具体目标两个层次。战略管理会计的最终目标与企业的总目标一致，即利润最大化。战略管理会计的具体目标主要包括以下四个方面：①协助管理当局确定战略目标。②协助管理当局编制战略规划。③协助管理当局实施战略规划。④协助管理当局评价战略管理业绩。

二、传统管理会计与战略管理会计

（一）传统管理会计的局限

1. 不能适应企业制造环境的变化

在新的制造业环境下，传统的管理会计在成本计算系统、成本控制系统和业绩报告系统等方面有明显的不足。

2. 不能适应市场竞争的需要

传统管理会计不能提供与企业战略目标密切相关的非财务指标，如产品质量、生产的弹性、顾客的满意程度、从接受订单到交付使用的时间等指标。

3. 缺乏重视外部环境的战略观念

完善的管理会计应该指出企业在市场竞争中所处的相对地位，提供有利于企业针对竞争进行战略调整的财务和非财务信息。例如，从市场占有额的变化中可以看出企业竞争地位的相对变化，但传统管理会计却未能提供这种信息。

（二）战略管理会计与传统管理会计的联系与区别

战略管理会计与传统管理会计的联系与区别如表 13-1 所示。

表 13-1　　战略管理会计与传统管理会计的联系与区别

联系与区别	传统管理会计	战略管理会计
联系	① 战略管理会计是对传统管理会计的发展 ② 战略管理会计是对传统管理会计的一次重大变革 ③ 战略管理会计对传统管理会计提出了挑战	
区别	① 战略管理会计提供了超越企业本身的更广泛有用的信息 ② 战略管理会计提供了更多的与战略管理有关的非财务信息 ③ 战略管理会计改进了评价企业业绩的尺度 ④ 战略管理会计提供了更及时有效的业绩报告	

三、战略管理会计的基本内容

（一）企业的经营环境分析

1. 企业的外部经营环境分析

外部环境分为宏观环境和特定产业环境，宏观环境主要是指对所有企业产生较大影响的宏观因素。企业必须深入了解这些客观存在因素，并适应宏观环境对企业的要求。特定产业环境是指企业所属产业中的目标市场。相比较而言，特定产业环境直接关系到企业的市场占有率和盈利水平，因此特定产业环境分析应当是企业外部环境分析的核心。

2. 企业内部经营环境分析

企业内部环境是指企业的内部条件，包括人力、物力资源，管理水平，经营者的领导才能等等。综合内外部环境一起分析才能知己知彼百战百胜。

（二）价值链分析

1. 产品生产合理配合分析

产品生产合理配合分析研究企业如何改善与供应商以及与顾客之间的相互协作关系，这种分析将视野扩大到企业与供应商之间以及企业与顾客之间的战略定位上。其目的在于改善彼此的作业链，从价值上收到双方互利的效果。

2. 作业链分析

作业链最终通过价值链予以反映。进行作业链分析的目的在于一方面尽可能地消除不增加顾客价值的作业，另一方面尽可能地提高可增加价值作业的运行效率，以便提高顾客价值，优化价值链。

（三）成本动因分析

1. 成本动因的含义和分类

成本动因的含义和分类如表 13-2 所示。

2. 如何利用战略成本动因来获取竞争优势

企业应做到以下几点：①通过适度投资来降低成本。②选择企业适宜的纵向经营范围。③通过积累经验不断降低成本。④重视提高企业技术水平。⑤产品多样化程度要合理化。

表 13-2　　成本动因的含义和分类

成本动因	含义	分类
结构性成本动因	结构性成本动因是与企业的战略定位和经济结构密切相关的成本因素。不同的战略选择会导致企业不同的生产经营方式，进而导致截然不同的成本动因	① 规模
		② 范围
		③ 经验
		④ 技术
		⑤ 复杂性
执行性成本动因	执行性成本动因是在企业按照所选择的战略定位和经济结构进行生产经营的过程中，成功地控制成本所应考虑的因素，它也是决定企业成本水平的重要因素	① 员工对参与持续改善的责任感
		② 全面质量管理
		③ 生产能力的利用
		④ 工厂布局的效率
		⑤ 产品设计是否合理并容易制造
		⑥ 与供应商、顾客之间的联系

(四) 企业的竞争优势分析

影响企业竞争强度的因素有：①新进入者的威胁。②顾客讨价还价的能力。③供应商讨价还价的能力。④替代产品的威胁。⑤现存企业的竞争。

竞争战略有：①低成本战略。②差异化战略。③供应商讨价还价的能力。

四、战略管理会计实践及其新发展

战略管理会计领域的研究成果具有较强的探索性，前后继承的研究成果比较少见，学者们对战略管理会计的研究和论述还缺乏统一性和系统性。总的来看，对战略管理会计的理解有两种不同的角度：一种角度认为战略管理会计是一组创新的工具，服务于特定的战略管理目标。另一种角度主张拓宽管理会计的视野和范围，改进传统理念和方法，以满足新形势下战略性管理的信息需要。

(一) 战略管理会计的实践

部分学者对 1 000 多家公司进行了问卷调查，得出的结论是目前传统的管理会计实践还保持耐久力，同时管理会计的范式也在逐渐扩展，发展趋向战略管理会计的部分，但不是革命性的进展。

(二) 战略管理会计的内容扩展

战略管理会计的内容扩展如表 13-3 所示。

表 13-3　　战略管理会计的内容扩展

内容扩展	含义
经济新常态	管理会计工作的重点是为经济新常态下的企业增长提供管理控制与信息支持的内在动力和积极的经济效应
互联网＋	“互联网＋”对战略管理会计实践产生的冲击与影响是由其本身的特征所决定的，因此，加强中国情境特征下的管理会计研究，必须认识“互联网＋”的本质与特性

（续表）

内容扩展	含义
零成本	互联网经济的“零成本”主要体现为三个零，即空间占据是零、时间消耗为零、信息交换成本是零。总结和提炼中国情境特征下的管理会计案例成果，必须认清“零成本”的内涵与外延，以提高管理会计理论与技术方法的科学性与有效性
智能管理与智能制造	与智能制造相适应，管理会计要实施智能管理，即管理会计案例研究必须适应智能制造的新情境，并加以提炼与升华

（三）战略管理会计的新发展

1. 战略管理会计的管理控制系统功能得到扩展

主要体现在：①新产品开发中的管理控制系统设计。②管理控制系统对产品创新的影响。③知识密集型公司管理控制系统的功能发挥。④时间会计中的价值观对管理控制系统的贡献。

2. 基于互联网生态的战略管理会计发展

“互联网＋”、云计算和大数据等技术的发展为新经济时代的管理会计注入了新的活力，企业应将各种技术情境应用于管理会计工具和方法的创新，通过“互联网＋”等的思维和意识促进管理会计管理控制系统作用的发挥，使企业管理更加精细。

第二部分 练 习 题

一、名词解释

1. 战略管理会计
2. 结构性成本动因
3. 执行性成本动因
4. 集中型战略
5. 零成本

二、单项选择题

1. 下列各项中，不属于战略管理会计特点的是（　　）。

A. 外向性　　B. 长远性　　C. 短视性　　D. 综合性

2. 下列各项中，不属于战略管理会计“战略三角”的是（　　）。

A. 企业　　B. 客户　　C. 供应商　　D. 竞争对手

3. 传统管理会计的最终目标是（　　）。

A. 利润最大化　　B. 社会责任最大化

C. 顾客利益最大化　　D. 收入最大化

4. 下列各项中，不属于企业内部环境的是（　　）。

A. 人力物力资源　　B. 法律法规

C. 管理水平　　D. 经营者的才能

5. 下列各项中，属于传统管理会计可以提供的信息的是（　　）。
A. 财务信息　　B. 外部信息
C. 非财务信息　　D. 竞争对手信息
6. 下列各项中，不属于结构性成本动因的是（　　）。
A. 规模　　B. 经验
C. 技术　　D. 工厂布局的效率
7. 战略管理会计重视企业与（　　）的关系。
A. 职工　　B. 资金　　C. 内部因素　　D. 外部环境
8. 下列各项中，不属于企业外部环境的是（　　）。
A. 管理水平　　B. 政治　　C. 法律　　D. 经济
9. 战略管理会计与传统管理会计相比，提供了更多的与战略管理有关的（　　）。
A. 财务性信息　　B. 非财务性信息
C. 统计信息　　D. 内部信息
10. 战略管理会计是与企业（　　）密切联系的。
A. 财务管理　　B. 战略管理　　C. 财务会计　　D. 资金运动

三、多项选择题

1. 下列各项中，顾客有较大的优势的有（　　）。
A. 顾客的购买量占企业销售量的比重大
B. 有很多可供顾客选择的供应者
C. 供应的产品被少数企业垄断且供小于求
D. 顾客改变供应渠道的成本很低
2. 下列情况中，供应商有较大的优势的有（　　）。
A. 顾客改变供应渠道的成本很低
B. 供应的产品被少数企业垄断且供小于求
C. 所供应的产品不可替代
D. 企业购买量占供应商产量的一小部分
3. 战略管理会计理论中的竞争战略有（　　）。
A. 低成本战略　　B. 差异化战略
C. 波动型战略　　D. 集中型战略
4. 传统管理会计对新制造环境的不适应性主要表现在（　　）。
A. 成本计算系统　　B. 成本控制系统
C. 业绩报告系统　　D. 成本核算系统
5. 下列各项中，属于执行性成本动因的有（　　）。
A. 范围　　B. 规模
C. 全面质量管理　　D. 员工责任感

6. 下列各项中,属于结构性成本动因的有(　　)。

A. 经验　　B. 生产能力的利用

C. 产品设计是否合理并容易制造　　D. 复杂性

7. 利用结构性成本动因来获取竞争优势的措施有(　　)。

A. 通过适度投资来降低成本　　B. 选择企业适宜的纵向经营范围

C. 通过积累经验不断降低成本　　D. 重视提高企业技术水平

8. 利用执行性成本动因来获取竞争优势的措施有(　　)。

A. 工厂布局合理化　　B. 产品设计合理化

C. 大力推进全面质量管理　　D. 引导员工参与管理

9. 影响企业竞争强度的因素有(　　)。

A. 新进入者的威胁　　B. 顾客讨价还价的能力

C. 替代产品的威胁　　D. 现存企业的竞争

10. 差异化战略的采用要求企业在全行业范围内,在(　　)等方面创造独特性。

A. 产品设计　　B. 产品品牌　　C. 生产技术　　D. 顾客服务

四、判断题

1. 战略管理会计可以完全替代传统管理会计。(　　)

2. 传统管理会计也可以提供关于竞争对手的信息。(　　)

3. 差异化战略有时会与争取占领更大的市场份额相矛盾。(　　)

4. 集中型战略是企业主攻某个特定的客户群、某产品系列的一个细分区段或某一个地区的市场。(　　)

5. 互联网经济的"零成本"主要体现为三个零,即空间占据是零、时间消耗为零、运输成本是零。(　　)

6. 战略管理会计具有结果控制与过程控制相结合的动态系统的特征。(　　)

7. 执行性成本动因是与企业的战略定位和经济结构密切相关的成本因素。(　　)

8. 对于执行性成本动因而言,总是"越多越好"。(　　)

9. 尽管从整个市场角度看,集中型战略未能取得低成本战略或差异化战略的优势,但它却在其狭窄的目标市场中获得了一种或两种优势地位。(　　)

10. "互联网+"对战略管理会计实践产生的冲击与影响是由其本身的特征所决定的。(　　)

五、简答题

1. 战略管理会计与传统管理会计的区别有哪些?

2. 结构性成本动因具体有哪些内容?

3. 影响企业竞争强度的因素有哪些?

第三部分　参考答案

一、名词解释

1. 战略管理会计

战略管理会计是与企业战略管理密切联系的，它运用灵活多样的方法收集、加工、整理与战略管理相关的各种信息，并据此来协助企业管理层确立战略目标、进行战略规划、评价管理业绩。

2. 结构性成本动因

结构性成本动因是与企业的战略定位和经济结构密切相关的成本因素。

3. 执行性成本动因

执行性成本动因是在企业按照所选择的战略定位和经济结构进行生产经营的过程中，成功地控制成本所应考虑的因素，它也是决定企业成本水平的重要因素。

4. 集中型战略

集中型战略是企业主攻某个特定的客户群、某产品系列的一个细分区段或某一个地区的市场。

5. 零成本

互联网经济的"零成本"主要体现为三个零，即空间占据是零、时间消耗为零、信息交换成本是零。

二、单项选择题

1. C	2. C	3. A	4. B	5. A	6. D	7. D	8. A	9. B	10. B

重难点解析：

1. 两个可供选择的方案之间预期成本的差异称为差量成本。
2. "战略三角"是企业、客户和竞争对手。
3. 传统管理会计的最终目标是利润最大化。
4. "法律法规"属于企业外部环境。
5. 传统管理会计能提供的是内部信息和财务信息。
6. 工厂布局的效率是执行性成本动因。
7. 战略管理会计重视企业与外部环境的关系。
8. 管理水平属于企业内部环境。
9. 战略管理会计关注的是非财务信息。
10. 战略管理会计是与企业战略管理密切联系的。

三、多项选择题

1. ABD	2. BCD	3. ABD	4. ABC	5. CD	6. AD	7. ABCD	8. ABCD	9. ABCD	10. ABCD

重难点解析：

1. "供应的产品被少数企业垄断且供小于求"使得供应商有较大优势。

2. "顾客改变供应渠道的成本很低"使得客户有较大优势。

3. 战略管理会计理论中的竞争战略有低成本战略、差异化战略和集中型战略。

4. 传统管理会计对新制造环境的不适应性主要表现在成本计算系统、成本控制系统和业绩报告系统。

5. 范围和规模属于结构性成本动因。

6. 生产能力的利用和产品设计是否合理并容易制造属于执行性成本动因。

7. 以下方式都是在结构性动因方面可以采用的方法。

8. 以下方式都是在执行性动因方面可以采用的方法。

9. 以下方式都属于影响企业竞争强度的因素。

10. 差异化战略的采用要求企业在全行业范围内，在产品设计、产品品牌、生产技术、顾客服务、销售渠道等一个或几个方面创造独特性，即通过标新立异吸引顾客，形成相对优势。

四、判断题

1. ×	2. ×	3. √	4. √	5. ×	6. √	7. ×	8. √	9. √	10. √

重难点解析：

1. 战略管理会计师传统管理会计的发展和补充，不能替代传统管理会计。

2. 传统管理会计只提供内部信息。

5. 互联网经济的"零成本"主要体现为三个零，即空间占据是零、时间消耗为零、信息交换成本是零。

7. 结构性成本动因是与企业的战略定位和经济结构密切相关的成本因素。

五、简答题

1. 两者的区别有：

(1) 战略管理会计提供了超越企业本身的更广泛有用的信息。

(2) 战略管理会计提供了更多的与战略管理有关的非财务信息。

(3) 战略管理会计改进了评价企业业绩的尺度。

(4) 战略管理会计提供了更及时有效的业绩报告。

2. 结构性成本动因具体有如下内容：

(1) 规模，是指一项投资将形成多大的生产、研究开发和市场销售等资源的组合。

(2) 范围,是指企业进行纵向合并的程度,即企业跨越行业价值链的长度,企业的横向合并则更多地与规模有关。

(3) 经验,对于企业进行的生产,随着产量的增加,工人在制造单件产品上所需的时间逐渐减少。

(4) 技术,是指在企业价值链的每一步运用了哪些处理技术。

(5) 复杂性,是指企业向顾客能够提供多大范围的系列产品或服务。

3. 影响企业竞争强度的因素有:

(1) 新进入者的威胁。

(2) 顾客讨价还价的能力。

(3) 供应商讨价还价的能力。

(4) 替代产品的威胁。

(5) 现存企业的竞争。